AMIKA GEORGE
Du kannst etwas verändern!

GOLDMANN
Lesen erleben

Buch

Zu jung, um Dinge wirklich zu verändern? Die Britin Amika George zeigt, dass das nicht stimmen muss. Entsetzt darüber, wie viele Mädchen oft mehrere Tage nicht zur Schule gehen, weil sie sich keine Menstruationsprodukte leisten können, startete sie die Kampagne »#FreePeriods« und sagte der Periodenarmut den Kampf an. In ihrem Aktivismus-Handbuch beschreibt die Studentin, wie erfolgreicher, gewaltfreier Protest gelingt, und gibt praktische Tipps, unter anderem für die passende Social-Media-Nutzung oder das Organisieren von Demonstrationen. Inspirierend und mitreißend beweist Amika George, dass es immer möglich ist, sich für eine gerechtere Gesellschaft einzusetzen – egal in welchem Alter.

Autorin

Amika George startete mit 17 Jahren von ihrem Kinderzimmer aus die Kampagne »#FreePeriods«, nachdem sie gehört hatte, wie oft Mädchen der Schule fernbleiben, weil sie keinen Zugang zu Periodenartikeln haben. Im Jahr 2019 überzeugte ihre Kampagne die britische Regierung erfolgreich, ab Januar 2020 an allen englischen Schulen und Hochschulen kostenlose Menstruationsprodukte anzubieten. Die Aktivistin studiert Geschichte an der Universität Cambridge.

Amika George

Du kannst etwas ver- ändern!

Wie erfolgreicher, gewaltfreier Protest funktioniert

Aus dem Englischen
von Bettina Spangler

GOLDMANN

Die englische Originalausgabe erschien 2021 unter dem Titel
»Make it happen! How to be an activist« bei HQ, London.

Penguin Random House Verlagsgruppe FSC® N001967

1. Auflage
Deutsche Erstausgabe November 2021
Copyright © 2021 der Originalausgabe: Amika George
Copyright © 2021 der deutschsprachigen Ausgabe: Wilhelm Goldmann Verlag, München,
in der Penguin Random House Verlagsgruppe GmbH,
Neumarkter Str. 28, 81673 München
Umschlag: Uno Werbeagentur, München
Umschlagmotiv: ©FinePic®, München
Redaktion: Carla Felgentreff
Satz: Satzwerk Huber, Germering
Druck und Bindung: GGP Media GmbH, Pößneck
Printed in Germany
LG · IH
ISBN 978-3-442-17932-9

Besuchen Sie den Goldmann Verlag im Netz

Für Appachan

Inhalt

Einleitung

Frühjahr 2017

Es war morgens vor der Schule, ich saß am Küchentisch, aß mein Frühstück und scrollte auf meinem Handy durch den Newsfeed. *Mädchen aus ärmeren Verhältnissen können sich keine Periodenprodukte leisten und schwänzen deshalb die Schule,* lautete die Topmeldung auf BBC News.[1]

Ich war neugierig geworden; im Einleitungstext war die Rede von einer Hilfsorganisation namens Freedom4Girls, die junge Mädchen in Afrika mit Binden versorgte. Man war an die Verantwortlichen herangetreten und hatte sie gebeten, ihre Bestände stattdessen vor Ort, hier im Vereinigten Königreich, zu

---

1 Eine wichtige Anmerkung: Auch Transmänner und -jungen, nichtbinäre Personen und nicht genderkonforme Menschen menstruieren, und viele Frauen und Mädchen hingegen tun es nicht. Zu Beginn meiner Kampagne für kostenlose Hygieneartikel war ich mir dessen gar nicht bewusst. Deshalb unterschätzte ich auch, wie wichtig der Gebrauch einer inklusiven Sprache im Aktivismus ist. Heute achte ich gut darauf, dass meine Kampagne möglichst inklusiv und übergreifend ist, indem ich von »jungen Leuten« und »Kindern« spreche, um diejenigen zu benennen, die Zugang zu Periodenprodukten benötigen. Der Artikel, von dem oben die Rede ist und der mich ursprünglich dazu angespornt hat, meine Free-Periods-Kampagne zu starten, beschreibt dagegen lediglich die Misere von cisgender Mädchen, und deshalb spreche ich hier und in vergleichbaren Kontexten ebenfalls von Mädchen.

verteilen. Interessiert klickte ich auf den Link und las den Artikel. Lehrer:innen einer Schule in Leeds war aufgefallen, dass
einige Schülerinnen regelmäßig dem Unterricht fernblieben.
Diese Mädchen, britische Staatsbürgerinnen wohlgemerkt und
Mädchen wie ich, taten dies, weil sie sich keine Binden oder
Tampons leisten konnten. Viele von ihnen kamen aus Familien,
die noch nicht mal genügend Geld für Lebensmittel hatten. Die
Verfasserin des Textes hatte junge Frauen im Teenageralter interviewt, die angaben, manchmal den Slip mit Toilettenpapier
zu umwickeln, in der Hoffnung, damit möglichst sauber und
trocken durch den Schultag zu kommen. Aber viele verpassten
auch Monat für Monat mehrere Unterrichtstage, weil sie nicht
riskieren wollten, ihre Schuluniform vollzubluten. Eine von ihnen sagte, sie habe sich zu sehr geschämt, um sich irgendjemandem anzuvertrauen, und es lieber verheimlicht. Erst nach vielen
Monaten habe sie all ihren Mut zusammengenommen und sich
Hilfe geholt. Eine andere gestand, sie sei völlig überfordert gewesen, als sie ihre Menstruation das erste Mal bekam. Sie hatte
nicht die geringste Vorstellung, was da mit ihrem Körper geschah, und fing an, Monat für Monat die Schule zu schwänzen.
Sie fühlte sich völlig alleingelassen.

Ich lehnte mich auf meinem Stuhl zurück und dachte über
das eben Gelesene nach. Ich kochte innerlich vor Wut. Natürlich war mir nicht neu, dass sich Mädchen in vielen Ländern der
Erde keine Hygieneprodukte leisten können. Tatsächlich hatte
ich erst vor wenigen Wochen einen Artikel darüber im *Time*-
Magazin gelesen. Darin ging es um Period Poverty (Periodenarmut) in Indien und was es für das Leben eines jungen Mäd-
chens bedeutet, wenn es wegen einer so natürlichen Sache wie

der monatlichen Blutung nicht die Schule besuchen kann. Ich weiß noch, wie traurig es mich stimmte zu lesen, dass in dem Land, in dem meine Großeltern geboren und aufgewachsen waren, 113 Millionen Mädchen zwischen 12 und 14 Jahren auf eine ordentliche Bildung verzichten, nur weil sie sich aus reiner Scham nicht mit den nötigen Hygieneartikeln versorgen können. Das Thema Menstruation ist dort ein absolutes Tabu. Manche Schulen, vor allem in ländlichen Regionen, sind noch nicht einmal mit absperrbaren und ausreichend hygienischen Toiletten ausgestattet. Oft gibt es kein fließendes Wasser und keine Mülleimer, um Binden sauber zu entsorgen. Ich weiß noch, wie es mich schüttelte, als ich las, dass diese Mädchen Blätter benutzen, um das Blut aufzufangen. *Blätter!* Ich war fassungslos. Für ein menstruierendes Mädchen, das sich keine Hygieneartikel leisten kann, ist so eine Schule nicht der richtige Ort.

Als meine Grandma an diesem Abend vorbeikam, sprach ich sie auf dieses Thema an. Ich wollte wissen, wie es für sie damals in Indien als Jugendliche gewesen war. Meine schockierte Miene, als sie mir erzählte, dass sie sich selbst Binden nähen musste, aus einem ordentlich gefalteten Stück Stoff, das sie sich mit einem Gürtel um die Hüften schnallte, brachte sie zum Lachen. Damals hatte es noch keine Wegwerfbinden gegeben. Wir sprachen auch über die Scham, die in ihrem Heimatland kulturell tief verwurzelt war und noch immer ist: Die monatliche Blutung wird als schmutzig und unrein betrachtet.

Hier aber ging es um etwas anderes. In dem Artikel war von Mädchen in England die Rede. Einem der reichsten Länder der Erde. Auch hierzulande führt lähmende Armut dazu, dass junge Mädchen nicht die Bildung erhalten, die ihnen von Rechts wegen zusteht. Die britische Regierung wird regelmäßig mit Lob überhäuft, weil Menschenrechte verteidigt werden und Bedürftige auf Unterstützung zählen können. Dass aber junge Menschen im Vereinigten Königreich wegen ihrer Monatsblutung nicht am Unterricht teilnehmen können, empfand ich als himmelschreiende Ungerechtigkeit. Mir fehlten die Worte. Ganz gleich, wie ich es drehte und wendete, es war nicht fair. Warum sollte eine so natürliche Sache auch nur ein Mädchen in diesem Land daran hindern, die Schule zu besuchen, sein gesamtes Potenzial zu entfalten und die eigenen Träume zu verwirklichen?

Ich fand es nicht in Ordnung, irgendjemanden wegen einer natürlichen biologischen Gegebenheit zu benachteiligen. Wie wollten wir jemals so etwas wie Gendergerechtigkeit erreichen, wenn eins unserer Grundbedürfnisse nicht anerkannt wird, geschweige denn uns nicht die entsprechenden Hygieneartikel zur Verfügung gestellt werden? Und wie konnte es sein, dass diejenigen, die nicht das nötige Geld dafür hatten, keine staatliche Unterstützung bekamen? In meinen Augen kam das beinahe einem Ausschluss aus der Gemeinschaft gleich; als würden diese Mädchen nicht zählen.

Bis zu diesem Moment hatte ich nie auch nur einen Gedanken daran verschwendet, wie es wäre, im Bedarfsfall keine Binden oder Tampons zur Verfügung zu haben. Ich war nicht auf den Gedanken gekommen, weil ich zu meinem großen Glück, immer einen Vorrat von mehreren Packungen in meiner Kommode habe. Ich weiß natürlich genau, wie stressig und peinlich es ist, wenn man in der Schule seine Tage bekommt und keinen Tampon dabeihat. Aber im Notfall kann man jederzeit eine Freundin fragen, ob sie zufällig Tampons oder Binden im Spind oder im Rucksack hat. Für Mädchen wie mich gibt es immer eine schnelle Lösung, und wenn ich dann von der Schule nach Hause komme, bin ich mit allem Nötigen versorgt. Wie oft aber können diese Schüler:innen ihre Freund:innen um Binden bitten, ehe sie zugeben müssen, dass sie sich selbst keine kaufen können? Kurz entschlossen suchte ich im Internet nach »Periodenarmut in UK« und war erschüttert über die große Anzahl an Treffern. Da wurde von Mädchen berichtet, die Zeitungspapier, zerschnittene alte T-Shirts oder mit Toilettenpapier ausgestopfte Socken als behelfsmäßige Binden benutzen, damit sie zur Schule gehen können. Sie wissen sich in ihrer Not nicht anders zu helfen.

Ich war in der Schule, als ich das erste Mal menstruierte. Da war ich zehn. Einige Monate zuvor hatte mir meine Mum bei einem Stück Kuchen im Café erklärt, dass ich nun wohl bald meine Periode bekommen würde. Wir sprachen darüber, dass sie ungefähr in meinem Alter war, als es bei ihr losging. Es war während eines Familienurlaubs in Frankreich, beim Toben am Strand. Sie meinte, ich solle mich darauf einstellen, dass es bei mir in absehbarer Zukunft so weit wäre. Und dann ging es sogar schneller als gedacht.

Nach einer Musikstunde tippte mir ein Junge aus meiner Klasse auf die Schulter und meinte, da würde Blut an meinem Bein hinunterlaufen. Mir wurde kotzübel, so unsagbar peinlich war mir das. Ich senkte den Blick und sah tatsächlich ein rotes Rinnsal an meiner Wade. Panik überkam mich: Meine Periode war gekommen, und ich hatte keinen Schimmer, was jetzt zu tun war!

Als ich den Kopf hob, sah ich ihn lachen, und eine Horde Jungs hinter ihm spähte neugierig über seine Schulter, um zu sehen, was los war. Plötzlich waren die Augen aller Mitschüler:innen auf mich gerichtet. »Ich hab mich geschnitten«, schwindelte ich wenig überzeugend. Das Beben in meiner Stimme war nicht zu überhören. Langsam verließ ich den Klassenraum und ging zum Krankenzimmer, weil ich Angst hatte, es könnte noch schlimmer werden, wenn ich mich zu viel bewegte. Am liebsten wäre ich vor Scham im Boden versunken, und kaum kam die Schulschwester durch die Tür, fing ich an zu weinen. Sie war total lieb und nahm mich in den Arm. Allerdings merkte ich schnell, dass sie das Thema Menstruation nicht ansprechen wollte. Stattdessen rief sie meine Mutter an und schickte mich ausnahmsweise früher nach Hause, als würde ich etwas ausbrüten, eine Erkältung oder irgendein fieses Virus vielleicht. Ich war total durcheinander. Immerhin war ich die Erste von meinen Grundschulfreundinnen, die ihre Periode bekam. Und weil mich dieses Ereignis derart schockierte, behielt ich es für mich. Viele Menstruationen später stelle ich fest, dass dieses Thema in unserer Gesellschaft aus Scham immer noch gescheut wird. Je älter ich wurde, desto deutlicher manifestierte sich diese Erkenntnis.

An besagtem Morgen las ich diesen Artikel wieder und wieder, bis ich begriff, weshalb zu Hause bleiben für diese Mädchen die einzige Option war. Warum sollte sich irgendjemand einer solchen Tortur aussetzen – dem Gelächter, dem Spott, der Blamage? Ist es da nicht einfacher, gar nicht zur Schule zu gehen, damit man wenigstens eine Toilette in der Nähe hat?

Für mich war die Sache sonnenklar: Dass diese Mädchen wegen ihrer Menstruation mehrere Tage im Monat beeinträchtigt waren, dass sie regelmäßig Wissenslücken in Kauf nehmen mussten, würde sich auf ihren gesamten Lebensweg auswirken.

Die Konsequenzen waren weitreichend. Es gefährdete nicht nur ihre Teilnahme am Unterricht und somit ihre Bildung (womit sie insbesondere den Jungs gegenüber benachteiligt waren), sie würden sich darüber hinaus auch schwerer tun, später einen Job zu finden und so der Armut zu entkommen. Periodenarmut setzt einen Teufelskreis in Gang, der diese Mädchen, vielleicht über Generationen hinweg, ihrer Chancen beraubt.

Mit fünfzehn, kurz vor meiner GCSE-Prüfung, musste ich wegen einer schweren Grippe das Bett hüten und konnte eine Zeit lang nicht am Unterricht teilnehmen. Als ich so tagaus, tagein zu Hause lag und mich nur schleppend von der Krankheit erholte, merkte ich, wie ich immer panischer wurde, wenn ich an den vielen versäumten Unterrichtsstoff dachte. Ich würde Unmengen lesen und lernen müssen, um das wieder aufzuholen. Bei meiner Rückkehr in die Schule erwartete mich eine ellenlange Liste mit Material, das ich nacharbeiten musste, Essays, die ich einreichen sollte, und anstehende Prüfungen, auf die es sich vorzubereiten galt. Ich hinkte den anderen deutlich hinterher und kam im Unterricht kaum mehr mit, weil ich einfach zu viel verpasst hatte.

Jetzt fragte ich mich, wie es wäre, sich Monat für Monat so zu fühlen, jahraus, jahrein, und zu wissen, dass man den anderen gegenüber erheblich im Nachteil ist. Ich stellte mir vor, eines dieser Mädchen zu sein, von denen ich gelesen hatte und die während ihrer Periode zum Teil mit einer Binde pro Tag auskommen mussten. Wie soll man sich im Unterricht konzentrieren, wenn man Angst haben muss, den Rock vollzubluten? Wenn ich in dieser Situation wäre, so dachte ich, würde ich die Schule vielleicht sogar komplett schmeißen, weil es ja ohnehin keinen Sinn hätte, schließlich würde ich immer wieder Unterrichtsstunden verpassen.

Es war nicht fair, und es machte mich von Tag zu Tag wütender.

Wenn man sich die Medienberichterstattung ansah, verurteilte alle Welt Periodenarmut aufs Schärfste. Es gab in den darauffolgenden Tagen reihenweise investigative Berichte und Nachrichtenartikel zur wachsenden Perioden- und auch Kinderarmut im Vereinigten Königreich. Lehrer:innen gestanden, täglich Binden für die Schüler:innen in ihre Aktentaschen zu packen, die ihre »vergessen«. Eltern gestanden, in Drogerien Binden und Tampons für ihre Töchter zu stehlen.

Wenige Wochen nach diesem öffentlichen Aufschrei wurde es in den Medien wieder still, man hörte kein Wort mehr darüber. Dieses Thema war genauso schnell von der Bildfläche verschwunden, wie es aufgeploppt war, und es wurde deutlich, dass die britische Regierung nichts unternehmen würde, um diesen Mädchen zu helfen.

In diesem Moment rief ich meine Free-Periods-Bewegung ins Leben. Ich kämpfte ganze drei Jahre darum, dass Hygieneartikel an englischen Schulen für alle kostenlos verfügbar sind. Heute ist es endlich Realität. Kein Kind in unserem Land muss schwänzen, nur weil es zu arm ist, um sich Binden oder Tampons zu kaufen.

Mein Weg war mitunter steinig – manchmal passierten unvorhergesehene Dinge, manchmal lief alles nach Plan, manchmal regierte das Chaos. Es gab Höhen und Tiefen, weshalb ich in einem Moment überglücklich und im nächsten zu Tode betrübt war, ein Häuflein Elend, das tränenüberströmt in seinem Kinderzimmer saß und sich fragte, was um Himmels willen das alles bringen sollte. Ich führte Tagebuch, machte mir Notizen und schrieb alles auf, was gut gelaufen war und welche Fehler ich auf keinen Fall noch einmal begehen durfte. Free Periods startete anfangs als reine Online-Petition, entwickelte sich dann aber in rasendem Tempo zu einer unaufhaltsamen globalen Bewegung. Es macht mich unheimlich stolz und glücklich, dass mich tagtäglich junge Menschen anschreiben, die etwas verändern möchten, die nicht länger untätig zusehen wollen, die ihre kollektive Wut nutzen, um die bestehende Ordnung zu hinterfragen und notfalls ins Wanken zu bringen, um sich furchtlos stark zu machen für Belange, die ihnen am Herzen liegen. Wann immer sich Leute an mich wenden und mich um Unterstützung bei ihrem eigenen Aktivismus bitten, teile ich meine Erfahrungen mit ihnen und schließe meist mit den Worten: »Es ist kein Spaziergang, aber du musst es versuchen!«

Aktivist:innen weltweit sind gegenwärtig dabei, die politische Agenda für sich zu erobern, denn schließlich haben wir alle ein Mitspracherecht. Wir sind der lebende Beweis, dass ganz gewöhnliche Bürger:innen, Leute wie du und ich also, bemerkenswerte Veränderungen bewirken können. Die traditionellen Volksvertreter:innen, die bisweilen jeglichen Bezug zu unserer alltäglichen Realität verloren zu haben scheinen, Politiker:innen, die längst nicht mehr aussehen, sprechen oder leben wie wir Normalbürger:innen, treiben uns dazu, die Dinge selbst in die Hand zu nehmen. Die Politik an sich verändert zunehmend ihr Gesicht, und damit verändert sich auch die Zukunft des Aktivismus, des Protests und des Umbruchs.

Eines habe ich in diesen drei Jahren gelernt: Jede:r, und ich meine wirklich jede:r, kann aktiv werden. Dieses Buch wird dir dabei helfen, deine innere Stimme zu finden. Vielleicht warst du bisher nur zu scheu, um dich bemerkbar zu machen, weil du dir nicht sicher warst, ob du das darfst. Oder du hattest keine Ahnung, dass du überhaupt eine eigene Stimme hast.

Was auch immer dich zurückgehalten hat, eines steht fest: Gerade jetzt brauchen wir Leute wie dich, die aufstehen und die Ärmel hochkrempeln, um einen Wandel auf den Weg zu bringen. Es sind seltsame und beunruhigende Zeiten, in denen wir leben. Ich kann mich nicht erinnern, dass ich je zuvor mit solcher Sorge in die Zukunft geblickt hätte. Man wird das Gefühl nicht los, dass nur bestimmten Personenkreisen Gehör geschenkt wird. Vielleicht empfindest du das genauso. Die Welt der Politik scheint ein geschlossener Kosmos zu sein, in dem eine kleine Gruppe von privilegierten weißen Männern den Ton angibt. Diese mächtige, homogene Elite, die die Autorität hat, Entscheidungen zu treffen, die für unsere Gesellschaft und unsere natürlichen Lebensgrundlagen weitreichende Konsequenzen haben. Wir werden bombardiert mit Berichten über die Mächtigen, die stur die falschen, folgenschweren Beschlüsse fassen. In kollektivem Entsetzen sehen wir fassungslos dabei zu. Kaum ist eine Woche vergangen, ist alles Schnee von gestern, und es scheint keine Möglichkeit zu geben, diese Leute zur Verantwortung zu ziehen. Du und ich, wir alle dürfen nicht zulassen, dass ihre Taten ungeahndet bleiben. Gab es angesichts dieses irrwitzigen, turbulenten und beinahe apokalyptischen politischen und sozialen Klimas je einen besseren Zeitpunkt, um sich zu erheben und ein Umdenken einzufordern? Ist jetzt nicht der perfekte Moment, um die vermeintliche Sicherheit hinter uns zu lassen und für eine neue, bessere Weltordnung zu kämpfen? Oder es zumindest zu versuchen?

In der Satzung der Vereinten Nationen steht gleiches Recht für alle festgeschrieben. Warum sind dann von 191 Staatsoberhäuptern nach jetzigem Stand gerade mal 13 weiblich? Das Problem der Ungleichheit verschärft sich zusehends und gerät außer Kontrolle, die menschlichen Kosten, gerade beim weiblichen Geschlecht, sind verheerend. Überall auf der Welt wird von Frauen verrichtete Arbeit beharrlich unterbezahlt. Die globalen Statistiken belegen, dass Frauen 75 Prozent der Arbeit leisten, dafür aber nur ein Zehntel des Lohns erhalten. Außerdem besitzen sie nur 1 Prozent des gesamten Grundeigentums. Fast die Hälfte der Menschheit muss von weniger als 6 Euro am Tag leben, während Macht und Vermögen von denjenigen, die es sich an der Spitze der ökonomischen Pyramide bequem gemacht haben (vorwiegend Männer), noch zusätzlich wachsen, weil diese Leute bis zu 30 Prozent ihrer Steuerschulden trickreich umgehen. Tatsächlich besitzen Männer 50 Prozent mehr vom weltweiten Vermögen als Frauen, und die 22 reichsten Männer der Erde verfügen über mehr Geld als alle Frauen Afrikas zusammen.

Wofür auch immer du dich einzusetzen gedenkst, warte nicht länger auf ein einschneidendes Ereignis, darauf, dass jemand anderes daherkommt und die perfekte Lösung präsentiert. Ich selbst habe viel zu lange gezögert, ohne dass etwas passiert wäre. Du darfst nicht einen Augenblick dem Irrglauben verfallen, dass irgendeiner Person da draußen deine Sache noch mehr am Herzen liegt als dir und sie besser dafür geeignet wäre, etwas gegen die Missstände zu unternehmen. Sei selbst dieser eine Mensch, der klare Kante gegen gewisse Ungerechtigkeiten zeigt. Und dem es nicht nur gelingt, sein eigenes Leben umzukrempeln, sondern auch noch das vieler anderer. Horche in dich hinein und entdecke die unglaubliche, ungenutzte Kraft, die in dir steckt, die Macht deiner Stimme. Und achte nicht auf die, die dir einreden wollen, das alles müsse so sein, dürfe nicht infrage gestellt werden. Sei alternativlos. Dein Handeln wird ihre Worte Lügen strafen. Und wenn du erst den Mut aufbringst, aus deiner passiven Rolle auszubrechen und die Initiative zu ergreifen, wirst du mit deiner Tatkraft anderen ein Vorbild sein und sie ermutigen, deinem Beispiel zu folgen. Eine Community von leidenschaftlichen Changemakern wird sich um dich herum formieren, inspiriert von deiner Überzeugung, und diese Leute werden selbst dann nicht ruhen, wenn sie auf Widerstände stoßen oder zurückgewiesen oder gar verurteilt werden. Du musst nur anfangen. Jede Bewegung, jede Revolte beginnt mit einem Menschen, der genau wie du spürt, dass der Zeitpunkt für längst überfällige Veränderungen gekommen ist, der Zweifel hat, wie ihm das gelingen soll, und der dann einfach loslegt und trotz aller Hürden unbeirrt weitermacht, bis das Ziel erreicht ist.

Aus diesem Grund habe ich dieses Buch geschrieben. Darin steht alles, was ich aus meiner Free-Periods-Kampagne gelernt habe. Es ist genau das Buch, das ich mir damals gewünscht hätte. Du wirst sehen, dass jede:r, auch du, etwas bewegen kann. Verwende es, wie es dir gefällt: Benutze es als Nachschlagewerk, in dem du dir bei Bedarf Rat holst, oder betrachte es als deinen treuen Begleiter in deinem persönlichen Kampf.

Legen wir los. Worauf wartest du? Gehen wir auf die Straßen und sorgen dafür, dass sich etwas tut. Erheben wir unsere Stimmen und erobern wir uns die Macht zurück. Und vor allen Dingen: Lasst uns niemals aufgeben.

1. KAPITEL

DEFINIERE DEIN ZIEL

Zum Aktivismus wird niemand geboren, aber ich bin überzeugt, dass jeder das Zeug dazu hat. Auch du. Aus meiner Sicht kann Aktivismus viele Formen annehmen. Du brauchst dich deshalb nicht als Gutmensch oder Ökofreak abstempeln zu lassen. Mach dir bewusst, dass jede Menge Leute, die unterschiedlicher nicht sein könnten, unglaubliche Veränderungen in Gang gesetzt haben. Ich denke nicht, dass man dafür ein besonders extrovertierter Charakter sein oder besonders gute Reden halten muss, genauso wenig musst du außerordentlich belastbar oder einfallsreich sein, um aktiv zu werden. Jede:r kann es schaffen.

Ich selbst würde mich als eher zurückhaltenden Menschen bezeichnen. Und ich gebe zu, ich strotze nicht gerade vor Selbstbewusstsein. Wenn man mir vor vier Jahren erzählt hätte, dass ich einmal vor laufenden Kameras sprechen oder allein auf einer Bühne vor einem Meer von Zuschauern stehen würde, und das auch noch am anderen Ende der Welt, hätte ich nur den Kopf geschüttelt und die Person für verrückt erklärt. Doch irgendwann wird der innere Drang, etwas zu tun, übermächtig, und dann kann man nicht mehr anders, man muss einfach aktiv werden. Dieses Gefühl entsteht, wenn einem eine Sache wirklich, wirklich am Herzen liegt. Was auch immer es ist, das *du* verändern möchtest, welchem Missstand auch immer *du* Gehör verschaffen willst, du kannst diese eine Person sein, die den Stein ins Rollen bringt.

Die geopolitische Lage entwickelt sich aktuell in eine beängstigende Richtung. Während ich diese Zeilen schreibe, lese ich von drohenden Kriegen in Ländern, wo die Diplomatie zusehends an ihre Grenzen stößt und per Tweet mit Vernichtung und Vergeltungsmaßnahmen gedroht wird, statt faire Lösungen anzubieten. Ich lese davon, dass die derzeit wütende Pandemie viele Tausende tötet und die Welt ins kollektive Chaos stürzt. Ich lese davon, dass uns ein globaler wirtschaftlicher Abschwung droht und dass Massenarbeitslosigkeit, Verarmung und Hungersnöte noch viele weitere Menschen zu einem Leben in Leid und Entbehrung verdammen werden.

Ich lese von einer Klimakrise, die so weit fortgeschritten ist, dass verheerende Buschbrände Tausende dazu zwingen, aus ihren Häusern zu fliehen, und dass schwere Stürme und Überflutungen ausgerechnet in den Ländern, die ohnehin schon von bitterer Armut geplagt sind, weitere Todesopfer fordern werden. Zu wissen, dass unser aller Schicksal ausgerechnet in den Händen von Politiker:innen liegt, die sich beharrlich damit herausreden, dass wir es uns angeblich finanziell nicht leisten können, den Klimanotstand anzugehen, bringt mich zum Verzweifeln. Diesen Politiker:innen ist unsere Zukunft gleichgültig, weil sie die Spätfolgen wahrscheinlich gar nicht mehr selbst miterleben werden.

Ich lese von frauenfeindlichen, rassistischen und hetzerischen Kommentaren von den Mächtigen dieser Erde, die längst keinen flächendeckenden Aufschrei und keine Gegenwehr mehr auslösen, einfach nur weil wir uns inzwischen so sehr daran gewöhnt haben und abgestumpft sind gegen den Hass. Wenn ohnehin jede Hoffnung verloren scheint, verfallen wir Menschen allzu leicht in Lethargie, und dann nehmen wir die Gegebenheiten klaglos hin, statt vor lauter Empörung auf die Barrikaden zu gehen.

Trotzdem gibt es immer noch genügend Mutige da draußen, die sich weigern, den Kopf in den Sand zu stecken, und unverzagt das Samenkorn der Hoffnung auf Veränderung hegen und pflegen. Wir werden von Tag zu Tag mutiger und lauter. Wir nutzen das Internet und die sozialen Netzwerke, um unsere Reichweite auszubauen und uns mit anderen zusammenzutun, die unsere Sorgen teilen und ebenso entschlossen sind wie wir, den Status quo zu ändern.

Vielleicht fühlst du dich zum Handeln getrieben, weil du in irgendeiner Form direkt betroffen bist, oder es gibt da diese himmelschreiende Ungerechtigkeit, die sich hartnäckig hält und dich schon lange wurmt. Was auch immer deine Beweggründe sind, mach dir bitte eines bewusst: Du hast die Macht – nutze sie.

Es wird Zeit, dass du diesem Gefühl nachgibst, das pausenlos an deinem Gewissen nagt und dich anfleht, etwas zu unternehmen, ganz gleich, was. Leider ist es aber ausgerechnet dieser erste Schritt, der für die meisten die größte Hemmschwelle darstellt. Die innere Stimme lässt sich einfach zu leicht ignorieren. Aber bitte, schenke ihr Gehör und lass dich von ihr leiten! Gib dem Drängen endlich nach!

Ich selbst habe lange Zeit vor allem auf die negative innere Stimme geachtet, die mir einredete, ich sei nicht einflussreich genug, und nichts, was ich versuchte, würde einen Unterschied machen. »Warum glaubst ausgerechnet du, dich dieser Mammutaufgabe annehmen zu können?«, hören wir sie spotten, oder: »Du machst dich doch lächerlich, das klappt niemals.« Ich habe erlebt, wie mir diese Stimme einflüsterte, ich sei nicht gut genug, nicht mutig genug, nicht alt genug, nicht weiß genug, kurz: nicht die Richtige, um irgendetwas zu bewirken.

Heute bin ich froh, dass ich irgendwann beschloss, nicht mehr auf diese Stimme zu hören, denn erst als ich aktiv wurde, begann sie nachzulassen, bis sie nicht mehr viel lauter als ein Flüstern war – das ich getrost ausblenden konnte.

Wenn du dich selbst mit irgendwelchen Missständen, sei es einer Ungerechtigkeit, Täuschung oder unverfrorenen Doppelmoral, konfrontiert siehst, nimm es nicht als gegeben hin. Nichts ist unveränderlich, man muss sich nicht mit etwas abfinden, nur weil es immer so war. So fest verankert die Dinge manchmal auch erscheinen mögen, bin ich der festen Überzeugung, dass alles sich in einem ständig fließenden Zustand befindet, alles ist in Bewegung, und es liegt allein an uns, ob wir das Ruder in die Hand nehmen, den öffentlichen Diskurs anstoßen und das Gespräch in die richtige Richtung lenken. Lass dich nicht in eine bestimmte Form zwängen, von der die Gesellschaft behauptet, du müsstest da reinpassen, um dir die Anerkennung deiner Mitmenschen zu verdienen. Für einige mag so eine vorgegebene Norm ja passen, aber nicht für jede:n. Bewahre dir deine Unabhängigkeit und gestalte dein Dasein nach deinen eigenen Vorstellungen.

Warum lassen wir uns von den Mächtigen immer noch diktieren, wie wir zu leben haben? Sie sehen nicht aus wie wir, sprechen nicht wie wir und wissen nicht, was uns bewegt. Was wissen sie von den Beschwernissen, mit denen wir tagtäglich zu kämpfen haben? Sie wollen nicht, dass wir irgendetwas hinterfragen oder die bestehende Ordnung durcheinanderbringen. Warum auch? Ich habe es satt, dass sie die jungen Menschen von heute als »Generation Snowflake« bezeichnen, ein respektloser, abwertender Begriff, bewusst gewählt, um uns schlechtzumachen und als Horde Weicheier abzutun. Wenn es nach diesen Ignorant:innen geht, sind wir viel zu sehr damit beschäftigt, Schnuten zu ziehen und Selfies zu bearbeiten, um uns um die katastrophalen Zustände der Welt um uns herum zu kümmern.

Es ist viel einfacher für die Machthabenden, wenn alle sich in die Verhältnisse fügen, die Augen niedergeschlagen, die Lippen fest aufeinandergepresst, die Hände artig hinter dem Rücken verschränkt. Alles – Bücher, Werbung, Filme und Fernsehen – führt uns vor Augen, wie Macht auszusehen hat, wie sie sich anhört und anfühlt. Seit Generationen übernehmen wir dieses Bild von den Medien, ohne es anzuzweifeln. Doch wie Wael Ghonim, jener Aktivist, der im Jahr 2011 den Aufstand in Ägypten mit initiiert hat, in seinem Buch *Revolution 2.0* bestätigt, ist »das einfache Volk um so vieles mächtiger als diejenigen, die tatsächlich an der Macht sind«. Wir Normalsterblichen haben demnach viel mehr Einfluss, als uns bewusst ist.

Überleg dir gut, in welcher Art von Gesellschaft du in Zukunft leben möchtest. Ist es eine, in der alles festgelegt und durch Vorschriften geregelt ist, wo wir uns geduldig in die Schlange einreihen, um unser klägliches Stück vom Kuchen abzubekommen, nur um dann festzustellen, dass es überhaupt nicht schmeckt? Und dann stellen wir uns wieder an, um noch eins zu bekommen? Nein, sicher nicht. Also nimm die aktuellen Zustände genau unter die Lupe und überleg dir, wie viele Menschen von einem einzelnen Problem derzeit betroffen sind. Und dann stell dir die Frage, ob sich daran in absehbarer Zeit etwas ändern wird, wenn du beschließt, es weiter zu ignorieren.

Caroline Criado Perez ist für mich eine echte Heldin – ein unerschütterliches feministisches Kraftpaket, eine richtige Macherin. Sie hat eine absolut geniale und inspirierende Kampagne ins Leben gerufen, mit der sie die Bank of England dazu brachte, mehr Frauen auf britischen Banknoten zu verewigen. Außerdem hat sie sich erfolgreich dafür eingesetzt, dass auf dem Parliament Square in London eine Statue der Frauenrechtlerin Millicent Fawcett errichtet wurde. Nichts kann sie aufhalten, sie schreckt vor nichts zurück. Ich habe sie gefragt, welchen Ratschlag sie für junge Menschen hat, die voller Tatendrang sind, die dafür sorgen wollen, dass sich etwas bewegt, aber nicht wissen, wo sie anfangen sollen:

Entscheide dich für etwas, das dir so wichtig ist, dass du gar nicht anders kannst, als es zum Gegenstand deiner Kampagne zu machen. Es ist ein Knochenjob, der dir alles abverlangt und den dir niemand dankt, und er bestimmt über dein gesamtes Leben. Ein Ende ist meist nicht abzusehen. Und trotzdem macht man weiter, bis der Kampf gewonnen ist. Das kann Wochen dauern, Monate, manchmal sogar Jahre: Viele Suffragetten haben im frühen 20. Jahrhundert ihr gesamtes Leben dem Kampf für das Frauenwahlrecht geopfert. Viele von ihnen starben noch vor Erreichen dieses Ziels. Was du also dringend brauchst, ist Durchhaltevermögen. Deshalb such dir ein Thema, bei dem du einfach weitermachen *musst*. Nur wenn du das Gefühl hast, keine Wahl zu haben, weißt du, dass du deine Mission gefunden hast.

Caroline hatte früher mit Feminismus nichts am Hut. Sie hat mir gegenüber sogar zugegeben, dass sie als Teenager kein besonders gutes Bild vom weiblichen Geschlecht hatte. Sie war überzeugt, dass Männer die besseren Menschen sind:

Mit ungefähr Mitte zwanzig setzte bei mir nach und nach ein Umdenken ein. Damals las ich ein Buch über Feminismus und linguistische Theorie *(Feminism and Linguistic Theory)*. Insbesondere das Kapitel über den Gebrauch des generischen Maskulinums in unserer Grammatik brachte mich ins Grübeln. Dass viele Wörter in ihrer maskulinen Form für beide Geschlechter stehen und mit »he« und »man« – in der Bedeutung »Mensch« – ebenfalls die gesamte Menschheit gemeint ist (wie ja im Deutschen auch die Indefinitpronomen »man« und »einer« in der Regel für beide Geschlechter stehen), ist allgemeiner Konsens. Man muss kein:e Expert:in sein, um zu wissen, dass Feminist:innen dies kritisieren – und wie so viele andere Menschen auch, die von Feminismus keine Ahnung haben, hatte ich nie viel mehr als ein genervtes Augenrollen für diese Kritiker:innen übrig, wenn ich damit konfrontiert war. Aus meiner Sicht war dies das perfekte Beispiel dafür, wie lächerlich dieser ganze feministische Schwachsinn war, und die optimale Gelegenheit zu beweisen, dass ich mit einem viel logischeren Denken gesegnet war als so manch andere Frauen. Denn im Gegensatz zu diesen hysterischen Geschöpfen glaubte ich genau zu wissen, was gemeint war, wenn die männliche Form verwendet wurde, das kapierte doch wohl jedes Kind. Also tat ich diese Einwände jedes Mal mit einem abfälligen Schulterzucken ab, und damit war der Fall für mich erledigt. Mit solchen Kinkerlitzchen gab ich mich doch nicht ab.

Doch dann las ich den nächsten Satz. Die Autorin führte Studien an, die bewiesen, dass der generische Gebrauch des Personalpronomens »he« beim Lesen oder Hören automatisch das Bild von einem Mann heraufbeschwört, selten denkt man an eine Frau. Das machte mich dann doch stutzig. Wenn ich ehrlich bin, traf es mich wie ein Schlag. Denn zum ersten Mal wurde mir so richtig bewusst, dass auch ich unwillkürlich einen Mann vor Augen habe, wenn ich es höre. Ich war fassungslos. Warum war mir das noch nie aufgefallen? Ich meine, sollte ich als Frau bei diesen angeblich geschlechtsneutral gemeinten Formulierungen nicht eine Frau vor Augen haben? Oder wenigstens in der Hälfte der Fälle? Warum musste mich erst jemand mit der Nase darauf stoßen, damit ich das bemerkte?

Caroline fiel es wie Schuppen von den Augen, und sie begriff, wie stark auch ihr Unterbewusstsein vom Männlichen bestimmt war. Denn es war nicht nur der generische Gebrauch des Personalpronomens »he«, der in ihrer Vorstellung beharrlich männliche Wesen heraufbeschwor. Das Gleiche passierte ihr bei Wörtern, die für sich noch viel eindeutiger beanspruchten, genderneutral zu sein: Berufsbezeichnungen wie *lawyer, doctor, professor, writer, journalist, scientist* – Anwalt, Arzt, Professor, Autor, Journalist und Wissenschaftler. Jeder einzelne Begriff ließ sie reflexartig an einen Mann denken.

Ich konnte mir dieses Phänomen, dass ich automatisch Männer vor Augen hatte, nur folgendermaßen erklären: Offenbar hatte ich keine besonders hohe Meinung von Frauen. Denn was wusste ich schon groß über mein eigenes Geschlecht? Was spielten wir Frauen für eine Rolle? Mittlerweile ist mir natürlich klar, woran das liegt. Immerhin wurden Frauen von der Geschichtsschreibung lange Zeit weitestgehend ignoriert, sie wurden quasi unsichtbar gemacht. Heute weiß ich, dass es in vergangenen Zeiten Usus war, dass große Errungenschaften auf den Gebieten der Kunst, der Literatur und der wissenschaftlichen Entdeckungen, deren Urheber Frauen waren, stattdessen ihren Ehemännern oder Lehrmeistern zugesprochen wurden. Und ich? Ich war all die Zeit blind dafür gewesen. Im Geschichtsunterricht in der Schule ging es fast nur um Männer. Die »große« Literatur, die man uns zu lesen auftrug, war beinahe ausschließlich von Männern verfasst und handelte von männlichen Protagonisten. Wissenschaftlicher Fortschritt war mir stets als das Werk von Männern präsentiert worden. Wen wundert es da, wenn ich mein eigenes Geschlecht als ein Hindernis betrachtete, als einen Klotz am Bein, den ich loswerden musste, wenn ich als vollwertiger Mensch gelten wollte?

In unserem Gespräch beschrieb Caroline weiter, was dieses Aha-Erlebnis bei ihr auslöste:

Mich packte eine jähe Wut. Ich war entsetzt von der Erkenntnis, dass man mir ein völlig falsches Bild von meinem eigenen Geschlecht vermittelt hatte. Immerhin hatte mich diese Vorstellung meine ganze Jugend hindurch geprägt. Dieser ständige Druck, den ich mir selbst auferlegt hatte, mich ja nicht zu geben wie »all die anderen Mädchen«, nur damit ich halbwegs eine Chance hatte, wie ein Mensch behandelt zu werden. Das alles hatte erheblichen Einfluss auf mein Selbstbewusstsein. Was für eine schreiende Ungerechtigkeit, dass junge Mädchen dem nach wie vor ausgesetzt waren. Während ich also auf immer mehr Beispiele für Situationen stieß, in denen die Welt uns als fast ausschließlich männlich präsentiert wird, und feststellte, dass die großen historischen Persönlichkeiten, die wir so sehr verehren, beinahe durchweg Männer sind, empfand ich es als meine moralische Pflicht, etwas gegen diese irreführende Geschichtsverzerrung zu unternehmen. Immerhin wusste ich aus persönlicher Erfahrung, welch erhebliche Auswirkungen dieser Umstand auf ein Menschenleben haben kann.
Das Gute war, dass für mich eines rasch feststand: Ich hatte es mit einem Problem zu tun, gegen das man auch als

Einzelkämpferin gut vorgehen konnte. Da draußen gab es Ungerechtigkeiten, die waren noch viel empörender und tiefer verankert, sie an der Wurzel zu packen und zu beseitigen würde Jahre dauern, und dazu bräuchte es außerdem eine gut organisierte Gruppe von Enthusiast:innen, die beharrlich auf ein gemeinsames Ziel hinarbeiteten. Aber eine Banknote? Ja, das war zu schaffen. Wenn es sein musste, auch allein.

Jede:r fängt klein an

Meine Petition lief gerade mal zwei Monate, da kontaktierte mich Catherine, die wie ich siebzehn war. Sie erzählte mir, wie sehr sie der aktuelle Zustand unserer Welt mit all ihren Ungerechtigkeiten deprimierte und welch heftige Schuldgefühle deshalb gelegentlich an ihr nagten. Sie hasste dieses Gefühl der Ohnmacht, fand sich selbst aber zu klein und unbedeutend, um etwas zu verändern. Aus diesem Grund wandte sie sich Hilfe suchend an mich. Sie wollte von mir wissen, ob ich mich besser fühlte, weil ich etwas unternommen hatte, ob ich tatsächlich den Eindruck hätte, etwas bewirken zu können, noch dazu in einer Welt, die aus ihrer Sicht völlig auf Abwege geraten war. Sie selbst habe zunehmend das Gefühl, den Halt zu verlieren.

Catherine und ich tauschten uns zunächst über E-Mails aus. Sie vertraute mir an, sie habe psychische Probleme gehabt und sei gerade erst von zu Hause ausgezogen. Und nun sei sie zu dem Schluss gekommen, dass sie irgendetwas brauchte, für das es sich zu kämpfen lohnte, etwas, das ihr neue Hoffnung gab, ein Ziel, das sie wieder auf Kurs bringen würde.

Ich weiß, dass Catherine das alles große Überwindung gekostet hat. Alles in ihr sperrte sich dagegen, warnte sie davor, es auch nur zu versuchen. Aber sie blieb standhaft. Sie wollte unbedingt etwas tun, wollte sich nicht länger passiv ihrem Schicksal ergeben. Also rief sie eine Kampagne ins Leben, mit der sie sich für eine bessere Ausbildung von Allgemeinärzt:innen im Hinblick auf psychische Probleme einsetzte. Darin fand sie ihre Berufung. Ihr Engagement weckte völlig neuen Tatendrang in ihr und beflügelte sie, was sie wiederum optimistisch stimmte und hoffnungsvoll in die Zukunft blicken ließ.

Diese mutige junge Frau war mir eine unglaubliche Stütze in meinem eigenen Kampf. Sie half mir, Periodenarmut auf die öffentliche Agenda zu bringen, und setzte sich mit Feuereifer für meine Ziele ein. Sie kam sogar extra nach London, um an unserem Protestmarsch teilzunehmen, dabei hatte sie eigentlich nicht mal das nötige Kleingeld für ein Zugticket. Unermüdlich tweetete und postete sie Beiträge zu der Demo und rief alle ihre Kontakte auf, die Info zu teilen und selbst dabei zu sein. Mit einem Schlag war Catherine Feuer und Flamme für den Aktivismus. Er hatte sie gepackt und lässt sie seither nicht mehr los.

Ich weiß genau, wie leicht man in die Falle tappt und denkt, gewisse Probleme seien zu gewaltig, um sie in Angriff zu nehmen. Man ist innerlich aufgewühlt, empört sich über Ungerechtigkeiten, versteht nicht, warum niemand etwas dagegen unternimmt, fühlt sich aber letzten Endes machtlos und unternimmt ebenfalls nichts. Wie leicht lässt man sich von dem Gedanken verführen, dass die Dinge nun mal so sind, wie sie sind. Was soll *ich* kleines Licht schon daran ändern, fragt man sich. Trotz aller Entrüstung fällt es den meisten Menschen schwer, sich aus diesem Gedankenkorsett zu befreien. Sie ergeben sich widerstandslos in ihre passive Rolle, weil sie nicht an sich glauben. Und überhaupt ist doch schon das ganze Leben eine einzige Mühsal. Warum dann auch noch den Kampf gegen Windmühlen auf sich nehmen?

Catherine hat wie so viele klein angefangen. Als Erstes wandte sie sich an ihre eigene psychotherapeutische Praxis und erkundigte sich, was sie tun könnte, um die Situation für Menschen mit psychischen Problemen zu verbessern. Sie selbst hatte nämlich anfangs ziemliche Schwierigkeiten gehabt, die Hilfe zu bekommen, die sie so dringend benötigte. In einem nächsten Schritt wagte sie sich daran, die bestehenden Prozesse infrage zu stellen. Folgendermaßen schilderte sie mir ihre ersten Erfahrungen:

> Die größte Bereicherung, die ich dem Aktivismus zu verdanken habe, ist dieses starke Zusammengehörigkeitsgefühl und die tiefe Verbundenheit mit den Menschen und der Welt um mich herum, die ich seither fühle. Nachdem ich lange Zeit sehr einsam und isoliert gelebt hatte, war und ist es mir eine unglaubliche Hilfe, mit anderen reden zu können, mich mit Leuten auszutauschen, die ähnlich über gewisse Dinge denken und sich gemeinsam mit mir Lösungen überlegen. Das gibt mir definitiv viel Kraft. Denn wenn *wir* es nicht in die Hand nehmen, wer dann? Mir fällt es genau wie anderen jungen Menschen in meinem Alter auch nach wie vor höllisch schwer, mir

> eine eigene Stimme zuzugestehen. Schließlich schenkt
> uns ja ohnehin nie jemand Gehör. Umso wichtiger ist es,
> dass wir einander zuhören und uns gegenseitig Mut ma-
> chen. Wir müssen das Ruder selbst in die Hand nehmen,
> denn da sind Leute an der Macht, die folgenschwere Ent-
> scheidungen über unsere Zukunft fällen, ohne uns nach
> unserer Meinung zu fragen. Letzten Endes aber werden
> wir die Leidtragenden sein, wir werden ihre Fehler aus-
> baden müssen.

Catherine beschloss, sich für etwas stark zu machen, wovon sie selbst unmittelbar betroffen war. Ihr Weg zum Aktivismus zeigt, dass wirklich jede:r gegen bestehende Prozesse aufbegehren kann, die aus seiner oder ihrer Sicht nicht richtig sind. Und ihre Geschichte verdeutlicht auch, dass der erste Schritt hin zur Veränderung darin besteht, dass man entschieden Einspruch erhebt und fordert, dass sich etwas verändert. Es gibt kein Patentrezept, das als Schlüssel für den Wandel herhalten kann. Für Catherine ging es in erster Linie darum, etwas gegen ihren eigenen Frust zu unternehmen, wobei ihr erst nach und nach bewusst wurde, dass sie mit ihrem Handeln auch positiven Einfluss auf das Leben anderer hat. Ein willkommener Nebeneffekt, der sie in ihrer Entschlossenheit gleich noch mehr bestärkte. Denn es kann ein wahnsinnig befreiendes Gefühl sein, sich den Problemen anderer anzunehmen und sich solidarisch mit ihnen zu zeigen.

Shiden Tekle lernte ich bei einem gemeinsamen Fotoshooting verschiedener Jugendaktivist:innen kennen. Er und seine Freund:innen hatten sich derart über das Fehlen schwarzer Schauspieler:innen in den meisten Kino- und TV-Produktionen geärgert, dass sie auf die Idee kamen, berühmte Filmplakate nachzustellen. Sie kopierten die Plakatszenen von Kassenschlagern wie *Titanic, Harry Potter* und *Sykfall,* nur dass bei ihnen schwarze Menschen die Hauptrollen besetzten.

Shiden ärgerte es maßlos, dass im überwiegend weißen Cast von Filmen nur ganz sporadisch und hauptsächlich in Nebenrollen Nicht-Weiße auftauchten, »Quotenschwarze« sozusagen. Er sagte mir:

> Schon seit ich zwölf war, bin ich regelmäßig rassistischen Beleidigungen ausgesetzt. Das liegt nicht zuletzt auch an den Medien: Nur selten zeigen sie uns schwarze Menschen in einem positiven Licht. In den großen Filmproduktionen sind schwarze Charaktere auffallend häufig kriminell oder in Drogendeals verwickelt. Damit suggeriert man dem Publikum doch, dass *alle* schwarzen Menschen so sind. Deshalb beschlossen wir, die Werbeplakate für große Filmhits mit schwarzen Akteur:innen nachzustellen, um die Wahrnehmung der Menschen umzukrempeln und ihre Vorurteile zu entlarven.

Shiden und seine Mitstreiter:innen gestalteten diese Poster mithilfe von Freund:innen und Verwandten und hängten sie bei sich zu Hause auf. Und natürlich teilten sie Bilder davon auf den Social-Media-Kanälen mit allen ihren Kontakten. Was zunächst als Jux gedacht war, schaffte es bis in die landesweiten Nachrichten, und die Plakate waren schließlich sogar groß auf Anzeigentafeln an Bushaltestellen zu sehen. Damit war eine ernst zu nehmende politische Bewegung geboren, die sich Legally Black nennt. Mit ihrer gewitzten Aktion befeuerten diese jungen Leute den Diskurs rund um rassistische Fehldarstellungen in Film und Fernsehen und die Tatsache, dass schwarze Menschen in den Medien generell nicht angemessen repräsentiert werden. Sie hatten damit offenbar einen Nerv getroffen.

Ich hätte nie gedacht, dass unsere Aktion Schlagzeilen machen würde. Aber als das so große Wellen schlug, schien auf einmal in greifbare Nähe zu rücken, dass wir noch viel mehr erreichen konnten. Zum Beispiel die Debatte über Rassismus in den Medien anzukurbeln. Wir wollten mit Vertreter:innen der britischen Rundfunkanstalten ins Gespräch kommen und ihnen deutlich machen, welchen Einfluss eine solch negative, stereotype Darstellung von schwarzen Menschen vor allem auf junge Leute hat. Die Medienwelt ist ein recht starres System; da irgendein Umdenken bewirken zu wollen, ist nicht ganz einfach, aber auch nicht unmöglich. Inzwischen bin ich schlauer und habe einiges gelernt, zum Beispiel wer die Strippen zieht oder wie man die Schubkraft von Kampagnen nutzt, um Ziele erfolgreich durchzusetzen.

Wir als Gruppe haben immer wieder betont, dass es uns nicht darum geht, weiße Charaktere durch schwarze Schauspieler:innen zu ersetzen. Wir möchten lediglich erreichen, dass schwarze Menschen die Hoheit über ihre eigenen Narrative erhalten und nicht länger in eine passive Rolle gedrängt werden. In dieser Hinsicht tut sich aktuell schon sehr viel, aber stereotype Darstellungen von People of Color sind in den Medien immer noch allgegenwärtig, nicht nur im Film. Wir bemühen uns um einen möglichst sensiblen Umgang mit Sprache und sind sehr auf Inklusion bedacht, indem wir uns auch mit der medialen Darstellung weiterer Ethnien befassen. Trotzdem wollen wir nicht im Namen anderer Communitys sprechen, weil wir uns letztlich nur auf unsere eigenen Erfahrungen berufen können.

Ich bat Shiden, mir zu verraten, wie seiner Meinung nach der erste Schritt aussehen müsste, um eine Mission zum Erfolg zu führen:

Man braucht keinen penibel ausgearbeiteten, bis ins Detail durchdachten Plan, um strukturelle Ungerechtigkeiten zu bezwingen. Jeder kann sich engagieren und etwas bewegen. Es ist schon ein guter Anfang, wenn man sich einfach nur im Freundeskreis zusammensetzt und sich eine gemeinsame Aktion ausdenkt. Zum Beispiel, indem man mit Kunst auf einen sozialen Missstand aufmerksam macht. So werden Schritt für Schritt ungleiche Machtgefüge aufgedeckt und ihre Pfeiler nacheinander zum Einsturz gebracht. Als ich das erste Mal mit der Welt des Aktivismus in Berührung kam, hatte ich das Glück, zahlreiche Unterstützer:innen an meiner Seite zu haben. Ein Beispiel ist die Advocacy Academy, eine Organisation, die jungen Aktivist:innen im Londoner Süden unter die Arme greift. Aber auch andere Leute, mit denen wir über Legally Black in Kontakt gekommen waren, erklärten sich bereit, uns zu helfen. Das alles war für mich der Beweis, dass es wesentlich zum Erfolg einer Kampagne beiträgt, wenn man in der eigenen Community gut vernetzt ist.

Shiden gestand mir gegenüber aber auch, dass es nicht leicht war, seine Motivation durchgehend aufrechtzuerhalten. Immer wieder verfiel er in kleine Zwischentiefs, weil ihm die Puste ausging.

Manchmal wuchs mir das alles total über den Kopf. Schließlich musste ich neben Legally Black auch noch mein Leben auf die Reihe kriegen. Wenn mir eine Sache allerdings so wichtig ist, bleibe ich dran. Ein anderes Problem ist, dass man als junger Mensch von möglichen Kooperationspartner:innen nicht immer hundertprozentig ernst genommen wird. Erst im Lauf der Zeit ist es uns gelungen, einen sicheren Raum für unsere Ideen zu schaffen und darauf zu achten, dass wir uns selbst nicht zu viel abverlangen.

Du hast also beschlossen, etwas gegen die Missstände dieser Welt zu unternehmen. Deshalb liest du dieses Buch. Dein nächster Schritt besteht nun darin, dir zu überlegen, welche konkreten Maßnahmen *du* ergreifen kannst. Ganz gleich, ob du gegen Ärgernisse in deinem unmittelbaren Umfeld angehen oder Umwälzungen auf globaler Ebene bewirken willst, beginnt jede Form des Aktivismus mit einer Entscheidung und einer ersten Aktion. Erst in der nächsten Instanz wägst du ab, wie groß du das Ganze aufziehen willst. Dieses Buch soll dir vor Augen führen, dass die grundlegenden Prinzipien im Aktivismus stets die gleichen sind.

Sehen wir uns zunächst Kleinkampagnen auf kommunaler Ebene an: Überall um uns herum werden wir mit Ungerechtigkeiten und Ungleichheit konfrontiert. Angesichts ihrer Fülle fühlen wir uns wie gelähmt. Viel zu viele von diesen Problemen werden beharrlich ignoriert; und je länger sie da sind, desto tiefer wurzeln sie. Nicht selten gewöhnt man sich daran, sie werden zur Normalität, bis wir sie irgendwann gar nicht mehr als Ungerechtigkeiten wahrnehmen. Wir blenden sie einfach aus.

Wenn meine ganze Großfamilie zum Essen zusammenkommt, Großeltern, Tanten, Onkel, Cousins und Cousinen, fällt mir jedes Mal auf, dass es die Frauen sind, die sich in der Küche zu schaffen machen. Die Männer setzen sich bequem aufs Sofa und regen sich über die Politik und die allgemeine Weltlage auf, während meine Mum, meine Tanten und meine Großmutter Topf um Topf voll dampfend heißem Essen zum Tisch tragen und dann wieder zurück an den Herd huschen. So läuft es in unserer Familie seit jeher, es ist Teil unserer Kultur. Ich habe das alles nie infrage gestellt, bis mir irgendwann auffiel, wie sexistisch dieser Brauch im Grunde ist. Es kam mir so vor, als wäre ich all die Jahre blind gewesen. Dabei lag die Erklärung nahe: Es war einfach schon immer so gewesen. Seither bedränge ich meinen Bruder, etwas dagegen zu tun, und auch wenn er darüber nur lacht und mich aufzieht, von wegen, der Platz einer Frau sei nun mal am Herd, ist mir doch nicht entgangen, dass er neuerdings öfter mal in die Küche verschwindet, um mitzuhelfen. Aber er ist in meiner Familie der einzige Mann, der sich unter die Frauen mischt.

Finde die Kraft, die in dir steckt

Wir alle stellen unser Licht viel zu sehr unter den Scheffel. Die wenigsten von uns erkennen, wie viel Macht und ungenutzte Energien in ihnen stecken. Würden wir diese Reserven anzapfen, könnten wir Großes bewirken. Die meiste Kraft und den größten Mut erfordert der erste Schritt: Und der besteht darin, aufzustehen und mit gutem Beispiel voranzugehen, um die Dinge wieder ins Lot zu bringen. Doch genau das fällt uns Menschen in der Regel am schwersten. Wie die Luftfahrtpionierin Amelia Earhart einmal sagte: »Das Schwierigste ist die Entscheidung zu handeln, der Rest nur Hartnäckigkeit.«

Mein Vorschlag wäre, dass du dir zunächst deine Stärken notierst. Jede einzelne. Schreib ruhig alles auf, was dir einfällt. Wenn dir diese Selbstreflexion nicht liegt, stell dir einfach vor, diese Liste würde nicht dich betreffen, sondern eine:n gute:n Freund:in. (Wir sind nämlich sehr viel großzügiger Freund:innen gegenüber als uns selbst!)

Ich verrate dir gerne meine positiven Eigenschaften: Ich bin gut organisiert. Mein Leben plane ich mithilfe von Post-it-Zetteln und detaillierteren Listen auf meinem Handy, die meine Tage und Wochen strukturieren und mich nichts vergessen lassen. Ich kann mich sehr gut in andere hineinversetzen. Ich bin mitfühlend. Ich bin loyal. Ich bin stur. Und hartnäckig. Ich setze meinen Willen durch. Und ich gebe nicht gerne auf.

Jetzt zähle du deine Fähigkeiten auf. Bist du künstlerisch begabt? Oder kannst gut schreiben? Gehst du methodisch vor? Hast du das Talent, andere zu motivieren? Liste sie alle auf. Und selbst wenn dir nur ein paar wenige Stärken oder Begabungen einfallen, keine Sorge! Wenn du dich erst einmal auf die Reise ins Abenteuer Aktivismus gemacht hast, wirst du garantiert ganz neue Talente an dir entdecken, von denen du noch gar nicht wusstest, dass du sie hast! Und je länger du für deine Sache kämpfst und mit Leidenschaft und Entschlossenheit immer wieder neue Dinge in Angriff nimmst, desto selbstbewusster und zielstrebiger wirst du deinen Weg mit wachsender Erfahrung fortsetzen.

Supermodel und Aktivistin Adwoa Aboah ist Gründerin der Initiative Gurls Talk, einer Community, die sowohl online als auch offline agiert und einen vorurteilsfreien Safe Space für Mental-Health-Themen schafft. Ihr erklärtes Ziel ist es, psychische Probleme ohne Tabus zu besprechen und den offenen Austausch in Bezug auf Fragen zu Körperbild, Sexualität, Selbstfürsorge und Ähnlichem zu fördern. Genau diese Art von Community hätte sie selbst sich in jungen Jahren gewünscht, als sie mit Depressionen und einer Suchtkrankheit zu kämpfen hatte. Sie hat mir erzählt, wie sie ihre Energie gezielt dafür einsetzte, um etwas an der Situation zu verbessern, und von den Hürden, mit denen sie sich gleich zu Beginn konfrontiert sah.

> Als ich beschloss, mich dem Aktivismus zu verschreiben, musste ich erst einmal tief in mir graben, um das nötige Selbstvertrauen aufzubringen. Offen gestanden hatte ich überhaupt keine Vorstellung, wie und wo ich anfangen sollte. Ich hatte keinen Plan, was genau Gurls Talk werden sollte, ich wusste nur, dass ich etwas verändern musste. Und auch wenn der Gedanke noch so furchtein-

flößend war, war genau das auch das Aufregende daran: nicht zu wissen, wohin mein Weg mich führen würde, und einfach rauszugehen und mich bemerkbar zu machen. Nie im Leben hätte ich mir erträumt, dass sich aus meiner persönlichen Betroffenheit so etwas wie Gurls Talk entwickeln würde – wer hätte gedacht, dass die Initiative eine so starke, entschlossene Community hervorbringen würde, eine Gemeinschaft von Menschen, die genau auf eine Plattform wie diese gewartet hat.

Jede:r Einzelne von uns hat seine/ihre eigene Geschichte und Erfahrungen, die allesamt der Auslöser für etwas Größeres sein können, und genau darin liegt unsere Macht. Niemand kann deine persönliche Story besser erzählen als du selbst. Als ich meine Therapie erfolgreich hinter mich gebracht hatte, drängte alles in mir danach, etwas mit meinem erworbenen Wissen anzufangen. Erst dadurch wurde mir bewusst, dass meine Story nicht nur für mich selbst von Bedeutung war, sondern noch viel weiter reichte. Irgendetwas sagte mir, dass ich im Bereich Mental Health sehr viel bewirken konnte, wenn es mir gelang, das Ganze zu einer landesweiten Bewegung werden zu lassen.

Nicola Mendelsohn, Vizepräsidentin von Facebook in Europa, Afrika und dem Mittleren Osten, begegnete ich im März 2020 bei einer Veranstaltung anlässlich des Weltfrauentags. Sie ist in der Branche eine von denen, die den Ton angeben, und nutzt ihren Einfluss, um möglichst viel zum Positiven zu verändern. Sie macht sich gegen Ungleichheit stark, allem voran gegen das geschlechtsspezifische Lohngefälle in der Tech-Branche. Im

November 2016, mit fünfundvierzig Jahren, wurde bei ihr ein follikuläres Lymphom diagnostiziert, eine unheilbare Form von Blutkrebs. Bei unserem Gespräch verriet sie mir, welche Gedanken dieser Schicksalsschlag bei ihr auslöste: »So eine Krebserkrankung sorgt dafür, dass man das eigene Leben einer intensiven Prüfung unterzieht und sich genau überlegt, was man daran ändern möchte.«

Auf meine Frage hin, was ihre Berufserfahrung sie gelehrt und welchen Rat sie für junge Frauen habe, betonte sie, wie wichtig es sei, stets mutig, aufgeschlossen und wohlwollend anderen gegenüber zu bleiben.

Mutig sein, das heißt vor allem, keine Scheu davor zu haben, den Mund aufzumachen. Zu Beginn meiner beruflichen Karriere hätte ich bei Meetings oft eine Antwort parat gehabt, saß aber lieber still da und schwieg. Wenn jemand anderes, in der Regel ein Mann, sich dann zu Wort meldete, ärgerte ich mich jedes Mal maßlos über mich selbst. Mittlerweile bin ich schlauer und weiß, wie wichtig es ist, sich Gehör zu verschaffen, deshalb liegt es mir auch am Herzen, andere Frauen dazu zu ermuntern. Aufgeschlossen sein, damit ist vor allem die Bereitschaft gemeint, Neues auszuprobieren und alternative Denkansätze durchzuspielen. Hier bei Facebook haben wir diesen tollen Spruch: »Was würdest du tun, wenn du vor nichts Angst hättest?« Man sollte sich dem Neuen niemals verschließen, sollte es wagen, alternative Wege zu begehen, Dinge anders zu machen, ohne ein Gefühl der Ohnmacht, ohne Furcht zu versagen.

Anderen gegenüber wohlwollend und freundlich zu sein, ist selbsterklärend. Gerade die aktuelle Coronakrise lehrt uns, wie wichtig es ist, sich gegenseitig zu unterstützen und anderen sein Mitgefühl zu zeigen. In einer Führungsposition muss man jederzeit darauf vorbereitet sein, den Angestellten ein ehrliches Feedback zu geben. Das ist natürlich nicht immer leicht, aber auch Kritik lässt sich in freundliche Worte verpacken.

Bring deine Kampagne ins Rollen

Allein die Wahl des Themas, dem man sich annehmen möchte, stellt so manch einen vor Schwierigkeiten. Vielleicht steht dir dein Ziel bereits klar vor Augen, und genau aus diesem Grund liest du dieses Buch. Oder du siehst all die Ungerechtigkeiten da draußen, weißt aber nicht, wo du ansetzen sollst. Letztlich ist der Wille, etwas zu ändern, ganz gleich was, ein großartiger Ausgangspunkt, denn damit ist der erste Schritt getan.

Jeden Tag aufs Neue sehen wir uns mit himmelschreienden Ungerechtigkeiten konfrontiert. Rassismus, Frauenhass, jede erdenkliche Form von Bigotterie und Vorurteilen. Die Liste ist ebenso lang wie deprimierend. Die Menschen kämpfen seit Jahrhunderten darum, die Lage in ihrem persönlichen Umfeld zu verbessern, suchen nach alternativen Lösungen, bauen Ortsgruppen auf und knüpfen Netzwerke, kurz, sie nehmen ihr Schicksal selbst in die Hand, weil sie sich von den Machthabenden übergangen fühlen. Wenn Politiker:innen und Staatsoberhäupter uns die kalte Schulter zeigen und sich auf beiden Ohren taub stellen, müssen wir sie eben dazu zwingen, uns wahrzunehmen und zuzuhören. Sie lassen uns keine andere Wahl.

Wie oft verschlägt es einem vor lauter Empörung die Sprache, wenn man in der Zeitung von irgendwelchen gesellschaftlichen Missständen liest. Und trotzdem kommt man nicht auf die Idee, selbst etwas dagegen zu tun. Bei mir war das früher nicht anders. Jedes einzelne dieser Probleme, die meinen Puls in Wallung brachten, schien mir viel zu groß, jede Ungerechtigkeit viel zu tief verwurzelt, um die Sache selbst in die Hand zu nehmen. Wo sollte man da anfangen? Warum sollte ausgerechnet *ich* dazu in der Lage sein, diese Missstände anzupacken? Die Miseren, von denen man in den Newsfeeds liest, scheinen fast immer auf irgendwelche eingefahrenen Strukturen zurückzuführen zu sein. Es sind Probleme, die fest in unserer Gesellschaft verankert sind. Doch sieht man sich die einzelnen politischen Streitpunkte, die sich auf den ersten Blick wie riesige, unüberwindbare Berge vor einem auftürmen, genauer an und betrachtet sie auf die kommunale Ebene heruntergebrochen, durchschaut man sie mit einem Mal viel besser, und plötzlich erscheinen sie einem tatsächlich lösbar. Das konkrete Problem wird greifbarer, und man sieht klarer, an welchen Stellen man den Hebel ansetzen muss, um die festgefahrene Ordnung aufzubrechen und Veränderungen herbeizuführen.

Man könnte diese tief verwurzelten, strukturellen Ungerechtigkeiten mit Hochhäusern vergleichen. Sie mögen noch so hoch vor einem aufragen, wenn man sie Ziegel für Ziegel abträgt, verschwinden sie irgendwann. Und während Stein um Stein beseitigt wird, lösen sich die starren Strukturen nach und nach auf, bis die einzelnen Brocken nur noch ein Haufen Schutt sind. Ganz zu Beginn geht es also darum, den ersten Stein zu entfernen, die erste kleine Zwischenwand einzureißen. Am besten nimmt man sich für den Start der kleineren Ärgernisse innerhalb des großen Ganzen an, kümmert sich um eins nach dem anderen, bis man sichtbare Veränderungen erzielt. Denn auch mit bescheideneren Etappensiegen gelangt man letztlich ans Ziel und hat Aussicht auf den großen Preis. Als Allererstes gilt es, die kleinen Leute an der Basis für sich und sein Anliegen zu gewinnen. Denn wenn Menschen rund um den Globus ein Problem kollektiv anpacken wollen, kommt es auf jeden Einzelnen an.

Maya und Gemma Tutton sind Schwestern. Sie starteten ihre Petition Our Streets Now, nachdem sie beide als Schülerinnen Opfer von sexueller Belästigung in der Öffentlichkeit geworden waren. Gemma war erst elf Jahre alt, als eine Horde Männer ihr auf dem Weg zur Schule anzügliche Bemerkungen hinterherrief, ein typischer Fall von Catcalling. Im Vereinigten Königreich haben mehr als zwei Drittel aller Mädchen irgendwann im Laufe ihrer Jugend ein vergleichbares Erlebnis. Die beiden Schwestern wollten diesen frauenfeindlichen Sexismus, der in unserem Land nach wie vor nicht strafbar ist, nicht auf sich sitzen lassen. Mit ihrer Petition wollen sie erreichen, dass jegliche Form von sexueller Belästigung in der Öffentlichkeit unter Strafe gestellt wird.

Maya Tutton hat mir erklärt, was sie letztlich dazu gebracht hat, tätig zu werden:

> Unsere Gesellschaft lässt stillschweigend zu, dass Frauen und junge Mädchen in aller Öffentlichkeit belästigt werden, dass man ihnen hinterherpfeift und sie begrapscht,

als wäre das etwas ganz Normales. Weil ich persönlich betroffen bin und außerdem als ältere Schwester miterleben musste, was es mit meiner kleinen Schwester gemacht hat, weiß ich aus erster Hand, was es heißt, dieser Form von geschlechtsspezifischer Gewalt ausgesetzt zu sein. Natürlich liegen mir auch viele andere Probleme am Herzen, aber letzten Endes stehen so gut wie alle Ungerechtigkeiten und Ungleichheiten dieser Welt mehr oder weniger miteinander in Zusammenhang. Innerhalb unserer Community gehen wir deshalb auch gegen Ableismus, Fettfeindlichkeit, Homophobie und Rassismus vor und weisen wieder und wieder darauf hin, wie wichtig es ist, alle diese Missstände durch die intersektionelle Linse zu betrachten. Nur wenn wir über den Tellerrand hinausschauen, können wir das Problem von frauenfeindlichen Übergriffen anpacken.

Solltest du nicht wissen, wo du anfangen sollst, such dir Mitstreiter:innen, die eine genaue Vorstellung davon haben, was sie erreichen wollen. Ich denke, wir sollten uns alle viel besser mit denjenigen vernetzen, die bereits erfolgreich Kampagnen ins Rollen gebracht haben. Ich habe aufgehört zu zählen, wie viele Menschen uns dabei geholfen haben, unsere Idee von Our Streets Now unter die Leute zu bringen. Unsere Supporter:innen der ersten Stunde bilden nach wie vor das Rückgrat unserer Bewegung und haben unseren Kampf gegen sexuelle Belästigung in der Öffentlichkeit im Wesentlichen mitgestaltet. Ein sehr wirksames Druckmittel ist es, dem oder der Abgeordneten des eigenen Wahlkreises zu schreiben. Zum

> Beispiel könnte man diese Person auffordern, Abtrei-
> bungspillen für Frauen in Not zur Verfügung zu stellen.
> Gerade in der Coronakrise scheint es dafür erhöhten Be-
> darf zu geben. Oder man sammelt Fördermittel für Frau-
> enrechtsorganisationen oder bietet sich in der örtlichen
> Obdachlosenunterkunft als ehrenamtliche:r Helfer:in an.
> Was auch immer du tust, sei dir bewusst, dass es nicht in
> erster Linie darum geht, richtig große Aktionen durch-
> zuziehen. Genauso hilfreich ist es, den Leuten in deinem
> direkten Umfeld zu helfen. So bewirkst du im Kleinen
> etwas sehr Großes.

Denk auf der Suche nach deinem Thema so speziell und klein-
teilig wie möglich. Steckst du dir nämlich zu hohe Ziele, läufst
du Gefahr, dass deine Initiative den Fokus verliert und bei
unterschiedlichen Leuten ganz unterschiedlich ankommt. Das
kann dann sogar so weit gehen, dass sich die Basis deiner Un-
terstützer:innen spaltet. Was du brauchst, ist ein einzelnes, klar
definiertes Ziel, das keinen Interpretationsspielraum bietet.
Manchmal werde ich gefragt, ob es mit meiner Free-Periods-
Kampagne nicht ungefähr so sei, als würde man ein Heftpflaster
auf eine klaffende Wunde kleben, weil sie nur ein Symptom der
Armut im Allgemeinen abdeckt. Meine Standardantwort darauf
lautet: Wie soll ich als Teenager ein so weitreichendes, komple-
xes und systemisches Problem wie Armut aus der Welt schaffen? Aber es erschien mir durchaus machbar, zumindest einen
kleinen Teilbereich davon in Angriff zu nehmen. Für mich war
das Periodenarmut, ein Thema, das immerhin Tausende von
Schüler:innen in unserem Land betrifft. In meinen Augen stellte

das einen Missstand dar, für den es eine praktische, leicht umsetzbare Lösung gab und bei dem *ich persönlich* etwas bewirken konnte, sofern ich Unterstützung von Leuten bekam, die die Sache gemeinsam mit mir ins Rollen brachten.

Mikroaktivismus und sogenannte Graswurzelbewegungen (also Initiativen, die an der Basis der Bevölkerung entstehen) gibt es in vielen verschiedenen Formen. Gegen ein Problem zu kämpfen, das dir tagtäglich in deinem persönlichen Umfeld begegnet, bedeutet im ersten Schritt, dieser Sache und der dazugehörigen Community die eigene Stimme zu leihen, also aufzustehen und darauf hinzuweisen. Im Grunde ganz einfach und für jede:n umsetzbar. Im Folgenden will ich dir einige Ideen an die Hand geben, damit auch du ein Thema findest, für das du deine Aktivismus-Muskeln spielen lassen kannst!

► Setz dich an deinen Computer und recherchiere, welche Probleme es in deiner unmittelbaren Umgebung gibt. Steht vielleicht eine örtliche Leihbücherei vor dem Aus, weil es an öffentlichen Mitteln fehlt? Könntest du eine Petition einreichen, damit die zuständige Gemeinde mit einer Finanzspritze hilft? Was ist mit der Obdachlosenhilfe in deiner Stadt? Könntest du örtliche Unternehmen davon überzeugen, einer obdachlosen Person im näheren Umkreis jeden Tag eine warme Mahlzeit zu spendieren?

► Ein anderer möglicher Themenbereich wären psychische Probleme. Diese sind gerade bei jungen Menschen auf dem Vormarsch, verschärft durch die Coronakrise. Tut deine Schule oder dein Arbeitgeber irgendetwas für Betroffene?

Warum nicht ein- bis zweimal im Jahr einen »Tag der see-
lischen Gesundheit« ausrufen? Dieser könnte als Forum für
Gespräche dienen, in denen es um all das geht, was auf täg-
licher Basis unser psychisches Wohlbefinden beeinträchtigt.
Im selben Rahmen werden dann Lösungen ausgearbeitet.
Solche Aktionstage haben wir zum Beispiel an meiner Schule organisiert: In jedem Schuljahr gibt es eine Themenwo-
che mit Angeboten wie Mittagsyoga, Achtsamkeitsübungen,
Kopfhörerpartys, Gesprächsrunden zur Bedeutung von ge-
sundem Schlaf und »Schokoladenmeditationen«. Es braucht
meist nur eine beherzte Person, die mit einem Vorschlag den
Anstoß gibt. Also warum nicht du?

▶ Denkst du, du könntest deine Mitschüler:innen dazu bringen, sich für eine Wohltätigkeitsorganisation zu engagieren
oder älteren Menschen zu schreiben, die keine Angehörigen
haben?

▶ Erkundige dich bei deiner Schule oder deinem/deiner Ar-
beitgeber:in, ob man nicht in Mehrwegbecher für alle investieren könnte. Oder mach dich gegen Lebensmittelver-
schwendung bei euch in der Schulkantine stark. Du könntest
auch eine Umwelt-AG an deiner Schule gründen oder ein
Team von »Klimabeauftragten« im Büro zusammentrommeln. Gemeinsam überlegt ihr euch dann, wie man Energie
und Ressourcen sparen könnte. Oder du wendest dich an die
Verwaltungsgesellschaften von öffentlichen Gebäuden und
setzt dich für kostenlose Wasserspender ein. Du könntest in
deiner Gemeinde aber auch dafür kämpfen, dass jedes lokale Geschäft und Unternehmen für eine gemeinsame Baum-
pflanzaktion spendet.

▶ Wie sieht es in deiner Heimatstadt mit der Barrierefreiheit aus? Nimmt man auf Rollstuhlfahrer:innen Rücksicht? Könntest du vielleicht Spenden für die örtliche Tafel sammeln, Sponsor:innen finden? Oder könntest du Supermärkte dazu auffordern, abgelaufene Lebensmittel zu spenden, statt sie in die Tonne zu werfen? Zum Beispiel an eine Suppenküche oder die Bahnhofsmission?

▶ In den vergangenen 25 Jahren hat sich die Fläche, die unsere Müllhalden einnehmen, um ganze 50 Prozent vergrößert. Verschärft wird das Problem zu einem Großteil durch die Fast-Fashion-Industrie, die im Bekleidungssektor mittlerweile die Norm darstellt. Auch wenn du dich bereits in deinem privaten Umfeld, an deiner Schule oder im Kollegenkreis, vielleicht sogar auf überregionaler, gesamtgesellschaftlicher Ebene dafür engagierst, das Bewusstsein für diesen Missstand zu wecken, könntest du dir darüber hinaus auch praktische Maßnahmen überlegen, mit deren Hilfe die Leute die Zusammenhänge leichter begreifen und die eigenen Gewohnheiten dementsprechend ändern können. Zum Beispiel könntest du die großen Handelsketten dazu bringen, den Kund:innen kostenfrei Versandkartons mit Rücksendeetiketten zur Verfügung zu stellen, damit getragene Kleidung recycelt werden kann. Oder du motivierst örtliche Modegeschäfte dazu, mehr Vintage-Kleidung ins Sortiment aufzunehmen. Eine andere Idee wäre, Modenschauen an deiner Schule zu organisieren, bei der gebrauchte Kleidung vorgeführt wird.

▶ Warum wirst du nicht zur Change-Agentin oder zum Change-Agenten im Kampf für Geschlechtergleichheit? Als treibende Kraft für Veränderungen auf diesem Gebiet machst du auf Formen sexualisierter Gewalt aufmerksam oder organisierst eine Gruppe von Gleichgesinnten, mit denen du dich gemeinsam gegen sexuelle Belästigung in der Öffentlichkeit auflehnst. Oder rufe eine Feminismus-AG an deiner Schule oder deiner Universität ins Leben, sofern es so etwas nicht bereits gibt. Alternativ kannst du dich dem örtlichen Ableger einer Frauenrechtsorganisation anschließen.

Wenn du einen Wandel in Gang setzen willst und über den nötigen Enthusiasmus verfügst, von deiner Idee überzeugt und voller Hoffnung bist, dass es klappen könnte, dann lass dich nicht aufhalten. Ja, natürlich kannst du auch abwarten, ob vielleicht jemand anderes mit gutem Beispiel vorangeht, aber warum solltest das nicht du sein? Wenn du eine Ungerechtigkeit ausgemacht oder ein Problem erkannt hast und den inneren Drang verspürst, etwas dagegen zu unternehmen, dann tu es! Zu begreifen, dass *du* der- oder diejenige sein kannst, der oder die die Sache ins Rollen bringt, ist ein enormer Motivationsschub.

Ringst du trotz allem immer noch mit der Entscheidung, wie dein erster Schritt aussehen könnte, und bist nach wie vor im Zweifel, ob das Ganze überhaupt Erfolgsaussichten hat, schließ dich doch einer Organisation oder Gruppe in deiner Gegend an, die bereits für eine gute Sache kämpft. Vielleicht fällt dir das leichter. Und wer weiß, möglicherweise stellst du ja nach wenigen Treffen fest, dass es da noch Probleme auf irgendwelchen Nebenschauplätzen gibt, derer du dich speziell annehmen möchtest. Auf diese Weise hast du in jedem Fall schon mal Kontakt zu Gleichgesinnten! Halte Ausschau nach örtlichen Interessensgruppen oder Organisationen, die ehrenamtliche

Helfer:innen suchen, oder informiere dich über Verbände, die Diskussionsrunden oder Versammlungen zu einem Problem veranstalten, das dir auf den Nägeln brennt.

Und denke bitte immer daran: Auch Veränderungen im Kleinen können eine Bereicherung für die Bewohner:innen einer ganzen Gemeinde sein. Es braucht nur jemanden wie dich, der oder die Veränderungen auf den Weg bringt. Aktivismus auf lokaler Ebene ist vergleichbar mit einer Pflanze, die ihre Wurzeln an Ort und Stelle ausbreitet. Lokalaktivismus ist längst nicht mehr nur ein unbedeutender Nebenschauplatz der großen Politik. Er ist zu einem unentbehrlichen Gegengewicht geworden und sorgt für echte Umwälzungen, auch wenn diese sich zunächst nur unterschwellig vollziehen und sich nicht im Licht der Öffentlichkeit abspielen.

Ich habe mich mit Deborah Frances-White unterhalten, Gründerin und Sprecherin von *The Guilty Feminist*, einem beliebten feministischen Podcast mit bis dato mehr als 75 Millionen Downloads. Deborah ist eine sehr kluge, furchtlose Stand-up-Komikerin, die kein Blatt vor den Mund nimmt, und darüber hinaus auch sehr erfolgreich als Autorin und Drehbuchautorin. Deborah betonte vor allem drei Punkte, auf die es ankommt, wenn man etwas bewegen will:

Ganz oben an erster Stelle steht dein Gefühl. Was ist es, das dich beschäftigt und nachts wachhält? Welche Ungerechtigkeiten bringen dich zur Weißglut? Was müsste deiner Meinung nach unbedingt getan werden? Bist du wütend darüber, wie Geflüchtete behandelt werden? Oder dass Frauen nicht per Gesetz vor Upskirting geschützt werden?[2] Erhebe deine Stimme gegen etwas, was du nicht länger schweigend dulden willst. Mit deiner Entschlossenheit und deinem Engagement wirst du andere anstecken, mit deiner Überzeugung wirst du andere auf deine Seite bringen, sodass ihr geschlossen zur Tat schreiten könnt. Es ist sehr viel wahrscheinlicher, dass du eine Kampagne bis zum Ende durchstehst, wenn du dein ganzes Herzblut in diese eine Sache steckst.

Mein zweiter Rat lautet: Fange in deinem unmittelbaren Umfeld an. Kennst du vielleicht jemanden, der oder die dringend Hilfe braucht? Steht eine Bibliothek kurz vor der Schließung, und du willst das um jeden Preis verhindern? Gibt es irgendwelche benachteiligten Randgruppen in deiner Gemeinde, die keine Lobby haben? Gibt es an deiner Schule irgendwelche Probleme oder Ungerechtigkeiten oder irgendetwas, das es in deinen Augen wert ist, von dir vertreten zu werden? Unternimm etwas gegen lokale Missstände, indem du dich mit Nachbar:innen, Mitschüler:innen, Kommiliton:innen oder Kolleg:innen über das unterhältst, was sich in eurer Umgebung tut. In unserer gegenwärtigen Corona-Lockdown-Realität entstehen teils ganz neue nachbarschaftliche Bande, die du mit deiner Initiative nutzen kannst, um innerhalb deines kleinen Kosmos Veränderungen zum Positiven anzustoßen.

---

2 »Upskirting« gilt in Deutschland seit dem 02.07.2020 als Straftatbestand. (Anm. d. Ü.)

Und zu guter Letzt empfehle ich: Fang klein an. Wenn du das Gefühl hast, unsere Welt steht kurz vor dem Kollaps, aber du selbst wärst viel zu unbedeutend und machtlos, um es zu verhindern, dann versuche es zunächst mit ganz bescheidenen kleinen Taten. Horch in dich hinein. Wie fühlt sich das an? Besuche die Website von Amnesty und suche dir ein Thema, das dich anspricht, unterzeichne eine Petition oder klicke auf den Link, über den du ein vorformuliertes Schreiben mit konkreten Forderungen an die richtigen Personen schicken kannst. Du glaubst, das bringt nichts? Dann denk noch mal scharf nach.

Wie oft sehen Regierungen sich moralisch dazu gezwungen, etwas zu ändern, weil sie merken, dass aller Augen auf sie gerichtet sind und sie einen zu hohen Preis zahlen würden, wenn sie gewisse Menschenrechtsverstöße weiter dulden? Leite die von dir gewählte Petition an mindestens eine Person aus deinem Freundeskreis weiter und lade sie persönlich dazu ein, sie zu unterzeichnen. Wenn du selbst kein Geld hast, kannst du zumindest die Reichweite einer Sache vergrößern, indem du Freund:innen und Bekannte bittest, dafür zu spenden. Schließe dich einer kleineren Bürgerbewegung, einer Wohltätigkeitsorganisation oder einem anderen gemeinnützigen Verband an und ermutige andere, es dir gleichzutun. Diese Organisationen bekommen frischen Aufwind und fühlen sich ermutigt, wenn sie sehen, dass auf einen Schlag 50 neue Follower:innen dazugekommen sind. Such dir eine kleine Sache aus und kümmere dich darum. Und wenn du damit fertig bist, pack die nächste an.

Ich weiß noch gut, wie ich einmal in einem Flüchtlingslager stand und einem kleinen Kind dabei zusah, wie es eine warme Mahlzeit aß. Dabei dachte ich an den einen Menschen, der die 2 Pfund dafür gespendet haben musste, an den Menschen, der das Gemüse geerntet, die Person, die im Topf gerührt, und die Person, die das Gericht mit einem Lächeln in den Teller geschöpft hatte. Damals wurde mir bewusst, dass die Flüchtlingskrise zwar einerseits ein unlösbares Problem darzustellen schien, weil die Staatsregierungen der Zielländer allesamt keine Verantwortung übernehmen wollten, dass aber die vielen kleinen Hilfsmaßnahmen von vielen Einzelnen große Bedeutung für diese Menschen hatten.

Deborah sieht das Ende einer ganzen Ära gekommen:

Der unaufhörliche, unersättliche Konsum kann auf Dauer nicht so weitergehen. Wenn wir Menschen eine Zukunft auf diesem Planeten haben wollen, müssen wir lernen, miteinander zu leben, ohne uns gegenseitig den Platz streitig zu machen. Jetzt ist der perfekte Zeitpunkt, uns zu fragen, ob die Veränderungen, denen wir so hilflos ausgeliefert sind, nicht auch eine wichtige Lektion für uns bereithalten.

Aktivismus ist immer auch ein Ruf nach mehr Respekt, Gleichheit und Selbstbestimmtheit. Der Feminismus zum Beispiel steht für die Forderung nach mehr Kontrolle über den eigenen Körper, nach angemessener Interessensvertretung und nach der entsprechenden Gesetzgebung. Bedingt durch die Coronapandemie und den damit einhergehenden Lockdown haben wir in vielerlei Hinsicht unser Selbstbestimmungsrecht verloren. Wir entscheiden nicht mehr selbst darüber, wie oft am Tag wir das Haus verlassen, ob wir unsere Eltern in die Arme schließen oder unsere Freund:innen treffen. All die kleinen Dinge, die wir für so selbstverständlich gehalten haben, entziehen sich mit einem Schlag unserer Kontrolle. Es scheint also derzeit so, als wäre die Forderung nach mehr Mitsprache ohnehin ein hoffnungsloses Unterfangen. Aber das ist es eben nicht. Das alte System ist überholt. Der Lockdown selbst macht das nur allzu deutlich. Es ist an der Zeit, dass wir mutig nach vorne schauen und mit vereinten Kräften eine Welt schaffen, in der wir auch in Zukunft leben wollen. Jetzt ist die Gelegenheit, und es gibt keine Entschuldigung dafür, die Füße still zu halten und nichts zu unternehmen.

Der Aktivismus hat Deborahs Dasein von Grund auf verändert und ihr eine völlig neue Perspektive im Leben gegeben. Sie hat gelernt, dass sie auch die schwersten Dinge anpacken kann und sehr viel belastbarer ist, als sie selbst es sich je zugetraut hätte:

Aus der Zeit, als ich meinen Podcast gerade neu aufbaute und dabei ein paar blitzgescheiten Aktivist:innen, Macher:innen und Impulsgeber:innen begegnete, habe ich vor allem eines mitgenommen: nämlich dass die eigentliche Definition von »Influence« (Einfluss) die Macht ist, den Lauf der Dinge ein Stück weit zu ändern.

So manches würde also anders laufen ohne »Influencer«. Was die Journalistin und Autorin Reni Eddo-Lodge auf die Frage, inwieweit im Kampf gegen Rassismus weiße Menschen schwarzen Menschen als Verbündete dienen können, antwortet, gilt im Grunde für jede andere Form von Aktivismus auch: Finde heraus, wo deine Macht liegt. Kannst du deine Eltern überzeugen, etwas zu unternehmen? Damit hast du etwas verändert, und das ist Macht. Kannst du einer Randgruppe an deiner Schule vielleicht mehr Gehör verschaffen, indem du selbst deine Stimme erhebst? Auch damit bewirkst du etwas, und das ist Macht. Kannst du ein wichtiges Thema auf die Agenda einer Gruppierung bringen, der du angehörst? Auch das ist Einfluss, und Einfluss ist Macht. Und? Was stellst du mit *deiner* Macht an? Für mich selbst herauszufinden, wo mein Einflussbereich liegt, und diesen Einfluss zu nutzen, um mich online zu vernetzen und gemeinsam mit anderen eine Internetarmee aufzustellen, war eine unglaubliche Erfahrung. Und dann auch noch in ein Flüchtlingscamp in Calais zu reisen – das ist unglaublich. Es ist ein Privileg. Und es ist etwas, das dem Leben einen Sinn gibt.

Die Global Goals

Falls du weitere Inspiration für die Zielsetzung deiner Kampagne benötigst, kannst du dir die 17 Ziele für nachhaltige Entwicklung ansehen, die die Vereinten Nationen in der Agenda

2030 festgelegt haben, auch bekannt als die Global Goals. Solltest du bereits ein Ziel vor Augen haben, überprüfe, ob es mit einem dieser globalen Ziele in Verbindung steht. Ich würde fast darauf wetten!

Die 17 Ziele sind ein internationaler Aktionsplan, der es sich zum Vorsatz macht, das Leben aller Menschen auf dem Planeten zu verbessern. Im Jahr 2015 wurde die gemeinsame Agenda verabschiedet und von jedem einzelnen Mitgliedsstaat der Vereinten Nationen (insgesamt 193 Länder) unterzeichnet; man verschrieb sich gesammelt dem Ziel, in den kommenden fünfzehn Jahren alle Hebel in Bewegung zu setzen, um die einzelnen Punkte bis 2030 umzusetzen. Zu diesen gehören der Kampf für die Beendigung des Hungers, für sauberes Wasser und Sanitäreinrichtungen, für Geschlechtergleichheit, für hochwertige Bildung, für menschenwürdige Arbeit und für Wirtschaftswachstum.

Ich habe mit meiner eigenen Initiative versucht, diesen Zielen weitestgehend gerecht zu werden. Der Kampf gegen Periodenarmut ist im Grunde nur ein Teilaspekt eines größeren globalen Bestrebens, nämlich Geschlechtergleichheit herbeizuführen (Ziel 5) und allen Menschen die gleiche hochwertige Bildung angedeihen zu lassen (Ziel 4).

Ich bin aktuell Mitglied des Youth Power Panel, einer Gruppe von zwölf jungen Leuten aus aller Welt, die daran arbeiten, alle diese Veränderungen möglichst zügig voranzutreiben. Dazu gehört auch, dass wir junge Aktivist:innen aus unterschiedlichsten Ländern zusammenbringen, um das Erreichen der globalen Ziele zu unterstützen. Eines der Panelmitglieder, Inés Yábar, Nachhaltigkeitsaktivistin aus Peru, erzählte mir, wie sie die Ziele genutzt hat, um ihren eigenen Aktivismus voranzubringen.

Für mich persönlich sind die Global Goals eine gute Möglichkeit, die Lebensqualität, die wir uns jetzt und für die Zukunft wünschen, in Zahlen zu messen. Obwohl das Jahr 2030, das man für ihre Umsetzung anvisiert, noch in weiter Ferne zu liegen scheint, werden wir es bis zu diesem Zeitpunkt unmöglich schaffen, wenn wir nicht sofort anfangen. Es liegt an uns allen, ob wir diese Ziele erreichen. Für uns junge Menschen hat das alles eine besondere Tragweite, weil unser jetziges Handeln unser aller Leben in der Zukunft bestimmt.

Wenn wir jetzt nicht unsere Stimmen erheben, werden die aktuellen Entscheidungsträger:innen unsere Interessen nicht berücksichtigen. Ich glaube fest an die Macht des Einzelnen. Jeder kann etwas bewegen. Es ist an uns zu entscheiden, was wir konkret verändern wollen, und dann alles daranzusetzen, diese Veränderungen voranzutreiben.

Auch Inés dienen die Global Goals als Bezugsrahmen für ihren eigenen Aktivismus. Sie kämpft schon seit jeher leidenschaftlich gegen die weltweite Armut und den Klimawandel. Partnerschaften sind für sie der Schlüssel für die Erreichung der Ziele.

Viele sind der Ansicht, humanitäre Arbeit und Umweltschutz ließen sich nicht miteinander vereinbaren. Die Global Goals aber führen uns vor Augen, dass alles irgendwie zusammenhängt. Sämtliche Punkte der Agenda sind Bestandteil einer nachhaltigeren Zukunft. Für nachhaltigere Städte (Ziel 11) brauchen wir eine Gesellschaft mit möglichst wenig Ungleichheit (Ziel 10) sowie verant-

wortungsvolle, nachhaltige Konsum- und Produktions-
muster (Ziel 12).

Mir liegt besonders Ziel 17 am Herzen, die Partnerschaften zur Erreichung der Ziele. Die Ziele haben mein Vertrauen in das, was ich tue, gestärkt. Immerhin verdanke
ich ihnen die Einsicht, dass jede einzelne Tat, und mag sie
auch noch so klein und unbedeutend erscheinen, Teil eines umfassenden Ganzen ist und sich in die größere Ordnung einfügt. Entscheide ich mich dafür, ein konkretes
Problem in Angriff zu nehmen, das mir besonders wichtig ist, kann es mir wie eine Mammutaufgabe erscheinen, die für einen allein nicht zu bewältigen ist. Doch das
Wissen, dass meine Bemühungen sich mit den globalen
Zielen decken, verleiht mir Zuversicht, denn so weiß ich,
dass neben mir noch unzählige andere Individuen und
Organisationen für die gleichen Ziele kämpfen. Eines
unserer Hauptanliegen ist der Erhalt der Ozeane. Wenn
man liest, dass laut einer Reihe von Studien bis zum Jahr
2050 mehr Plastik im Meer schwimmen wird als Fische,
dann mag man den Eindruck gewinnen, das alles sei ein
Kampf auf verlorenem Posten. Aber dank der 17 Ziele
haben wir die Möglichkeit, uns mit anderen Bewegungen zusammenzutun, die sich im Prinzip für die gleiche
Sache stark machen. Denn gemeinsam können wir noch
viel mehr bewegen.

Bruna Elias, Architektin und Aktivistin aus dem Libanon und
ebenfalls Mitglied des Youth Power Panel, hat mir erzählt, dass
sie sich seit 2016 mit einer Kampagne dafür einsetzt, die Arbeit

und Ziele von Unternehmen im Libanon mit den Global Goals in Einklang zu bringen:

> Die Global Goals können dabei helfen, Businessstrategien mit internationalen Zielsetzungen zu vereinbaren. Unternehmen können sich an ihnen als übergeordnetem Rahmen orientieren, um ihre Planungen, Zielvorgaben und Handlungen danach auszurichten und sie entlang diesem zu formen und zu lenken und entsprechend zu kommunizieren. Dies bringt eine ganze Reihe von Vorteilen, auch finanziell. Die 17 Ziele sind der Leitstern für sämtliche Projekte und Initiativen, an denen ich bislang mitgearbeitet habe. Daraus haben sich viele unschätzbare neue Möglichkeiten ergeben, denn durch unternehmerische Zusammenarbeit und Innovation lassen sich noch viel größere Herausforderungen bewältigen.

Bruna ist überzeugt, dass die Jugend von heute es in der Hand hat, die Ziele bis 2030 umzusetzen:

> Der Jugendaktivismus spielt eine zentrale Rolle und hat in der Gesellschaft bereits ein breites Bewusstsein für diverse Themen nachhaltiger Entwicklung geschaffen, unter anderem in den Bereichen Armut, Gesundheit, Bildung, Klimawandel, Ungleichheit und vielen mehr. Die individuellen und kollektiven Anstrengungen dieser jungen Menschen leisten einen wertvollen Beitrag zum Erreichen der Agenda 2030. Ihre Bemühungen, diverse Bedrohungen abzuwenden und die Herausforderungen

der aktuellen Weltlage zu meistern, sind entscheidend. Sie demonstrieren in ihren Communitys und Heimatländern geschlossen ihre neue Führungsrolle. Es ist höchste Zeit, ihren Aufrufen zum sofortigen Handeln nachzukommen. Wir müssen Strategien entwickeln, mit denen sich die Fortschritte der Agenda 2030 messen lassen. Ohne das Wissen, die Power und die innovative Kraft dieser jungen Leute werden wir diese kollektive Vision nicht umsetzen können.

Die Jugend von heute bringt sich im Hinblick auf den globalen Handlungsbedarf am aktivsten ein. Ganz gleich, ob sie im Kleinen in ihrer Nachbarschaft helfen oder an vorderster Front kämpfen und weltweite Aufklärungskampagnen initiieren, gehören junge Aktivist:innen zu denen, die am meisten tun und damit mit gutem Beispiel vorangehen. Sie folgen dabei aber keineswegs einem starren Aktivismus-Ansatz, vielmehr ist ihr Vorgehen organisch. Jede:r Schüler:in, jede:r Student:in, jede:r Forscher:in, jede:r mit neuen Ideen und jede:r Kommunikator:in trägt mit seinen und ihren Kenntnissen und Fähigkeiten ein Stück weit zum Erreichen der Global Goals bei.

Bildung spielt eine wesentliche Rolle, wenn wir die Gesellschaft für eine nachhaltige Zukunft fit machen wollen. Bildung bemächtigt die Jugend dazu, sich den komplexen und zentralen Problematiken des 21. Jahrhunderts zu stellen, sodass sich starke Gemeinschaften bilden und Umwälzungen herbeiführen lassen. Während die Welt noch damit ringt, die vielen beispiellosen Herausforderungen der Coronapandemie in den Griff zu bekommen, stand für mich sofort fest, dass ich meine Rolle als Aktivistin nutzen und meiner Community helfen muss. Deshalb habe ich Lebanon Learn ins Leben gerufen, eine Online-Plattform, auf der wir ungenutzte Computer und Laptops sammeln und an bedürftige Schüler:innen und Student:innen spenden, damit diese auch im Distanz-unterricht nicht abgehängt werden. So ersticken wir die Entstehung von Bildungsungleichheit im Keim.

Inés hat schon als Kind gelernt, Abfalltüten aus alten Zeitungen zu falten, um Plastikmüll zu vermeiden. Verschiedene Einflüsse in ihrem Leben haben ihr geholfen, ein sicheres Gespür für die große Verantwortung zu entwickeln, die wir alle tragen.

In meiner Kirche lehrt man uns, dass man sich um andere kümmern muss, unabhängig von der Zugehörigkeit zu einer bestimmten gesellschaftlichen Schicht. Als ich auf der Uni war, half ich mit, den Großteil der Student:innen dazu zu bringen, Ecosia zu nutzen (eine Suchmaschine, die Werbeeinnahmen in das Pflanzen neuer Bäume in-vestiert). Dafür musste ich an keinen Protestmärschen teilnehmen oder mich politisch engagieren, und trotz-dem haben diese und ähnliche Aktionen mich geprägt und zu der Aktivistin gemacht, die ich heute bin.
Tja, wo also anfangen? Am besten startet man dort, wo man gerade ist, sei es mit kleinen Taten zu Hause inner-halb der eigenen Familie oder an der Schule. Du wärst überrascht, was man allein damit schon alles bewirken kann. Außerdem würde ich behaupten, dass man niemals

zu jung oder zu alt ist, um mit dem Aktivismus anzufangen. Ich selbst habe begonnen, bewusst nachhaltige
Entscheidungen zu treffen, als ich fünfzehn war. Damals
betrachteten mich die meisten noch als Kind, das nicht
viel zu sagen hat. Ich bin aber auch schon Menschen begegnet, die erst im Rentenalter zu Aktivist:innen wurden.
Halte dich einfach an folgende Maxime: Der beste Zeitpunkt, um anzufangen, ist jetzt.

Zu guter Letzt möchte ich noch anmerken, dass es noch
nie so einfach war, Aktivismus zu betreiben, weil es mehr
Themen gibt als je zuvor, für die man sich einsetzen kann.
Darüber hinaus haben uns unzählige Organisationen
bereits den Weg geebnet. Manche von den großen Vor-
reiter:innen im Aktivismus mögen fast zu perfekt erscheinen, weil sie sich an so vielen Stellen engagieren. Aber
man darf sich dadurch nicht einschüchtern lassen. Vergiss
nicht, auch sie haben alle irgendwo klein angefangen.

Das Fazit daraus ist also: Während die einzelnen Länder die
Global Goals auf nationaler Ebene angehen, kannst du das an
Ort und Stelle tun, in deinem persönlichen Umfeld, dort, wo
du die Auswirkungen deines Handelns mit eigenen Augen miterleben kannst. Konzentriere dich mit deiner Initiative auf deine
Gemeinde, deine Schule oder deine Arbeitsstelle und verpflichte
dich einem der 17 Ziele beziehungsweise einer spezifischen Sache im Rahmen der einzelnen Teilbereiche. Ist es nicht ein herr-
liches Gefühl zu wissen, dass du mit deinen kleinen Aktionen an
der Basis deinen Beitrag zu dieser gewaltigen globalen Mission
leistest, an der sämtliche Länder dieser Erde beteiligt sind? Und

dass du dabei mithilfst, die Welt für uns alle zu einem besseren Ort zu machen?

Vielleicht kannst du ja die Verantwortlichen an deiner Schule oder deine:n Arbeitgeber:in dazu bringen, eine Petition zu unterschreiben, die sich für eines der Global Goals einsetzt? Ich persönlich hatte das Glück, in der Jury für einen internationalen Wettbewerb zu sitzen. Gesucht wurde eine Schule, die mit großem Engagement zur Umsetzung der Ziele beitrug. Organisiert wurde das Ganze von The World's Largest Lesson, einer spannenden Initiative, die sich Aufklärungsarbeit in Bezug auf die Global Goals auf die Fahnen geschrieben hat. So will man sicherstellen, dass jedes Kind auf dieser Welt mit dem Wissen um die Ziele aufwächst und sich dazu aufgerufen fühlt, sich aktiv an ihrer Umsetzung zu beteiligen. Bis dato wurden dank dieser Initiative Millionen Kinder in mehr als 100 Ländern erreicht, und das ist doch eine beachtliche Leistung.

Als ich mir die Beschreibungen zu den Beiträgen durchlas und mir die Videoaufnahmen von der Arbeit der Wettbewerbsteilnehmer:innen ansah, erkannte ich, dass man mit minimalen Veränderungen im eigenen Umfeld eine Welle auslösen kann, die sich unter Umständen über ganze Städte, Bezirke und Länder ausbreitet. Unter den Bewerbern, die mich am nachhaltigsten beeindruckt haben, war eine Schule in Uganda, die ihr eigenes Gemüse für die Schulkantine anbaut, und eine in Malaysia, die sich mit Bildungsworkshops für Schüler:innen für ein positives Körperbild einsetzt. Auf der Website von World's Largest Lesson findest du unter dem Header »Resources« allerhand Inspirierendes, auch Videos von und mit Aktivist:innen wie Emma Watson, Malala Yousafzai und Serena Williams.

Jede einzelne Angelegenheit, die dir Unbehagen bereitet, die dein Blut vor Empörung in Wallung bringt oder die dir unter die Haut geht und keine Ruhe mehr lässt, bietet dir die wunderbare Möglichkeit, etwas daran zu ändern. Absolut nichts muss je so bleiben, wie es ist, es steht und fällt allein mit der Entscheidung, jetzt und hier etwas dagegen zu tun, und der Erkenntnis, dass man selbst die Person ist, die es anpacken muss.

Klar lassen sich immer tausend verschiedene Gründe nennen, warum man sich gerade nicht engagieren kann – aber stell dir vor, all die bewundernswerten Aktivist:innen und Changemaker dieser Welt hätten abgewartet, dass jemand anderes daherkommt und etwas unternimmt. Stell dir vor, Rosa Parks hätte ihren Platz in diesem Bus geräumt oder Malala Yousafzai hätte sich nicht getraut, für das Recht auf Bildung junger Mädchen einzustehen. Oder was wäre, wenn Gloria Steinem damals beschlossen hätte, lieber ein ruhiges Leben zu führen? Stell dir vor, sie alle hätten nicht für ihre Sache gekämpft. Stell dir vor, sie hätten abgewartet, dass jemand anderes es tut. Wie sähe die Welt dann aus?

Sei immer topinformiert

Wenn du dich entschieden hast, an welcher Stelle du etwas verändern willst, geht es als Nächstes darum, zum/zur Expert:in auf deinem Gebiet zu werden. Deck dich mit allen relevanten Informationen ein. So bist du für jede Diskussion gewappnet und kannst deine Sache souverän vorantreiben.

Lerne alles über dein Thema, bis du die Zusammenhänge durchschaust. Und währenddessen stelle dir immer wieder die Frage, warum das Problem existiert, weshalb noch nichts dagegen unternommen wurde, inwieweit andere Menschen darüber Bescheid wissen, und ob es Leute gibt, denen es ähnlich am Herzen liegt wie dir. Diese Fragen sind wichtig, nur so durchdringst du dein Thema in seiner ganzen Tiefe und lernst, unter Berücksichtigung des Gesamtkontextes vorausschauend zu denken.

Das klingt wie eine gewaltige Aufgabe, aber lass dich von diesem Gedanken nicht einschüchtern oder gar abschrecken. Es gibt da ein Problem, gegen das du vorgehen möchtest, und damit das gelingt, musst du dir so viele Informationen wie möglich dazu beschaffen. Nur so bist du in einer Position, von der aus du richtig durchstarten kannst, denn du weißt genau, wie du dein Ziel erreichen kannst! Selbstverständlich wirst du mit der Zeit unaufhörlich dazulernen, aber in diesem frühen Anfangsstadium sollte es für dich oberste Priorität haben, dich so intensiv wie möglich mit deinem Thema zu befassen. Irgendwann willst du schließlich eine Autorität auf diesem Gebiet sein, und dafür musst du dich mit den entsprechenden Kenntnissen ausstatten.

Ob du dich für ein Problem in deinem Umfeld oder doch für die ganz große Show entscheidest, ist dabei zweitrangig. Wichtig ist, dass du kontinuierlich liest, nachforschst und hinterfragst. Du darfst jeden Artikel, jeden Blogbeitrag, jede Analyse da draußen gierig verschlingen, und mach dir unbedingt Notizen zu den wichtigsten Aspekten und Erkenntnissen, zu allem, was dich beeindruckt oder nachdenklich stimmt. Mach dir Gedanken darüber, wie du deine eigene Stimme in den Chor der bereits laufenden Diskussion einbringen kannst. Ich selbst habe mir einen Ordner angelegt, in dem ich jeden einzelnen Artikel abhefte, der mir nützlich erscheint. So habe ich mir nach und nach eine eigene Datenbank mit Zahlen und Fakten angelegt.

Als ich anfing, mich mit dem Thema Periodenarmut zu beschäftigen, war ich sprachlos, wie viele Informationen dazu es da draußen gibt. Ich war wie erschlagen von der Fülle an Artikeln. Manche Statistiken widersprachen einander. Ich ließ mir Zeit und ging es wie ein Miniprojekt an. Ich untergliederte es in kleinere Teilbereiche und recherchierte diese dann der Reihe nach. So schien mir das Ganze gleich viel leichter zu bewältigen. Als Erstes nahm ich mir die Fakten zu Periodenarmut im Vereinigten Königreich vor und sah mir erst im nächsten Schritt an, wie es in anderen Ländern um dieses Problem stand.

Ich las wie eine Besessene und konnte nicht mehr aufhören. Und mit jedem gelesenen Text verstärkte sich in mir das Gefühl, dass ich unbedingt etwas tun musste. Ich war wütend und enttäuscht zugleich. Die folgenden Fakten haben mich richtig aufgewühlt und letztlich den Ausschlag gegeben, dass ich mich der Sache annahm. Statistiken wie diese habe ich immer parat, wenn ich mit Leuten, für die das Thema Neuland ist, darüber diskutiere. Sie illustrieren in meinen Augen nämlich beispielhaft, welch erschreckende Konsequenzen Periodenarmut für die betroffenen Mädchen hat. Es ist klar, dass dies nicht folgenlos für ihr weiteres Leben sein wird:

▸ In Nepal und Afghanistan versäumen ganze 30 Prozent aller schulpflichtigen Mädchen während ihrer Menstruation den Unterricht.[3]

▸ Beinahe ein Viertel der Mädchen in Indien geht mit Einsetzen der ersten Menstruation von der Schule ab, und diejenigen, die weitermachen, fehlen durchschnittlich an fünf Tagen im Monat.

▸ 20 Prozent der Mädchen in Sierra Leone gehen an den Tagen ihrer Periode nicht zur Schule.

▸ Gerade einmal 45 Prozent der Schulen in den Entwicklungsländern verfügen über Toiletten; in Nigeria gibt es im Schnitt eine Toilette für 600 Schüler:innen. Kein Wunder also, dass es für ein nigerianisches Mädchen während ihrer Menstruation nicht infrage kommt, die Schule zu besuchen.

Beim Lesen wurde mir klar, wie verheerend und weitreichend die Folgen für diese Mädchen sind, wenn ihnen aufgrund ihrer Biologie eine angemessene Bildung vorenthalten bleibt. Wenn Mädchen von der Schule abgehen, werden damit schlagartig ihre Möglichkeiten eingeschränkt, sich emotional, körperlich und finanziell weiterzuentwickeln. Ohne Bildung beraubt man sie der Chance, sich und ihre Familien aus dem Klammergriff der Armut zu befreien. Doch die Folgen reichen sogar noch sehr viel tiefer. Ein Mädchen, das gezwungen ist, die Schule abzubrechen, wird nämlich mit großer Wahrscheinlichkeit zu einer

---

3   Die hier zitierte Studie, durchgeführt und finanziert vom Bevölkerungsfonds der Vereinten Nationen, konzentriert sich auf die Erfahrungen von cisgender Frauen und Mädchen. (Anm. d. Ü.)

Kinderehe gedrängt (man könnte auch sagen, es wird Opfer von Kindesmissbrauch), bekommt selbst früh ein Kind und erlebt häusliche Gewalt. Ich war sprachlos, als ich erfuhr, dass ein hoher Anteil an afrikanischen Mädchen südlich der Sahara noch vor dem achtzehnten Lebensjahr verheiratet wird, wenn sie nicht den höheren Bildungsweg einschlagen.

Dann las ich von der in verschiedenen Ländern leider immer noch tief in der Kultur verwurzelten Stigmatisierung der Menstruation, von der Überzeugung, dass Mädchen an den Tagen ihrer Periode »unrein« seien. Die Periode derart mit Scham zu behaften, kann das Leben Einzelner sowie ganzer Familien zerstören. In Nepal sterben nach wie vor Frauen, weil man sie bei Eiseskälte aus den Dörfern in abgelegene Periodenhütten verbannt, und ersticken an den toxischen Rauchschwaden von den Feuern, die sie darin entfachen, um sich warmzuhalten. Oder sie sterben am Biss einer Giftschlange. Ich las von verschiedensten Mythen und Aberglauben in Verbindung mit der Menstruation, die in gewissen Ländern so fest im kollektiven Gedächtnis verankert sind, dass manche Frauen noch nicht einmal darüber sprechen, geschweige denn sich Binden kaufen, weil sie sich viel zu sehr schämen. Ich konnte nicht glauben, was ich da las. Die Periode ist eine ganz natürliche Tatsache, sie betrifft früher oder später fast die Hälfte der Weltbevölkerung. Eigentlich ist sie doch ein wunderbares Signal dafür, dass unsere Körper einwandfrei funktionieren und es uns möglich ist, neues Leben hervorzubringen. In meinen Augen bestand dringender Handlungsbedarf: Es musste ein Umdenken stattfinden in der Gesellschaft, die Vorstellungen von der Menstruation mussten von Grund auf umgekrempelt werden.

Mein innerer Drang, tätig zu werden, verstärkte sich, je mehr Informationen ich mir aneignete. Als siebzehnjähriges Mädchen, das uneingeschränkt zur Schule gehen konnte und jederzeit Zugriff auf Hygieneprodukte hatte, war ich in einer außerordentlich privilegierten Position. War es da nicht meine Pflicht, denen zu helfen, die nicht in dieser glücklichen Lage waren? Mir war natürlich bewusst, dass die Situation in Großbritannien nicht annähernd so verheerend war wie in diesen Ländern, aber einer Untersuchung von Plan International UK zufolge verpasste auch in meiner Heimat eins von zehn Mädchen aufgrund von Periodenarmut regelmäßig den Unterricht. Wenn wir untätig dabei zusahen und uns weigerten, etwas dagegen zu tun, ließen wir diese Mädchen dann nicht im Stich? Sprachen wir ihnen damit nicht das Recht ab, in unserer Gesellschaft eine tragende Rolle zu spielen? Und machten wir damit nicht deutlich, dass es uns nicht die Bohne interessiert, was aus ihnen wird?

Irgendwann stolperte ich über einen Blogbeitrag von Kia Abdullah, einer britischen Autorin, die sehr offen von ihren eigenen Erfahrungen mit Periodenarmut erzählt. In jungen Jahren musste sie Monat für Monat erleben, wie sehr das Fehlen von Hygieneartikeln ihr Leben einschränkte. Um mir selbst ein Bild zu machen, wie es ist, mit dieser Angst zu leben, trat ich mit Kia in Kontakt. Bei unserem Gespräch verriet sie mir, dass es ihr regelmäßig Beklemmungen verursachte, wenn sie an ihre bevorstehende Periode dachte. Mit dreizehn fing sie an zu menstruieren, und ganze drei Jahre lang musste sie völlig ohne Binden oder Tampons auskommen. Erst mit sechzehn, als sie zu arbeiten anfing, konnte sie sich die so dringend benötigten Hygieneartikel kaufen.

In den Jahren zuvor entwickelte sie ihre ganz eigene Methode, um für Abhilfe zu sorgen. Sie nahm einfach eine Rolle Küchenpapier, riss zwei bis drei Blätter davon ab und faltete jedes einzelne Blatt in der Mitte. Das erste legte sie der Länge nach in ihren Slip, das zweite dann seitwärts, und so weiter. Damit ergab sich insgesamt eine Dicke, die sie für ausreichend saugfähig befand. Und so kam sie zwei Stunden lang über die Runden. Kia hat mir auch anvertraut, dass sie nicht selten ihr Höschen vollblutete.

Monat für Monat betete ich eine Woche lang im Stillen, man möge keine verräterischen Flecken auf meiner Kleidung sehen. Ich machte einfach weiter, als wäre nichts, schließlich hatte ich keine andere Wahl. Doch wenn ich jetzt zurückblicke und an das Mädchen denke, das ich damals war, zerreißt es mir das Herz. Denn in Wahrheit schämte ich mich zutiefst für die verzwickte Lage, in der ich steckte, und deshalb habe ich mich auch nie jemandem anvertraut. Die von Periodenarmut Betroffenen stehen nicht nur vor einer ganz pragmatischen Herausforderung (nämlich der, sich Alternativen zu den üblichen Hygieneartikeln zu überlegen, öfter die Kleidung zu wechseln und heimlich Flecken aus Unterwäsche herauszuwaschen), sondern sie bezahlen darüber hinaus noch einen hohen Preis, weil das alles erheblich an die psychische Substanz geht: wegen der anhaltenden Angst, die Kleidung vollzubluten, wegen der Panik, »entlarvt« zu werden, wegen der tiefen Scham, weil man sich mit allem Möglichen behelfen muss. Das ist eine nicht zu ver-

nachlässigende mentale Last, die man da mit sich herum-
schleppt.

Kia brachte es nicht über sich, mit jemandem über ihr Problem
zu sprechen und zuzugeben, dass sie sich keine Hygieneartikel
leisten konnte, dabei hatte sie ältere Schwestern und eine Clique
guter Freundinnen an ihrer Schule. Es hätte sie einfach viel zu
große Überwindung gekostet, das Thema anzusprechen, weil sie
sich mit einem doppelten Stigma konfrontiert sah:

> Zu Hause wurde nie über die Menstruation oder irgend-
> etwas, das mit Fortpflanzung zu tun hat, gesprochen,
> alle diese Themen waren bei uns tabu. Und in der Schu-
> le war es mir zu peinlich zu gestehen, dass ich nicht das
> nötige Geld hatte. Ich war auf einer Schule im Stadtzen-
> trum von London. Und auch wenn meine Freundinnen
> und ich ungefähr ähnlich gestellt waren, wäre ich bei
> dem Gedanken, damit herauszurücken, dass ich mir kei-
> ne Tampons oder Binden leisten konnte, vor Scham am
> liebsten im Erdboden versunken. Das Thema Menstrua-
> tion ist an und für sich schon mit Schamgefühlen behaf-
> tet, aber wenn man auch noch zu arm ist, um die nötigen
> Maßnahmen zu ergreifen, breitet man lieber den Mantel
> des Schweigens darüber.

Ziemlich sicher gab es in Kias Bekanntenkreis noch viele weitere
Mädchen, die dieselben Schwierigkeiten hatten, an Hygieneartikel heranzukommen. Sie ist in Tower Hamlets aufgewachsen,
der Gegend mit dem höchsten Prozentsatz an Kinderarmut in

ganz Großbritannien.«Angesichts der allgegenwärtigen Armut, kombiniert mit kulturellen Tabus in Bezug auf die Menstruation, muss ich zwangsläufig zahlreiche Leidensgenossinnen gehabt haben.«

Unter den vielen Artikeln, die ich gelesen hatte, gab es massenhaft Kommentare von Menschen, die sich fragten, warum manche Familien sich keine Binden oder Tampons leisten konnten, wenn man sie doch überall zum Schleuderpreis bekam, manchmal für weniger als ein Pfund. Als ich das Kia gegenüber erwähnte, meinte sie:

Sehr viele Menschen in privilegierten Positionen sind überzeugt, dass sie es mit viel Fleiß, Beharrlichkeit, Witz und Verstand dorthin geschafft haben, wo sie stehen. Sie tun sich schwer, anzuerkennen, dass eben auch Vermögen, Klassenzugehörigkeit, Glück und eine ohnehin schon privilegierte Ausgangslage ihren Teil dazu beitragen, und zwar in nicht unwesentlichem Umfang. Aus diesem Grund haben sie Schwierigkeiten zu begreifen, dass manche Menschen sich tatsächlich noch nicht einmal Dinge leisten können, die quasi für »einen Appel und ein Ei« erhältlich sind. Ich würde mir wünschen, dass diese Leute sich mal ernsthaft in die Lage dieser Mädchen, manche von ihnen noch Kinder, hineinversetzen und ihnen glauben, dass sie dringend auf Hilfe angewiesen sind. Das behaupten sie doch nicht einfach so zum Spaß oder weil sie ihr Geld lieber für eine Dose Cola ausgeben. Sie sagen das, weil sie aufrichtig leiden.

Zum Glück stieß ich bei meinen Recherchen auch auf Artikel über Hilfsprojekte und Hilfsmaßnahmen für Opfer von Periodenarmut. Kurz entschlossen machte ich mir eine Liste mit sämtlichen Wohltätigkeitsorganisationen und Vereinen, die auf verschiedene Weise Hilfe versprachen. Ich machte mich im Netz außerdem auf die Suche nach Menschen, die sich bereits zu diesem Thema geäußert hatten, speziell Politiker:innen hatte ich im Visier. Dabei stieß ich auf Baroness Burt, die das Thema sogar schon im House of Lords zur Sprache gebracht hatte. Deshalb nahm ich mir vor, sie zu kontaktieren.

Lass dich bei deinen Recherchen von den folgenden Fragen leiten. Wenn du dir Gehör verschaffen und etwas bewirken willst, solltest du die Antworten darauf jederzeit parat haben:

▶ Woher, denkst du, kommt das Problem?

▶ Gibt es irgendwelche anderen Personen, Gruppen oder Initiativen, die sich bereits mit dem Thema befassen? Oder gibt es zumindest Schnittstellen? Hat jemand vor dir bereits versucht, etwas gegen die Missstände zu tun? (Falls ja, und der Versuch ist gescheitert, woran könnte es gelegen haben? Könntest du es vielleicht mit einem alternativen Ansatz versuchen und anders an das Problem herangehen?)

▶ Gibt es Schlüsselfiguren, insbesondere Personen, die in der Öffentlichkeit stehen, die die Problematik bereits aufs Tapet gebracht haben? Oder gibt es Namen, die im Zusammenhang damit immer wieder auftauchen? Ist es dir möglich, diese Leute zu kontaktieren?

▶ Wurde in den Medien darüber berichtet? Wie schätzt du die öffentliche Meinung zu dem Thema ein? Ist nach deiner

Einschätzung der Großteil der Bevölkerung auf deiner Seite, oder handelt es sich um ein eher kontroverses Thema, das spaltet? Wenn ja, warum?

▶ Könnte dich irgendjemand am Erreichen deiner Ziele hindern wollen? Gibt es zum Beispiel Unternehmen, die an der aktuellen Situation verdienen und deshalb nicht daran rütteln wollen? Sind kulturelle oder gesellschaftliche Gegebenheiten für die Existenz des Problems verantwortlich zu machen? Oder ist es einfach nur so, dass sich bislang niemand mit dem Thema auseinandergesetzt hat?

▶ Gibt es Schulen, Firmen, Städte oder Länder, die gegen diesen Missstand aktiv geworden sind?

Lass dich nicht von der schieren Fülle an Informationen abschrecken. Jeder Artikel, jede Studie, jede Datenanalyse oder Statistik, die du zu deinem Thema findest, kann hilfreich sein. Es ist kein Examen, auf das du dich da vorbereitest, deshalb solltest du auch nicht das Gefühl haben, alles sofort durchschauen und jederzeit abspulen können zu müssen. Das ist nicht nötig! Die intensiven Recherchen sollen dir lediglich helfen, das Problem komplett zu durchdringen, damit du dir deine eigenen Gedanken dazu machen, souverän planen und dich mit umfassendem Wissen gegen eventuelle Kritiker:innen wappnen kannst.

Wenn du eine Veränderung in deinem unmittelbaren Umfeld herbeiführen möchtest, findest du sehr wahrscheinlich nur spärliche Informationen dazu im Internet, doch das ist kein Grund, gleich das Handtuch zu werfen! Trage trotzdem alles zusammen, was du finden kannst. Vielleicht musst du dich für nähere Details an deine Gemeinde wenden oder dir anderweitig Hilfe suchen.

Ich habe mir eine Liste von Aktivist:innen angelegt, die auf demselben Gebiet aktiv sind wie ich, und mich schlaugemacht, was sie bislang erreicht hatten. Als Nächstes trat ich persönlich an sie heran und fragte sie, mit welchen Schwierigkeiten sie sich konfrontiert sahen. Laura Coryton ist eine meiner persönlichen Heldinnen und Vorbilder, auf ihr Bestreben hin hat sich die britische Regierung dazu verpflichtet, die Besteuerung von Binden und Tampons Ende 2020 abzuschaffen, was auch geschehen ist. Auf meine Nachricht antwortete sie sofort und bot mir ihre Hilfe an. Sie war begeistert von meiner Initiative und ermunterte mich, mein Vorhaben durchzuziehen.

Als Laura im zweiten Jahr an der Uni war, schickte ihre Freundin Verity ihr einen *BuzzFeed*-Artikel, in dem es um alle möglichen Gebrauchsgüter ging, die unsinnigerweise besteuert werden. Als sie feststellte, dass auch Tampons dazugehören, war sie zunächst ziemlich verwundert:

> Meine erste Überlegung war: Vielleicht ist alles andere ja noch viel höher besteuert? Aber je mehr ich mich mit unserem Steuersystem auseinandersetzte, umso mehr wuchs mein Frust. Ich stellte nämlich fest, dass wir in Großbritannien auf bestimmte Artikel, sogenannte »Güter des täglichen Bedarfs«, keine Steuern bezahlen. Dazu gehören zum Beispiel die Instandhaltung eines Privathelikopters, Pferdefleisch und alkoholisches Fruchtgelee. Wohingegen wir auf Luxusartikel sehr wohl Steuern bezahlen. In diese Kategorie fallen sämtliche Periodenprodukte, von

der Menstruationstasse bis zum Tampon. Klingt das etwa fair? Natürlich nicht! Das war der Moment, wo ich beschloss, eine Petition zu starten. Ehrlich, als ich diesen Schritt tat, dachte ich keine Sekunde daran, dass das so einschlagen könnte. Ich dachte eigentlich nur, es wäre vielleicht ein Jux, es zu versuchen, und eine Chance, mit diesen eigenartigen Berührungsängsten zu brechen, die unsere Gesellschaft mit dem Thema Periode hat, obwohl es doch so viele von uns betrifft. Wenn ich sehe, was für eine unglaubliche Resonanz meine Petition ausgelöst hat, staune ich immer noch. Das hat mir einen ordentlichen Motivationsschub gegeben und mich erkennen lassen, dass jede:r Einzelne von uns Großes bewirken kann.

Laura ist wie ich der Meinung, dass jede:r, ohne Ausnahme, zum/zur Aktivist:in werden kann. Umso mehr, seit die sozialen Netzwerke auf dem Vormarsch sind. Hier bekommen die, deren Stimmen bislang im Abseits verhallt sind, ein Forum, auf dem man sie nicht länger ignorieren kann.

Wir erleben gerade, wie eine Vielzahl an Aktivist:innen unterschiedlichster Couleur ins Licht der Öffentlichkeit tritt. Sie alle zeigen neue Perspektiven und Lösungen für altbekannte Probleme auf. Da ist so vieles, was endlich in Angriff genommen wird. Ich finde, wir leben in aufregenden Zeiten!

Bei Lauras Erfolg könnte man den Eindruck gewinnen, das alles wäre ein Kinderspiel, doch das täuscht. In Wahrheit hatte auch sie mit allen möglichen Hürden zu kämpfen und erlebte einige schwere Durststrecken:

Bedauerlicherweise ruft man gerade als Frau vermehrt Kritiker auf den Plan, die unbarmherzig zum Gegenschlag ausholen. Im Netz gibt es Trolle, die mich mit den unmöglichsten Fragen bestürmen. Zum Beispiel, mit wie vielen Journalisten ich geschlafen hätte, damit alle diese Artikel zur Tamponsteuer publiziert wurden (als hätte eine Petition, die von 300.000 Menschen unterzeichnet wurde, dafür nicht ausgereicht). Diese Leute drohen mir, ich solle »die Klappe halten und mich zurück an den Herd verziehen«, sie beschimpfen mich als »Giftspritze« und »Hexe« oder provozierten mich mit sexistischen Sprüchen.

Bei der ersten Trollattacke war Laura vor Entsetzen wie gelähmt:

Natürlich hatte ich schon von Trollen gehört, hätte aber nie erwartet, dass sie auf mich losgehen könnten. Derartige Beschimpfungen lösen ein unvergleichliches Gefühlschaos in einem aus, von Verlegenheit über Scham bis hin zu nackter Angst. Ich dachte damals ernsthaft darüber nach, meine Kampagne abzublasen, bis mir etwas auffiel: Der Großteil der Trolle zog dieselbe sexistische Masche ab, wie man es als Frau im Alltag oft erlebt. Nur dass diese Mistkerle ihr Catcalling in schriftlicher Form betrieben, ihre sexistischen Sprüche also selbst dokumentierten und die Anliegen feministischer Aktivist:innen damit absolut legitimierten. Sie schossen sich also buchstäblich selbst ... in die Tastatur? Dieser Gedanke spornte mich an, und deshalb feiere ich diese Trolle mittlerweile, weil sie meinem Aktivismus und dem aller Feminist:innen dieser Welt eine solide Berechtigung geben.

Auf die Frage hin, ob es ihr schwerfiele, offen über die Menstruation zu sprechen, kam ihre Antwort wie aus der Pistole geschossen:

Ich finde es eigentlich recht erstaunlich, wie sehr sich das Periodentabu gewandelt hat. Als ich meine Petition startete, erzählte beispielsweise meine Granny ihren Freundinnen im Gespräch von meinem Vorhaben, tat aber so, als wüsste sie nicht, worum es konkret ging. Dabei wusste sie es natürlich ganz genau, schließlich redete ich rund um die Uhr von nichts anderem als von dieser ungerechten Tamponsteuer. Mittlerweile aber spricht sie mit ihren Freundinnen ganz ungeniert darüber! Das ist großartig! Und noch so ein Fall: Als ich in der ersten Woche nach Anlaufen der Petition meinen Parlamentsvertreter Mel Stride kontaktierte, schrieb er erst nach etwa vier Monaten zurück und meinte, das läge nicht in seinem Zuständigkeitsbereich. Inzwischen tritt er vors Unterhaus und wettert gegen die Tamponsteuer, als wäre er schon immer der größte Fan meiner Initiative gewesen! Versteh mich nicht falsch, das Tabu rund um die Periode ist in unserer Gesellschaft allgegenwärtig, wir brauchen noch viel mehr Leute, die sich trauen, offen darüber zu reden. Aber die vielen Veränderungen zum Positiven, die sich innerhalb so kurzer Zeit vollzogen haben, machen Mut. Und dieser Erfolg beweist, dass wir ein für alle Mal mit der Stigmatisierung dieses Themas aufräumen können!

Wer hat die Macht?

Der nächste Schritt besteht nun darin, dir zu überlegen, wer die Macht hat, zur Lösung deines Problems beizutragen. Ist es eine Einzelperson, eine Gruppe oder eine Organisation? An wen kannst du dich wenden, wen um Unterstützung bitten? Bei wem solltest du dein Anliegen unbedingt vorbringen? Wen solltest du von deiner Sache überzeugen? Vielleicht ist es dein:e direkte:r Vorgesetzte:r, der oder die Leiter:in deiner Schule, das für dich zuständige Parlamentsmitglied oder der/die CEO einer größeren Organisation?

Als ich meinen Entschluss fasste, mich für kostenlose Hygieneartikel an englischen Schulen einzusetzen, wusste ich bereits, dass das Thema Periodenarmut unter Schüler:innen an der Schnittstelle zwischen Bildungssektor, Gesundheitswesen und Frauenrechten anzusiedeln war, aber auch andere sozioökonomische Punkte spielten mit hinein. Anfangs war es mir ein Rätsel, wer sich dieses Problems annehmen könnte. Es war zweifelsohne nicht Aufgabe des Lehrpersonals, die Bedürftigen mit Hygieneartikeln zu versorgen. Die Schulen verfügten angesichts überzogener Budgets einfach nicht über die Mittel, um kostenlos Binden und Tampons zur Verfügung zu stellen. Deshalb kam ich zu dem Schluss, dass die Lösung von einer Person innerhalb der Regierung kommen musste. Mein Instinkt sagte mir, dass das Bildungsministerium eine gute Anlaufstelle sein müsste, wo es doch darum ging, jedem Kind die gleichen schulischen Chancen zu ermöglichen, aber sicher war ich mir nicht. Vielleicht wandte ich mich am besten gleich direkt an den Premierminister, an die höchste Instanz sozusagen. Aber wenn ich es mir recht überlegte, fand ich es am vernünftigsten, an jemanden heranzutreten, der einen klar definierten Aufgabenbereich hat. Also stellte ich Recherchen im Internet an und las diverse Artikel, um in Erfahrung zu bringen, welche Aufgaben ins Ressort des Bildungsministeriums fallen. Es sah so aus, als sei dieses tatsächlich für die Budgets der staatlichen Schulen zuständig. Also beschloss ich, Druck auf die Leitung des Bildungsministeriums auszuüben.

Richtet man seine Anstrengungen auf eine bestimmte Person oder einen Personenkreis, scheint eine konkrete Veränderung sofort in greifbare Nähe zu rücken. Überleg dir bitte so genau wie möglich, wie du dein Anliegen vorbringst, denn je konkreter du es formulierst, desto stärker werden sich die Entscheidungsträger:innen ihrer Verantwortung bewusst. Außerdem werden sie sich schwertun, diese auf andere abzuwälzen oder sich ihr komplett zu entziehen. Sie sind unweigerlich gezwungen, etwas gegen das Problem zu unternehmen. Für dich bedeutet das, dass Tweets, Briefe, E-Mails und jeder andere Versuch, dir zu diesem Thema Gehör zu verschaffen, direkt an diese eine Person adressiert werden können. So kannst du bei deiner Mission eine sehr viel klarere Linie fahren.

Tabuthemen erfolgreich angehen

Es gab da diesen einen Gedanken, der ständig an mir nagte. Aus eigener Erfahrung, von Freund:innen und aus den Medien wusste ich, dass es kein Spaziergang war, im Umfeld eines Tabuthemas wie der Menstruation etwas verändern zu wollen.

Es war noch gar nicht lange her, da hatte sich ein männliches Parlamentsmitglied im Rahmen einer Debatte über die Tampon- bzw. Luxussteuer laut Zeitungsberichten geweigert, das Wort »Tampon« in den Mund zu nehmen. Angeblich wand er sich total geniert und eierte um das Thema herum, bis er es letztlich dadurch umging, dass er ausweichend von »Produkten« sprach. Das Thema war also offenbar immer noch viel zu schambehaftet, als dass man offen damit umgehen konnte, »Tampon« wurde als schmutziges Wort, als etwas Schändliches, Anstößiges empfunden. Wieder und wieder kreisten meine Gedanken um die Frage, wie ich die Regierung überzeugen sollte, kostenlose Hygieneartikel für bedürftige Schüler:innen zur Verfügung zu stellen, wenn doch einige von den Machthabenden im Parlament noch nicht einmal das Wort »Periode« über die Lippen brachten!

Und ich muss zugeben, ich muss mich an der eigenen Nase packen. Vor meiner Free-Periods-Petition brachte ich die Wörter »Periode« oder »Menstruation« auch nur im Flüsterton heraus und schmuggelte Tampons verschämt im Ärmel in die Schultoilette. Auf öffentlichen Toiletten zog ich den Klebestreifen von Binden immer ganz langsam und vorsichtig ab, damit man ja nichts von dem verräterischen Geräusch hörte, denn das wäre mir oberpeinlich gewesen. Wenn ich jetzt zurückdenke, merke ich, wie unsagbar lächerlich mein Verhalten war. Durch meine Initiative war ich gezwungen, ausführlich über das Thema zu sprechen, noch dazu im Live-Fernsehen, und skandierte auf unserem Protestzug vor dem Parlament Sprüche, die die Periode als etwas Wunderbares beschworen. Trotzdem werde ich nie vergessen, dass auch ich in dem Glauben erzogen wurde, die monatliche Blutung sei etwas Ekliges, Beschämendes, etwas, das man um jeden Preis verbergen muss, weil es abstoßend ist. Und in aller Öffentlichkeit spricht man erst recht nicht darüber.

Erst als ich anfing, mir das alles gründlich durch den Kopf gehen zu lassen und von allen Seiten zu beleuchten, warum Periodenarmut weltweit ein so großes Problem darstellt, kam mir zu Bewusstsein, dass wir allesamt eine Teilschuld daran tragen: Jede:r von uns hilft mit, die geistigen und verbalen Barrieren rund um das Thema aufrechtzuerhalten. Wie soll man so ein normales Gespräch darüber führen? Wir alle waren und sind Teil des Problems, steuern unseren Anteil zu dieser Ungerechtigkeit bei.

Die weibliche Menstruation ist mit einem Geschlechterstigma behaftet. Viel zu lange wurde sie mit Schmutz und Ekel, mit Furcht und Unreinheit in Verbindung gebracht. Das muss sich dringend ändern. Diese festgefahrene Kultur der Scham und der Geheimniskrämerei ist schädlich, doch was noch schlimmer ist: Solange wir die Periode als eine Quelle der Peinlichkeit empfinden, werden wir nie Geschlechtergleichheit erreichen. Eins der Hauptziele meiner Free-Periods-Initiative ist es deshalb, die Menstruation zu entstigmatisieren, Gespräche über das Thema als Normalität zu etablieren und in diesem Zusammenhang eine positive, bestärkende, kraftvolle Sprache zu verwenden.

Es erfordert Mut, die eigene Verlegenheit zu überwinden. Es kostet Kraft und Überwindung, sich vorzuwagen und als eine:r der Ersten etwas radikal anders zu machen. Indem ich mir genau überlegte, wen ich ins Visier nehmen musste, wurde mir bewusst, dass es vor allem zwei Sachen zu beherzigen galt, wenn ich erfolgreich sein wollte: Ich musste nicht nur die Regierung überzeugen, sondern vor allem die breite Öffentlichkeit.

Im Grunde spielt es keine Rolle, wie fest verankert ein Tabu ist; wenn man es völlig schonungslos zur Sprache bringt, hat das nur positive Auswirkungen. Sicherlich wird es Menschen geben, die dir schiefe Blicke zuwerfen, schnaubend den Kopf schütteln und dich mit solchen Gesten unmissverständlich wissen lassen, dass sie das ganz und gar nicht für ein alltagstaugliches Thema halten. Man kommt nicht umhin, sich aus der Komfortzone herauszubequemen und sich mit dem Gedanken anzufreunden, dass man sich mit der eigenen Offenheit zunächst nicht allzu viele Freund:innen machen wird. Die gesellschaftlichen Normen konditionieren unser Denken und unser Handeln, auch wenn wir uns dessen nicht bewusst sein mögen. Wir bekommen von Kindesbeinen an eingetrichtert, um gewisse Themen einen großen Bogen zu machen, weil sie peinlich oder unbequem sind. Nur dass das oft ausgerechnet die Themen sind, die der Gleichheit und dem Fortschritt im Weg stehen. Wie riesige Felsblöcke verbauen sie uns jede Möglichkeit des Vorankommens, und genau deshalb müssen wir uns zu größeren Gemeinschaften zusammenschließen und sie beiseiteschaffen – doch das gelingt nur, wenn wenigstens eine Person den Mut hat, den entscheidenden Startschuss dafür zu geben.

Warum solltest nicht du dieser eine Mensch sein, der den Weg freimacht und ohne falsche Scham von den Dingen spricht, über die alle anderen nur eisern hinwegschweigen? Du kannst genau diese eine Person sein, die auf einen Missstand aufmerksam macht, der bislang im Verborgenen lag, oder die für diejenigen eintritt, die zu schwach sind und keine eigene Stimme haben oder die vielleicht nicht über die Möglichkeiten oder das Selbstvertrauen verfügen, Veränderungen einzufordern. Wenn niemand sonst den Mumm aufbringt, ein Thema anzusprechen, dann mach du es. Hinterfrage das Stigma, zweifle es an, und du wirst sehen, dass sich die Tür, die all die Zeit fest verschlossen war, einen Spalt auftut und nach und nach immer weiter öffnet.

Camryn Garrett ist in New York geboren und aufgewachsen. Wir lernten uns in Washington kennen, als wir gemeinsam an einer Podiumsdiskussion teilnahmen. Ihr selbstbewusstes Auftreten und ihre Redegewandtheit hauten mich glatt um. Camryn hat sich schon in jungen Jahren eine große Anzahl an Online-Follower:innen aufgebaut, indem sie sich offen gegen politische und soziale Missstände ausspricht. Sie schreibt für die ganz großen Nachrichtenmagazine und -seiten. Mit gerade mal dreizehn führte sie ein Interview mit Warren Buffett für das *Time*-Magazin.

Ein Artikel über Angelina Jolie, die vorhatte, ein aidskrankes Kind zu adoptieren, weckte schließlich Camryns Interesse an der AIDS-Krise. Fortan verschlang sie jeden einzelnen Beitrag zu diesem Thema und fing an zu recherchieren, nicht nur zur Krankheit selbst, sondern auch zu den diversen Aktivist:innen, die gegen das damit verbundene Tabu ankämpften. Je mehr sie las, desto mehr wurde es ihr zum Anliegen, zur Entstigmatisierung von AIDS beizutragen und das Bewusstsein für dieses Problem auf breiter Linie zu schärfen. Irgendwann beschloss Camryn, einen Roman zu schreiben. Dessen Protagonistin ist ein junges Mädchen, das trotz HIV ein völlig normales Leben führt.

> Ich glaube, dass sich die Öffentlichkeit von sehr vielen Ängsten beherrschen lässt, und das führt zwangsläufig dazu, dass die Leute wenig Bereitschaft zeigen, den Problemen von HIV-Positiven ein offenes Ohr zu schenken. Aber das ist definitiv keine Entschuldigung, sie zu ignorieren. Ich denke, viele haben eine bestimmte Vorstellung davon, was eine HIV-Infektion bedeutet: Sie haben eine todkranke Person vor Augen, die langsam und qualvoll dahinsiecht und dann stirbt.

Camryn trägt sehr viel Wut in sich. Mir imponiert, dass es ihr gelingt, ihren Zorn zu kanalisieren und ihn zu nutzen, um auf sehr mutige und intime Weise mit Tabus zu brechen:

> Ich ärgere mich über so vieles, Tag für Tag. Da draußen gibt es haufenweise Ungerechtigkeiten, und es passieren massenhaft schreckliche Dinge, im Kleinen wie im Großen – Krieg, Rassismus, Ignoranz, Buschbrände, die globale Erwärmung. Ich persönlich bin der Meinung, dass man als junger Mensch heutzutage nur zwei Möglichkeiten hat: Entweder man empört sich über den Zustand der Welt, oder man wendet sich enttäuscht von ihr ab. Mich selbst überkommt leider regelmäßig eine tiefe Hoffnungslosigkeit, als wäre jeder Versuch, sich gegen all das

aufzulehnen, zum Scheitern verurteilt. Dann aber stelle ich wieder fest, dass das Schreiben etwas Greifbares ist, etwas, das *ich* persönlich gut kann. Wenn ich das Gefühl habe, keiner hört zu, nehme ich den Stift zur Hand und bringe alles zu Papier, was mich beschäftigt, und sehr oft merke ich dann, dass sich doch Menschen dafür interessieren. Es mag nicht die große Masse sein, aber ein paar sind es immerhin.

So entwickelte Camryn sich zu der Aktivistin, die sie heute ist. Woher hat sie das Selbstvertrauen und den Mut genommen, sich einer derart anspruchsvollen Aufgabe zu stellen, und mit solch erfrischender Offenheit über ein derart tabubeladenes Thema zu sprechen, noch dazu als junger Mensch, der nicht im Geringsten direkt betroffen ist?

Jede einzelne Person, die man für ihren offenkundigen Mut bewundert, hat selbst einmal voller Anerkennung zu jemand anderem aufgesehen. Bei allen kommt an irgendeinem Punkt die Frage auf, was er oder sie tun und wie er oder sie es in Angriff nehmen soll. Auch sie hatten ihre Zweifel und Momente der Unsicherheit. Es kommt nicht darauf an, dass man auf Anhieb alles perfekt hinbekommt. Und schon gar nicht geht es darum, der oder die Beste zu sein. Entscheidend ist allein, *dass* man handelt, weil man es als richtig und wichtig einschätzt. Und ist erst einmal der erste Schritt getan, wird man von anderen die Bestätigung bekommen, wie viel ihnen das bedeutet. Das spornt an.

Hannah Witton ist preisgekrönte YouTuberin, Sprecherin und Autorin. Ihr Videoblog, in dem sie Themen wie Sex, Gender, Körperimage und Feminismus behandelt, hat bis dato mehr als 24 Millionen Views. Sie schreckt ganz bestimmt nicht vor unbequemen Themen zurück. Als ich sie fragte, woher sie das Selbstbewusstsein nimmt, sich Themen anzunehmen, über die andere peinlich berührt schweigen, meinte Hannah:

> Um ehrlich zu sein, fiel es mir gar nicht so schwer, diese Tabuthemen ungeniert anzusprechen. Ich weiß nur noch, dass ich dachte: Über Sex zu reden ist zwar peinlich, selbst mir, aber es ist wichtig. Ich glaube, damals war ich mir der möglichen Konsequenzen noch gar nicht bewusst. Niemand konnte ahnen, wie viele Menschen sich meine Videos ansehen und was für eine Angriffsfläche für Beschimpfungen ich dadurch bieten würde. Wenn ich damals mit dem Wissen von heute an die Sache herangegangen wäre, wäre die Hemmschwelle bei mir wohl viel höher gewesen. Wahrscheinlich hätte ich zu Beginn mehr Respekt vor dem Internet haben sollen, aber ich bin trotzdem froh, dass ich mich nicht habe abschrecken lassen! Eine Sache, die es mir sehr erleichtert hat, mich der Herausforderung zu stellen, ist mein großes Interesse an Sex als Bildungsthema. Ich bin überzeugt, dass wir noch einen weiten Weg vor uns haben, wenn wir uns von den mit Sex verbundenen Schamgefühlen befreien wollen. Sexualkundeunterricht ist zudem auch eine wichtige Grundlage für andere Bereiche, zum Beispiel Gesundheit, Wirtschaft und Gleichheit.

Hannah findet wenig überraschend, dass es gerade frauenspezifische Themen sind, die nach wie vor mit sehr viel Scham behaftet sind. Das sei einerseits sehr traurig, gebe andererseits aber auch Anlass zur Empörung. Kein Wunder, so Hannah, dass biologische Fakten wie die Menstruation oder klitorales Lustempfinden nach wie vor tabuisiert werden, wo im Laufe der Geschichte doch vor allem Männer das Sagen hatten, während man Frauen oftmals das Wort verbat oder vorhielt, sie würden »zu viel Gezeter« veranstalten. »Frauenthemen« wurden lange Zeit nur lächerlich gemacht oder gleich komplett ausgeklammert.

Hannahs Rat für alle, denen der Mut zum ersten Schritt in Richtung Aktivismus fehlt: Jede:r hat das Zeug dazu!

Um anderen auf die Sprünge zu helfen, konfrontiere ich sie mit folgenden Fragen: Was bringt dich so richtig auf die Palme? Wofür brennst du? Schaffst du es, mit den Menschen in deinem engeren Radius darüber zu reden, mit deinen Freund:innen, deiner Familie? Dann hast du doch schon etwas bewegt! Gibt es Gruppen in deinem privaten Umfeld (Schule, Universität, Arbeitsplatz) oder im Internet, die bereits für diese Sache eintreten und denen du dich anschließen könntest? Ist es dir möglich, in deiner Freizeit ehrenamtlich für eine wohltätige Organisation zu arbeiten? Wir alle haben das Zeug dazu, etwas zu bewirken und die Welt zum Besseren zu verändern. Man muss nur die Fühler ausstrecken und herausfinden, was man tun kann, und dann im Rahmen der eigenen Möglichkeiten agieren, selbst wenn man glaubt, nur wenig Zeit und Energie zur Verfügung zu haben.

Adwoa Aboah hat mir von ihren Schwierigkeiten erzählt, ihr Trauma und den damit verbundenen Schmerz zu überwinden. Ihr persönliches Engagement war ihr dabei eine große Hilfe. Es ist unheimlich wichtig für Betroffene wie sie, das Thema seelische Gesundheit von seinem Stigma zu befreien und aus der Tabuzone herauszuholen. Mit Gurls Talk hat sie dafür eine sichere Plattform geschaffen, einen Safe Space für Mental-Health-Fragen. In unserem Gespräch erzählte sie mir, wie es dazu kam:

Manchmal, wenn ich meine Erfahrungen mit anderen teile, habe ich das Gefühl, das Trauma meiner Depression und Drogenabhängigkeit noch einmal ganz von vorn durchzumachen, gleichzeitig aber empfinde ich große Dankbarkeit. Indem ich darüber spreche, erweise ich diesem Teil meines Lebens meinen Respekt. Denn immerhin wäre ich ohne dieses finstere Tal, durch das ich gehen musste, nicht da, wo ich jetzt bin. Ich habe festgestellt, dass mich das erdet und daran erinnert, welch großes Glück ich hatte, diese dunkle Zeit zu überstehen. Ich will sie auf gar keinen Fall verherrlichen, aber trotz allem war es eine Phase, die mein Leben stark geprägt hat.

Für mich ist das eigentlich Wichtige, dass ich mich von meinen Schamgefühlen befreien konnte. Ich ertrug es nicht länger, dass es mir jedes Mal vor Angst die Kehle zuschnürte, wenn ich an die Ereignisse der Vergangenheit zurückdachte. Wir als Gesellschaft verbinden instinktiv sehr viele negative Gefühle mit dem Thema mentale Gesundheit. Wenn wir bei Gurls Talk also offen darüber reden, tun wir das in dem Bewusstsein, dass wir damit den Kampf gegen dieses Tabu ein Stück weit vorantreiben. Niemand sollte sich dafür schämen müssen, dass er oder sie psychische Schwierigkeiten hat. In unserer Community bieten wir deshalb einen Rahmen, in dem Gxrls[4] sich sicher fühlen und den nötigen Zuspruch bekommen, um sich zu Mental-Health-Fragen zu äußern.

Ich selbst habe das Glück, mit Eltern gesegnet zu sein, die es sich finanziell leisten konnten, mich während meiner Genesung in verschiedene Behandlungszentren zu schicken. Dort habe ich die unterschiedlichsten Menschen kennengelernt. Und obwohl wir eine so bunt gemischte Truppe waren, hatten wir allesamt ganz ähnliche Gefühlsturbulenzen und Kämpfe hinter uns. Allein deswegen wäre Scham oder Tabudenken völlig fehl am Platz gewesen, schließlich saßen wir alle zusammen im selben Boot. Das war für mich persönlich eine völlig neue Erfahrung. Immer wieder kehrte ich zu der Frage zurück, warum es nicht schon früher, als wir noch jünger waren, einen solchen Ort gab, an dem wir uns über unsere Probleme hätten austauschen können. Vielleicht hätten wir dadurch verhindern können, dass sie mit den Jahren nur noch größer und dominanter wurden. Ich hatte nicht die leiseste Ahnung, was es mit meinen Ängsten und meinen Depressionen auf sich hatte, es fehlte komplett an Aufklärung in diesem Bereich. Mitt-

---

4   Gxrl ist ein Geschlecht, bei dem eine weibliche und eine agender Identität gleichzeitig oder mit Variation erfahren werden. Gxrls können sich auch als Bigender, Genderqueer, Genderfluid, Demigirl, Demiagender, Girlflux oder Agenderflux identifizieren. (Anm. d. Ü.)

lerweile bin ich felsenfest überzeugt, dass ich niemals so tief da hineingerutscht wäre, wenn mich damals schon eine Plattform wie Gurls Talk aufgefangen hätte. Betroffene sollten nicht erst den totalen Absturz erleben müssen, bevor man ihnen hilft.

Letzten Endes ist das der Grund, weshalb ich Gurls Talk gegründet habe. Ich wollte präventive Maßnahmen ergreifen, einen intersektionalen Raum schaffen, der Grxls aus aller Welt zugleich aufklärt und unterstützt, damit sie gar nicht erst an den absoluten Tiefpunkt gelangen müssen, bevor sie Unterstützung erhalten. Ich wollte für diese jungen Menschen den Sprung von der Jugend ins Erwachsenenleben möglichst abfedern, einen Safe Space schaffen, und zwar abseits der Schule, einen Ort, an dem Grxls Zuflucht finden und sich offen und ungeniert über all die Probleme austauschen können, die man als Teenager für gewöhnlich durchmacht. Wenn ich jetzt zurückblicke, stelle ich fest, dass ich wohl selbst auf der Suche nach einer solchen Community war. Nach allem, was hinter mir lag, war ich immer noch dabei herauszufinden, wer ich eigentlich war, und deshalb war ich auf der Suche nach Wegbegleiter:innen, die mich anfeuerten, um zu einem neuen Menschen zu werden. Mittlerweile ist die Gurls-Talk-Community zu so was wie einer Zweitfamilie für mich geworden. Ich wünsche mir, dass jede:r innerhalb dieser Gemeinschaft sich so gut aufgehoben fühlt wie ich und sich völlig frei in seiner/ihrer Persönlichkeit entfalten kann.

Adwoas Arbeit konzentriert sich auf eine offene und inklusive Form der Konversation rund um das Thema seelische Gesundheit bei Jugendlichen. Damit hat sie gezeigt, dass es oft ausreicht, wenn man die eigenen Erfahrungen mit anderen teilt und seinen Standpunkt vertritt. Man kann die Regeln des Spiels auch ohne bewusste Entscheidung ändern, als Konsequenz des eigenen Handelns. Für mich selbst wurde das offene Gespräch über Periodenarmut und die Menstruation an sich irgendwann zu einem der wichtigsten Bestandteile meiner Kampagne. Schließlich wusste ich, dass die Heimlichtuerei und die Tabus rund um dieses Thema einen wesentlichen Teil des Problems darstellen und im Grunde verhindern, dass Periodenarmut als Missstand anerkannt wird, den es zu bekämpfen gilt. Die Betroffenen selbst bringen nicht den Mut auf, sich Hilfe suchend an Lehrer:innen, Schulpsycholog:innen oder ihre Freund:innen zu wenden, zu tief sitzt die Scham. Lieber leiden sie im Stillen und schlagen sich allein mit dem Problem herum. Nachdem ich meine ganze Energie in die Initiative gesteckt hatte, mit der ich die Regierung zu schnellem Handeln zwingen wollte – letztlich erfolgreich, denn mittlerweile stehen an unseren Schulen kostenlose Hygieneartikel zur Verfügung –, stellte ich irgendwann fest, dass das Thema zunehmend in den Fokus der Öffentlichkeit geriet und sich eine globale Bewegung rund um die Problematik bildete, die immer rasanter an Fahrt aufnahm. Ich betrachte es als Lohn dafür, dass ich wie besessen über das Thema Periodenarmut und ihre Folgen geschrieben, mit anderen Aktivist:innen diskutiert und an unzähligen Gesprächsrunden teilgenommen hatte. Man darf also eins nicht vergessen: Manches Handeln hat viel weitreichendere Auswirkungen, als man sich zunächst bewusst ist, über den gegenwärtigen Moment, über das genutzte Forum, sogar über Grenzen hinaus.

Sollte dein Entschluss, etwas zu verändern, stehen, ganz gleich, für wie klein oder nebensächlich du dein Thema halten magst, solltest du dir unbedingt vor Augen führen, dass du damit vielleicht sogar etwas sehr viel Größeres ins Rollen bringst, etwas, das du dir nie im Leben erträumt hättest. Wenn du im Rahmen deiner Initiative auf eine bestimmte Thematik aufmerksam machst, die bislang kaum Beachtung findet und ein Schattendasein führt, könntest du damit etwas auslösen und letztlich sogar den öffentlichen Diskurs ändern. Und es kann sehr gut sein, dass du nicht einmal mitbekommst, was du mit deinem Handeln in Gang setzt. Einige der größten Triumphe vollziehen sich völlig unbemerkt im Stillen, ohne dass wir uns dessen bewusst wären!

Die Lösung

Als ich mich in das Thema Periodenarmut vertiefte, erkannte ich sehr schnell, dass man Binden und Tampons kostenlos zur Verfügung stellen musste, um zu verhindern, dass viele Schüler:innen die Schule schwänzten, weil sie sich diese Hygieneartikel nicht leisten konnten.

Sobald man ein ganz konkretes Problem identifiziert hat, muss natürlich eine Lösung her. Ich will nicht behaupten, dass dieser Teil ein Kinderspiel wäre. Natürlich ist es das nicht. So wütend uns ein Missstand auch machen mag, wird wohl kaum jemand sofort eine praktikable und logisch nachvollziehbare Lösung parat haben.

Ein guter Ausgangspunkt ist die Überlegung, wie die Realität aussähe, wenn dieses Problem nicht existieren würde. Was müsste in einer perfekten Welt anders sein?

Als Nächstes mach dir Gedanken, wie man das Problem loswerden könnte. Was müsste dafür passieren? Der oder die Initiator:in einer Kampagne ist in der Pflicht, den Verantwortlichen überzeugend darzulegen, dass eine Veränderung im Bereich des Machbaren liegt!

Edna Adan Ismail ist eine richtige Powerfrau. Sie war die erste Hebamme Somalilands und gründete ein eigenes Krankenhaus, ehe sie zur First Lady des Landes und anschließend zum ersten weiblichen Kabinettsmitglied aufstieg. Sie ist eine wunderbare Aktivistin und Pionierin in Sachen Frauengesundheit. Ich hatte das große Glück, sie im Sommer 2019 interviewen zu dürfen. Damals machte sie auf einer Promotionsreise für ihr Buch Halt in London. Ich war fasziniert von ihrem Talent, Probleme klar zu erkennen, eine Lösung auszuarbeiten und sie völlig unerschrocken umzusetzen. Dank ihres eisernen Willens findet sie einen Ausweg aus jeder noch so festgefahrenen und ungerechten Situation.

Edna wurde in Somaliland geboren, einem kulturell nach wie vor sehr konservativen Land mit vier Millionen Einwohner:innen. Frauen haben dort so gut wie kein Mitspracherecht und keinerlei Einfluss. 98 Prozent der Frauen im Alter zwischen 15 und 49 sind von weiblicher Genitalverstümmelung (Female Genital Mutilation, kurz: FGM) betroffen. FGM ist ein ebenso brutales wie primitives Vorgehen, bei dem entweder ein Teil oder die gesamten sichtbaren Geschlechtsorgane einer Frau beschnitten oder entfernt werden. In einigen Kulturen wird dieses Vorgehen als eine Art »reinigender Akt« betrachtet, basierend auf einem Glauben, der von Geschlechterungleichheit beherrscht wird, und auf dem Wunsch, Frauen in ihrer Sexualität im wahrsten Sinne des Wortes »zu beschneiden«. Der Eingriff kann Auslöser für chronische Schmerzen oder Infektionen sein, kann die Gefahr einer HIV-Übertragung erhöhen und zu Geburtskomplikationen, Unfruchtbarkeit oder im schlimmsten Fall sogar zum Tod führen.

Als Edna gerade mal acht Jahre alt war, organisierten ihre Mutter und Großmutter ihre Operation, durchgeführt von einer Bekannten ohne jegliche medizinischen Kenntnisse. Edna erinnert sich noch sehr lebhaft daran, wie sie starr vor Angst auf dem Boden lag, blutend und tränenüberströmt. Sie litt schreckliche Schmerzen. Es war eine zutiefst traumatisierende Erfahrung. Edna selbst wurde erst als Erwachsene bewusst, was da mit ihr geschehen war und wie dringend sich etwas ändern musste. Gleichzeitig war sie sich darüber im Klaren, dass es schlichtweg gefährlich war, in einer kulturell so suppressiven Gesellschaft offen über FGM zu sprechen.

Die Lösung, die sie schließlich fand, ist genial. Anfangs äußerte sie sich noch recht verhalten darüber, dass FGM Blutungen, Infektionen und Unfruchtbarkeit zur Folge haben kann. Das Trauma, das die Operation bei den Betroffenen ebenfalls verursachte, ließ sie zunächst außen vor. Indem sie das Thema aus einem rein medizinischen Blickwinkel heraus anschnitt, vermied sie, dass die Verantwortlichen sich angegriffen fühlen mussten. Stattdessen schärfte sie nach und nach ganz behutsam und clever das Bewusstsein für den großen Schaden, den FGM bei jungen Mädchen anrichten konnte. Als Krankenschwester und Hebamme hatte sie sich seit jeher offen dafür eingesetzt, Kinder zu impfen, um Krankheiten zu verhindern, und Frauen dazu aufgefordert, sich während der Schwangerschaft regelmäßig untersuchen zu lassen. Im Grunde unterschied sich ihre Herangehensweise also nicht groß von ihren früheren Apellen.

Leider ist die Lösung nicht immer so offensichtlich wie das Problem. Überlege dir verschiedene Möglichkeiten und stell dir im nächsten Schritt die Frage, ob die Ansätze konkret genug sind, um dem Missstand ein Ende zu setzen. Ist der angedachte Lösungsweg praktikabel? Oder lässt du dich von deinem Idealismus blenden und verharrst zu sehr in Allgemeinplätzen?

Periodenarmut ist ein globales Phänomen, das Kindern rund um den Erdball das Leben erschwert und Chancen verbaut. Von Australien bis Japan, in jedem Winkel Afrikas, von Norden nach Süden, von Ost nach West, in Staaten wie Indien und Amerika bis hin zu einzelnen Ländern in Europa: Schüler:innen aus aller Welt haben mir berichtet, wie sehr die Problematik sie lähmt. Trotzdem gibt es kein Universalrezept für alle, wo doch jedes Land anders ist, mit den verschiedensten kulturellen, sozialen und religiösen Einflüssen, die berücksichtigt werden müssen.

Man braucht sich nur die jüngsten Entwicklungen in Südkorea anzusehen. Erst neulich hat mich eine Journalistin aus der Hauptstadt Seoul kontaktiert, die gerade an einem vernichtenden Artikel zur gängigen Praxis bei der Preisfestlegung einiger Tampon- und Binden herstellenden Unternehmen in ihrer Heimat schrieb. Per Skype tauschten wir uns ausführlich über die neusten Meldungen aus, die sich in den sozialen Netzwerken wie ein Lauffeuer verbreitet hatten.

Als Yuhan-Kimberly, eines der in Südkorea führenden Unternehmen für die Herstellung von Binden, im Mai 2016 eine Preiserhöhung von sage und schreibe 20 Prozent ankündigte, von der 55 Prozent der auf dem Markt erhältlichen Produkte betroffen gewesen wären, schlug das hohe Wellen, ein wahrer Sturm der Entrüstung war die Folge. Und mit einem Mal schienen sich die Schleusen zu öffnen: Tausende meldeten sich öffentlich zu Wort und berichteten von ihren Problemen, das nötige Geld aufzubringen, um sich Monat für Monat Binden zu besorgen. Berichte über die sogenannten »Einlegesohlen-Mädchen«, wie man sie dort nennt, beherrschten die Schlagzeilen. Diese Mädchen gaben zu, sich behelfsmäßige Binden zu basteln, indem sie Toilettenpapier um Schuheinlegesohlen wickelten, denn Hygieneartikel seien für sie auch vor der Preiserhöhung schon unerschwinglich gewesen. Die Preissteigerung sollte die Hygieneartikel zwischen 50 und 100 Prozent teurer machen als vergleichbare Produkte in benachbarten Ländern. Die Menschen waren völlig zu Recht aufgebracht.

Auch in der von Leuchtreklamen dominierten, glänzenden Großstadt Seoul sitzt das alte Tabu rund um die Periode also offenkundig tief, das Thema ist auch hier keines, das man öffentlich debattiert. Selbst in Werbespots für Binden kommt das Wort nicht ein einziges Mal vor. In Korea bezeichnet man die Tage tatsächlich als *saengri*, was wörtlich übersetzt so viel heißt wie »körperliches Phänomen«, und dabei gibt es mit *wolgyeong* durchaus ein konkretes Wort für die Menstruation. Mittlerweile aber infiltrieren auch hier Aktivist:innen den öffentlichen Diskurs und räumen mit der jahrhundertealten Verdrängung auf. Sie organisieren verschiedenste Aktionen, darunter auch Performance-Kunst. Südkorea wird mehr und mehr zum Vorreiter, was die Verwendung von Menstruationstassen betrifft, und hat eine Art »Periodenurlaub« für Arbeitnehmer:innen eingeführt. Außerdem stehen in der Hauptstadt in einigen öffentlichen Gebäuden bereits kostenfreie Hygieneartikel zur Verfügung. Es ist einfach unglaublich, was sich dort in jüngster Zeit getan hat.

Eines solltest du bei der Suche nach einer Lösung im Hinterkopf behalten: Mach es der Person oder Gruppe von Leuten, die du als Adressaten deiner Kampagne identifiziert hast, so leicht wie möglich, die erhofften Veränderungen umzusetzen. Die Chancen, dass du mit deiner Initiative Erfolg hast, sind um einiges größer, wenn du eine möglichst schnelle und unkomplizierte Lösung präsentieren kannst. Zu Beginn meiner Free-Periods-Petition stand für mich fest, dass es am einfachsten wäre, wenn der Staat ganz gezielt Schüler:innen aus einkommensschwachen Familien mit kostenlosen Hygieneprodukten versorgte. Ich wusste, dass der Regierung ohnehin eine Liste aller bedürftigen Kinder vorlag, da diese bereits kostenlose Schulmahlzeiten erhielten. Im Grunde ging es also um einen Teil derselben Personengruppe. Doch innerhalb kürzester Zeit kristallisierte sich heraus, dass mein Plan doch viel komplizierter in der Umsetzung war, als ich mir das ausgemalt hatte.

Einige Fallstricke hatte ich von Anfang an im Blick, zum Beispiel wurde ich regelmäßig mit der Frage konfrontiert, auf welche Weise man die Sachen verteilen sollte, ohne dass die Betroffenen sich vorgeführt fühlen mussten. Das war ein sensibler Punkt. Dass Schüler:innen ihre Tampons oder Binden nicht selbst in der örtlichen Apotheke abholen konnten, weil es viel zu demütigend wäre, dort einen Berechtigungsschein oder Ähnliches vorzuweisen, war mir sonnenklar. Deshalb galt es um jeden Preis zu verhindern, dass man sie in diese unangenehme Lage brachte. Damit stand aber auch fest, dass ich meine Strategie noch einmal gründlich überdenken musste.

Also weitete ich meine Initiative auf sämtliche Schüler:innen an allen Schulen aus und setzte mich nicht mehr nur für die Ärmsten der Armen ein, sondern für alle, die Bedarf an Periodenprodukten haben. Auf diese Weise brauchte die Regierung lediglich die Mittel für deren Einkauf zu organisieren, und die Schulen konnten die Artikel auf ihren Toiletten allen kostenlos zur Verfügung stellen, die sie brauchten. Dieser Ansatz hatte den zusätzlichen Vorteil, dass er sich gut mit meiner fundamentalen Überzeugung deckte: nämlich dass Periodenprodukte in dieselbe Kategorie fallen sollten wie Toilettenpapier oder Seife – sie müssen zur Grundversorgung gehören. Mein Lösungsansatz in Sachen Periodenarmut war nun also viel umfassender. Für die Regierung würde es zwar insgesamt teurer werden, dafür aber auch einfacher in der Umsetzung.

Wenn du nicht gleich auf Anhieb den richtigen Weg findest, ist das kein Weltuntergang. Es ist vollkommen in Ordnung, einen Kurswechsel vorzunehmen, solange man die Gründe dafür plausibel erklären kann. Mit der Zeit wirst du feststellen, dass dein Weg so gut wie nie geradlinig verläuft, sondern vielmehr einem Zickzackkurs folgt. Wieder und wieder wirst du auf Hürden stoßen und Umwege in Kauf nehmen müssen. Wichtig ist, dass du motiviert bleibst und dich nicht beirren lässt – probier einfach verschiedene Herangehensweisen aus, um letztlich ans

Ziel zu gelangen. Jede:r erfahrene Aktivist:in wird dir versichern, dass auch er oder sie mehr als nur einmal den Kurs geändert hat!

Falls du Zweifel hast, überleg dir, ob deine Lösungsstrategie schon einmal in einem anderen Fall Wirkung gezeigt hat. Für mich war Schottland die Speerspitze der Bewegung im Kampf gegen Periodenarmut. Dort stehen in Schulen und öffentlichen Gebäuden schon länger kostenlos Binden und Tampons zur Verfügung. Damit war der konkrete Beweis erbracht, dass mein Anliegen durchaus erfolgversprechend war. Und es belegte, dass eine progressive Regierung sehr wohl dazu in der Lage war, die Bedürfnisse aller menstruierenden Menschen zur obersten Priorität zu erheben. Während meiner Kampagne wies ich unermüdlich auf diese Tatsache hin: Wenn die das schaffen, warum nicht auch wir?

Es gibt Länder wie beispielsweise Kenia, in denen für ungefähr zwei Drittel aller Frauen Binden oder vergleichbare Artikel unerschwinglich sind. Wenn das durchschnittliche Nettoeinkommen pro Tag bei weniger als 2 Dollar liegt, verwundert es kaum, dass eins von zehn fünfzehnjährigen Mädchen ihren Körper für Sex verkauft, um sich Binden leisten zu können, wie eine Studie ergeben hat. Die Regierung Kenias hat auf diesen erschreckenden Befund reagiert, indem sie nicht nur die Steuern auf Binden und Tampons aufgehoben hat, um den Preis zu senken; man verteilt darüber hinaus auch staatliche Fördermittel, damit Schulen kostenlos Hygieneartikel ausgeben können.

Ganz ähnlich läuft es in Kerala, Südindien, wo Schulen kostenlos Binden, Lagermöglichkeiten und umweltfreundliche Verbrennungsanlagen zur Verfügung gestellt bekommen. Auf diese beiden Beispiele berief ich mich im Rahmen meiner Arbeit, und jedes Mal, wenn mir wieder ein Land unterkam, in dem es ganz ähnliche Zusicherungen gab, nahm ich es auf meine Liste. Wenn sie alle das zuwege brachten, sollten wir uns gefälligst ein Beispiel daran nehmen und es ihnen gleichtun!

Im Jahr 2015 war Josie Naughton persönliche Assistentin des Managers von Coldplay und hatte ganze zehn Jahre lang hart für ihren Aufstieg in die höheren Ränge der Musikindustrie gekämpft. Es war das Jahr, in dem die Flüchtlingskrise eine neue Stufe der Dringlichkeit erreichte. Eine Million Menschen waren auf der Flucht vor Krieg und Verfolgung und erbaten in Europa Asyl. Ganze Familien aus Ländern wie Syrien, Afghanistan, dem Irak, Eritrea und dem Südsudan überwanden irrsinnige Strecken, hauptsächlich zu Fuß, um über die Grenze zu kommen. Sie hausten unter menschenunwürdigen Bedingungen in behelfsmäßigen Zeltstädten, zwängten sich dicht an dicht in winzige Schlauchboote und riskierten auf der Überfahrt ihr Leben. Das alles taten sie, weil sie keinen anderen Ausweg sahen.

Im Zeitraum von nur wenigen Monaten gelang es Josie und einigen anderen, das Flüchtlingsnetzwerk Help Refugees aus dem Boden zu stampfen, mittlerweile eine der erfolgreichsten humanitären Hilfsorganisationen in Europa, die mit 125 Ehrenamtsorganisationen in 14 Ländern zusammenarbeitet und mehr als 100.000 Geflüchtete unterstützt. Diese Nichtregierungsorganisation (NGO) hat eine beeindruckende Riege von Prominenten hinter sich, unter anderem Emma Thompson, Alexa Chung, Louis Theroux und Judi Dench, um nur einige zu nennen. Selbst eine Kooperation mit dem Street-Art-Künstler Banksy gab es bereits. Josie kann stolz auf ihre Arbeit sein.

Flucht und Vertreibung sind zwar schon seit Jahrzehnten ein Thema, aber erst seit 2015 ist das Wort »Flüchtlingskrise« aus unserem alltäglichen Vokabular nicht mehr wegzudenken. Am laufenden Band teilte ich damals Links zu irgendwelchen Artikeln und Petitionen auf Facebook, die ich manchmal noch nicht einmal selbst gelesen oder unterzeichnet hatte. Ich fühlte mich so machtlos. Bis mich irgendwann mit voller Wucht die Erkenntnis traf, dass man manchmal einfach selbst die Ärmel hochkrempeln und anpacken muss, wenn man etwas ändern will. Gemeinsam mit meinen Freundinnen Dawn O'Porter und Lliana Bird beschloss ich, 1.000 Pfund an Spenden zu sammeln, eine Lieferwagenladung Zelte und Schlafsäcke zu organisieren und sie höchstpersönlich nach Calais zu bringen. Die von uns geposteten Links auf die Spendenaktion wurden unzählige Male angeklickt, und das Ganze ging dermaßen durch die Decke, dass wir innerhalb einer Woche sage und schreibe 56.000 Pfund zusammenbekamen. Außerdem erreichten uns tagtäglich ungefähr 7.000 Hilfspakete (in erster Linie basierend auf unserem öffentlichen Wunschzettel bei Amazon). Das Ganze war ein derart triumphaler Erfolg, dass wir es nicht mehr ohne ehrenamtliche Helfer schafften, alles in unserem Lager in Nordlondon unterzubringen. Dieses hatten wir zum Glück kostenlos zur Verfügung gestellt bekommen. Noch einmal wandten wir uns in den sozialen Netzwerken Hilfe suchend an unsere Freund:innen und Follower:innen. Es waren Menschen aus allen möglichen Schichten und mit den unterschiedlichsten Lebenshintergründen, die sich bei uns meldeten und ihre Hilfe anboten, und bevor wir wussten, wie uns geschah, hatten wir fast 20 Räume mit sortierten Hilfsgütern vollgeräumt – genug für mehrere Sattelschlepper.

Irgendwann aber stellten wir mit Schrecken fest, dass wir gar keinen Plan hatten, an wen wir alle diese Hilfsgüter und Fördermittel verteilen sollten. Schlagartig spürten wir, mit was für einer Mammutaufgabe uns die Öffentlichkeit betraut hatte; wir hatten nun die Last der Verantwortung, die Sachen dorthin zu schaffen, wo sie am dringendsten gebraucht wurden. Also machte ich mich zusammen mit drei anderen Freiwilligen (darunter Philli und Dani, die beide auch heute noch zum Kernteam gehören) auf nach Frankreich. Wir gingen etwas blauäugig davon aus, dass eine von den größeren traditionellen Hilfsorganisationen oder Regierungsvertreter sich dort um alles Weitere kümmern würden.

Was Josie stattdessen vorfand, waren Tausende Menschen, die unter chaotischen Zuständen auf einem brachliegenden Gelände campierten:

Vielen von ihnen fehlte es an Nahrung, einer sicheren Unterkunft, selbst Schuhe waren Mangelware. Die Trinkwasserversorgung war katastrophal. Wir begegneten Kindern, kaum älter als neun, die völlig auf sich alleine gestellt unter diesen fürchterlichen Bedingungen hausten. (Erst später erfuhr ich, dass die korrekte Bezeichnung für diese Kinder »unbegleitete minderjährige Flüchtlinge« lautete.) Der Winter stand kurz bevor, diese Menschen brauchten dringend ein Dach über dem Kopf. Es war völlig inakzeptabel, dass irgendjemand auf dieser Welt so leben sollte, schon gar nicht bei uns mitten in Europa. Was wir gesehen hatten, ließ sich nicht so leicht verdrängen und zwang uns gleichsam in die Verantwortung. Deshalb schlossen wir uns mit einem französischen Verein namens L'auberge de migrants zusammen, mieteten vor Ort ein Lager und tüftelten auf die Schnelle einen Plan aus, wie wir Unterkünfte errichten könnten. Über die sozialen Netzwerke warben wir Freiwillige an und übernahmen selbst die Schirmherrschaft über eine Reihe von kleineren Organisationen. Gemeinsam machten wir uns daran, den Bedürfnissen der Bewohner:innen eines ganzen Flüchtlingscamps nachzukommen, das mittlerweile von fast 10.000 Menschen bewohnt wurde.

Zur gleichen Zeit trafen in Griechenland an einem einzigen Tag noch einmal ungefähr genauso viele Menschen ein. Und auch dort waren es ganz gewöhnliche Bürger:innen, die beherzt mit anpackten und Menschenleben retteten. Josie und ihr Team sorgten dafür, dass Ärzt:innen dorthin flogen, unterstützten die Einheimischen dabei, Tausende von Mahlzeiten zuzubereiten und zu verteilen, traten mit Fischer:innen in Kontakt, die auf Suchfahrt gingen und Menschen aus dem Wasser zogen, und halfen bei der Ausgabe der vielen Hilfsgüter mit. Kurz: Sie schlossen die Lücken, die Regierungen und herkömmliche Hilfsorganisationen nicht füllen konnten.

Wir spulen fünf Jahre vor. Help Refugees deckt mittlerweile verschiedene Sektoren ab, unterstützt Kinderkrankenhäuser, führt eigene Rettungsmissionen aus, kümmert sich aber auch um Bildungsmaßnahmen und sichere Zufluchtsorte für Frauen. Die Organisation wird heute von mehr als 30.000 Ehrenamtlichen getragen und hat Spendengelder in Höhe von über 30.000.000 Pfund gesammelt. »Was uns antreibt, sind die grundlegenden Bedürfnisse der Menschen, und solange man ihnen diese verwehrt, werden wir uns für den Weg der Liebe entscheiden und tun, was wir können, um das zu ändern.«

Mir imponiert ganz besonders, mit welchem Einfallsreichtum Josie an die Problemlösung heranging, Spendengelder sammelte und das Bewusstsein für die Flüchtlingskrise in den Fokus der Öffentlichkeit rückte. Die Organisation brauchte 2017 dringend eine Finanzspritze aus öffentlichen Fonds, um den vielen Tausenden über den eisigen Winter zu helfen. Also musste ein ganz neuer Ansatz her, wie man die nötigen Mittel zusammenbekam. Der Choose-Love-Shop war die Antwort darauf. Die drei Pop-up-Läden in London, New York und Los Angeles sind inzwischen leider wieder geschlossen, doch den Onlineshop gibt es weiterhin. Kaufen kann man dort alle möglichen alltäglichen Produkte, von Kinderjacken über Schlafsäcke, Zelte oder Ähnliches – aber nicht für sich selbst, sondern für Menschen auf der Flucht. Außerdem kann man virtuelle Produkte kaufen, die symbolisch für bestimmte Dienstleistungen stehen. Eine Schultasche zum Beispiel steht für Bildung. Die Läden dienen in gewisser Weise also auch der Aufklärung der Konsument:innen. Choose Love führt uns privilegierten Bürger:innen, die wir in gut funktionierenden Systemen und wohlhabenden Gemeinden leben, vor Augen, dass diese Menschen es verdienen, mehr als nur ihre Grundbedürfnisse gestillt zu sehen. Emotionale Unterstützung und Hilfe bei allem, was mit der Psyche zusammenhängt (symbolisiert durch eine Box mit Taschentüchern), ist von vergleichbarer Relevanz.

> Wir wollten dem Shop einen zeitgemäßen, coolen Anstrich verpassen und uns bewusst vom Look des traditionellen Charity Shops distanzieren. Im Design orientierten wir uns deshalb an einem Ladenkonzept, das uns allen gut gefiel, dem Apple-Store. Sehr schlicht, mit einem riesigen Choose-Love-Logo, versteht sich. Es gibt einen langen Tresen in der Mitte des Verkaufsraums (ebenfalls nach dem Vorbild von Apple), auf dem die Waren präsentiert werden. Man kann sich alles ansehen und anfassen und mit den Leuten auf der gegenüberliegenden Seite des Tischs Kontakt knüpfen. Es ist für viele eine hochemotionale Erfahrung, wenn ihnen bewusst wird, dass es irgendwo auf dieser Welt Kinder gibt, die keine Schuhe besitzen, und Frauen und Mädchen, die keine Möglichkeit haben, Hygieneartikel zu erstehen. Und dann stellen sie fest, dass sie das mit einem einfachen Einkauf ändern können.

Ich selbst war mit meinen Freundinnen im Dezember 2018 zum ersten Mal in der Filiale in London, gleich um die Ecke von der Carnaby Street. In diesem Jahr schenkte ich meinen Eltern und meinem Bruder jeweils eine Karte aus dem Choose-Love-Shop (mit wunderschönen Porträtaufnahmen, die in verschiedenen

Flüchtlingscamps entstanden waren); statt ihnen aber zusätzlich noch etwas zu besorgen, kaufte ich in ihrem Namen Geschenke für Geflüchtete.

Bei der Eröffnung des Shops in London lautete das Motto *»Shop your heart out, leave with nothing, and feel the love«* – »Shoppe nach Herzenslust, geh mit leeren Händen nach Hause und fühle die Liebe«. Mit diesem Konzept konnten mittlerweile fast 3 Millionen Pfund gesammelt werden. »Die Menschen wünschen sich Transparenz. Dank dieses direkten Ansatzes sehen sie genau, wofür ihr Geld ausgegeben wird«, erklärte Josie mir.

Nie im Leben hätte ich mir erträumt, dass ich einmal CEO einer auf drei Kontinenten operierenden NGO sein würde. Und wenn ich mir genau das zum Ziel gesetzt hätte, wäre ich vermutlich nicht da, wo ich jetzt stehe. Immer wieder musste ich mir das Sprichwort »Das Bessere ist des Guten Feind« vor Augen führen. Soll heißen: Mach dir keine Gedanken, du könntest versagen oder Fehler machen. Arbeite dich einfach Schritt für Schritt voran. Der erste Schritt stellt einen in der Regel vor die größte Hürde. Mach dir einfach bewusst, dass man irgendwo anfangen muss. Ich bin überzeugt, dass man alles schaffen kann, wenn man es sich in den Kopf setzt.

Hör gut zu

Für den Anfang empfehle ich dir, deine Ideen auf den Prüfstand zu stellen, indem du mit deinen engsten Freund:innen und Familienangehörigen darüber sprichst. Vergleiche es einfach mit einem Treffen von Aktivist:innen, in deren Kreis du deine Gedanken sondierst und erklärst, warum dich ausgerechnet dieses Thema zum Handeln anspornt. Erläutere deine zentrale Botschaft, erkläre, wen du für eine mögliche Lösung im Visier hast und warum, und lege dar, wie du dein Ziel erreichen willst. Gehe ganz offen und ehrlich mit der Reaktion deiner Zuhörer:innen um – und achte darauf, dass du nicht nur das positive Feedback wahrnimmst, sondern dir auch Kritik zu Herzen nimmst. Die Resonanz deiner Gesprächspartner:innen spiegelt deren Gedanken wider, und davon wird dir ein Vielfaches mehr entgegenschlagen, sobald du mit deiner Kampagne an die Öffentlichkeit gehst! Du wirst nicht nur positives Feedback bekommen. Also lerne, auch mit Widerworten umzugehen.

Als ich damals davon las, dass junge Mädchen die Schule schwänzen, weil sie sich keine Hygieneartikel kaufen können, erzählte ich meinen Freundinnen davon. Sie waren ähnlich schockiert und aufgebracht wie ich. Ihre erste Frage, die ich auch später immer wieder zu hören bekam, wenn ich von diesem Dilemma erzählte, war folgende: »Bist du dir sicher, dass das hier in England passiert? Das kann doch nicht wahr sein.« Meine Freundinnen hatten wie ich davon gehört, dass das Problem in anderen Ländern existierte, aber dass es auch direkt vor unserer Haustür geschah? Sie waren fassungslos.

Schnell wurde deutlich, dass meine Schulfreund:innen und meine Familie ähnlich empfanden wie ich und mit mir einer Meinung waren, dass etwas getan werden musste. Deshalb beschloss ich, zusätzlich Feedback von Leuten einzuholen, die das Ganze vielleicht anders sahen oder die sich noch nie Gedanken darüber gemacht hatten. Ich wollte ein etwas breiteres Spektrum an Meinungen sammeln.

Dieser Teil entpuppte sich als gar nicht so einfach. Noch dazu, wo ich mich dafür ziemlich weit aus meiner Komfortzone herausbewegen musste. Ich fragte Jungs, die ich kannte, nach ihrer Meinung, ebenso einige Freunde von meinem Bruder, um zu sehen, wie sie zu dem Thema standen. Ich machte mir keine Illusionen, dass es leicht sein würde, mit anderen über ein Thema wie die Menstruation zu reden, und ich habe aufgehört zu zählen, wie oft meine Gesprächspartner:innen mittendrin einfach das Thema wechselten, um über Belangloseres zu plaudern! Trotzdem ließ ich mich nicht abschrecken. Diese Gespräche waren essenziell, wenn ich herausfinden wollte, was die Menschen von dem Problem hielten, das ich anpacken wollte.

Viele von den Jungen, die ich darauf ansprach, fanden das Thema so peinlich, dass jeder Versuch eines ernsthaften Gesprächs nur ein Reinfall werden konnte. In erster Linie provozierte ich mit meiner Aktion hochrote Köpfe und missmutiges Murren. Mein Bruder schämte sich in Grund und Boden, weil seine Schwester so unverblümt über ein so heikles Thema sprach, aber ein paar seiner Freunde trugen letztlich sogar wirklich konstruktive Gedanken bei. Dabei lernte ich einige wertvolle Dinge darüber, wie man mit cisgender Jungs, die der Meinung sind, das Thema ginge sie nichts an, trotz allem ins Gespräch

kommen kann. Viele von ihnen berichteten, dass sie den Sexu-
alkundeunterricht in der Schule getrennt von ihren Klassenka-
meradinnen erhalten hätten oder komplett im Dunkeln darüber
gelassen wurden, was hinter verschleiernden Begriffen wie »die
Tage haben« oder »PMS« steckte, die ihre Lehrer:innen verwen-
deten. Einer gestand mir: »Das Problem bei dieser Geschichte
mit der Periode ist: Als Junge kann man noch nicht mal sagen,
was einem da vorenthalten wird.« Wir diskutierten unter anderem darüber, wie wichtig es ist, die nächste Generation von cisgender Jungs richtig über die Menstruation aufzuklären, damit
eine zukünftige Gesellschaft normal mit dem Thema umzugehen lernt, ohne Tabus, ohne Hemmungen.

Einige Leute, denen ich von meiner Kampagne erzählte,
konterten mit der Frage: Warum ausgerechnet ein Thema wie
die Menstruation? Periodenarmut betreffe im Vereinigten Königreich doch nur eine kleine Anzahl von jungen Menschen,
so die Einwände. Wenn schon kämpfen, warum dann nicht
für ein höheres Ziel? Mir wurden alle möglichen Belange als
Alternativen vorgeschlagen, von unserer frauenfeindlichen
Pornokultur über Rassendiskriminierung bis hin zu Luftver-
schmutzung. Nicht wenige waren der Ansicht, ich solle meine
kostbare Zeit und Energie lieber für etwas Sinnvolleres nutzen.
Doch ich dachte gar nicht daran, mich von meiner felsenfesten
Überzeugung abbringen zu lassen. Und das solltest auch du dir
zu Herzen nehmen. Es wird immer Leute geben, von denen du
dich nicht ernst genommen fühlst, die dein Vorhaben kleinre-
den und abschätzig über deine Pläne herziehen. Davon darfst
du dich nicht beirren lassen, denn wen kümmert's, was diese
Nörgler:innen denken?

Sophie Walker wird (völlig zu Recht) als moderne Suffragette bezeichnet. Nachdem sie ihren Job bei Reuters, wo sie als internationale Reporterin und Redakteurin angestellt war, an den Nagel gehängt hatte, avancierte Sophie zur Vorsitzenden der Women's Equality Party und trat 2016 sogar als Kandidatin für das Amt als Bürgermeisterin von London an. Außerdem kämpft sie unermüdlich für Geschlechtergleichheit, Frauenrechte und eine gerechte Frauenquote sowie für die Rechte von Menschen mit Behinderung. Mittlerweile ist sie CEO des Young Women's Trust, einer in UK ansässigen Wohltätigkeitsorganisation, die sich für die wirtschaftliche Gleichstellung von Frauen zwischen 18 und 30 stark macht. Bei jedem meiner Treffen mit Sophie bestärkten mich ihr Einfühlungsvermögen, ihre unerschöpflichen Energiereserven und ihre beherzte Leidenschaft in meinem Glauben an die Zukunft des Feminismus.

Auf meine Frage hin, wie sie es schafft, im Gespräch mit Menschen, die den Nutzen von feministischem Aktivismus anzweifeln und ihre Arbeit schlechtmachen, standhaft zu bleiben, meinte sie:

Ich habe gelernt, meine kostbare Zeit nicht auf diese Miesmacher:innen zu verschwenden, die grundsätzlich nur Kontra geben. Früher dachte ich immer, ich schulde es meinen Schwestern, dass ich Leuten, die gegen Feminismus und Frauengleichheit wettern, entschlossen entgegentrete. Aber mit den Jahren bin ich zu der Überzeugung gelangt, dass ich von solchen Auseinandersetzungen besser die Finger lasse. Ich habe keinerlei Interesse mehr daran, öffentlich darüber zu diskutieren, ob wir

Feminismus tatsächlich brauchen. Ich will diesen Frauen-
hassern in schnieken Anzügen einfach keine Bühne mehr
bieten. Mittlerweile bin ich in den sozialen Medien rigo-
ros, ich blockiere jede:n, der oder die mich ausbremsen
will, oder schalte auf stumm, wenn ich genervt bin. Es
gibt da draußen leider viel zu viele Provokateur:innen.
Wobei ich sagen muss, dass ich mit Personen, die mit einer aufgeschlossenen, offenen Haltung auf mich zukommen und im Grunde nur meine Beweggründe verstehen
wollen, durchaus gerne diskutiere. Für mich ist wichtig,
dass wir als Aktivist:innen ein sicheres Diskussionsforum
schaffen, einen Safe Space, und dieses moderieren. Damit
meine ich Räume, in denen man in einem sicheren Rahmen andere Vorstellungen kennenlernen und diskutieren
kann, und zwar mit beiderseitigem Respekt. Die gegen-
wärtige Cancel Culture bereitet mir große Sorgen. Man
kann doch nicht einfach andere Meinungen ausblenden
oder die zum Schweigen bringen, die anders denken als
man selbst. Sicher, mir ist bewusst, wie schwer das in manchen Zusammenhängen ist. Als Aktivist:innen geraten wir
häufig in Konflikt mit unseren eigenen schmerzhaften Erfahrungen und unserer Verletzlichkeit. Unsere Gedanken
mit anderen zu teilen, damit diese sie auf den Prüfstand
stellen, ist nicht immer einfach. Kritik oder alternative
Sichtweisen werden gern als Verharmlosung der eigenen Erfahrungen empfunden. Darauf dürfen wir nicht
hereinfallen. Eine Kampagne kann nur dann erfolgreich
sein, wenn sie durch eine sachlich geführte Debatte überzeugt. Nicht, indem sie andere mundtot macht.

Ein entscheidender Faktor ist also, dass man abweichenden Meinungen sehr differenziert und mit Haltung begegnet. Wenn andere Zweifel an deinen Darlegungen äußern, wird dein Archiv an gesammelten Fakten dir das unwiderlegbare Argument liefern, das sie vom dringenden Handlungsbedarf überzeugt. Bevor du mit deiner Initiative an die Öffentlichkeit gehst, solltest du abzuschätzen versuchen, an welchen Stellen Gegner deine Argumentation aushebeln könnten. Überleg dir gut, wie du auf etwaige Kritik reagieren könntest und wie du diese Leute stattdessen auf deine Seite bringst. Sprich mit Menschen, die älter sind als du, aber auch mit Jüngeren, die keine Vorbildung in der Angelegenheit haben, in der du aktiv werden willst. So bist du bestens auf jede Eventualität vorbereitet.

Nutze deine Wut

Als ich an jenem kalten Morgen im April diesen Artikel über Periodenarmut las, war ich außer mir vor Wut. Jede freie Minute verbrachte ich von diesem Tag an mit Internetrecherchen zu dem Thema. Und wenn ich mich dann wieder anderen Dingen widmete, brodelte es unterschwellig in mir weiter. Gleichzeitig aber machte es mich zutiefst traurig. Die Sache ließ mich nicht mehr los. Ständig musste ich an diese Schüler:innen denken, die Unterricht verpassten, einzig und allein, weil sie aus armen Verhältnissen stammten. Monat für Monat, über viele Jahre hinweg. Sie hatten keinerlei Aussicht darauf, dass ihnen jemand helfen würde, kein:e Erwachsene:r, der oder die in der Position wäre, etwas zu tun, empfand genügend Mitleid, um aktiv zu werden.

Wut kann ein sehr produktives und hilfreiches Mittel in deiner persönlichen Toolbox sein. Denn Wut ist machtvoll und kann nicht nur unheimlich befreiend wirken, sondern als regelrechter Ansporn.

Was das Fass für mich zum Überlaufen brachte, waren die 517 Kommentare zu einem Artikel, der auf einer der beliebtesten englischsprachigen Nachrichtenseiten veröffentlicht worden war. Ich las jeden einzelnen von ihnen. In dem Beitrag ging es um mich und meine Initiative, und er wurde im Oktober 2017 veröffentlicht, gerade mal eine Woche nach meinem achtzehnten Geburtstag. Allmählich hatte ich das Gefühl, dass das Thema Periodenarmut im öffentlichen Bewusstsein Spuren hinterließ. Ich war von einem ernst dreinblickenden Journalisten interviewt worden, und wenige Tage später erschien der Artikel. Es war an einem Samstagmorgen. Einer meiner Lehrer hatte mir ganz aufgeregt eine Mail geschrieben, um mir mitzuteilen, dass er den Text gelesen hätte. Aber als ich ihn auf meinem Handy aufrief, sah ich nur noch diese vielen Kommentare, die im Sekundentakt darunter auftauchten. Sie waren vernichtend. Der Großteil machte sich über meine Person lustig und hatte nur Hohn und Spott für mich übrig, und mit jedem Beitrag, den ich las, kochte meine Wut noch mehr hoch. Hier nur eine kleine Kostprobe, damit du weißt, wovon ich rede:

»Hört doch endlich auf, immer nur die Hand aufzuhalten. Wie stellst du dir das eigentlich vor? Frauen menstruieren doch schon seit Urzeiten, Kleine.«

»Das ist eine Sache für das hinterste Regal im Drogeriemarkt, aber nichts, das Werbespots in der Primetime rechtfertigt.«

»Was wollt ihr denn noch alles? Kostenlose Unterwäsche?«

»Warum nähst du dir nicht selbst Binden aus alten Laken? Lass dir doch was einfallen, Mädchen. Ein bisschen Eigenverantwortung vielleicht?«

»Diese jungen Leute sollen sich halt nicht dauernd die neusten Trendklamotten kaufen. Und lasst das endlich mit euren Sauftouren und mit den gefärbten Haaren, den Nasenringen und den Tattoos!«

»Krieg ich dann bitte kostenlose Rasierklingen? Und einen neuen Plasmafernseher?«

Und mein persönlicher Favorit: »Wir müssen uns auch den Hintern abwischen, richtig? Ist doch nichts anderes.«

Die Kommentare ploppten wirklich pausenlos auf, einer nach dem anderen. Die persönlichen Beleidigungen, in denen es um mein Aussehen oder meine Hautfarbe ging, wurden ziemlich rasch wieder gelöscht, aber nicht schnell genug. Einige stammten von absoluten Trollen und waren richtig fies. Ich merkte, wie ich körperlich reagierte und mehr und mehr in mich zusammenschrumpfte. Meine Wangen glühten vor Scham. Ich hatte Angst, dass Freund:innen und Bekannte von mir das ebenfalls lasen. Panik kroch in mir hoch, ich verspürte unbestimmte Schmerzen, heiße Tränen liefen mir übers Gesicht.

Wie leicht hätten mir diese zutiefst verletzenden Worte das Rückgrat brechen können – wenn ich es zugelassen hätte. Stattdessen stellte ich fest, dass die Flammen meiner Wut nur noch höher loderten. All diese Kaltherzigkeit und der bittere Sarkasmus, der sich ausgerechnet über die ergoss, die ohnehin jeden

Monat großes Leid durchmachten. In dem Moment wurde bei mir ein Schalter umgelegt, es kam zu einer Art Initialzündung. Dieses Maß an Ignoranz und Grausamkeit machte mich sprachlos. Und deshalb kam ich zu dem Schluss, dass ich etwas tun musste. Also setzte ich mich an meinen Schreibtisch und verfasste einen wütenden Blogbeitrag darüber, wie schwer Periodenarmut vielen Teenagern zu schaffen machte und warum es höchste Zeit war, dass die Menschen dieses Problem nicht länger ignorierten oder kleinredeten.

Als Kind brachte man mir bei, dass es sich für ein Mädchen nicht gehört, seinen Zorn zu zeigen. Wenn wir aufgebracht oder wütend sind, stempelt man uns oft zu Unrecht als nervig, vorlaut oder aufmüpfig ab. Jungs hingegen ermuntert man von Kindesbeinen an dazu, forsch aufzutreten, für ihr Recht einzustehen, mutig Kontra zu geben, laut aufzubegehren und stets die Kontrolle über alles zu behalten. Wut setzt man bei ihnen mit Selbstbewusstsein, Durchsetzungsvermögen und Männlichkeit gleich. Jungs brauchen sich nichts gefallen zu lassen und bekommen regelmäßig zu hören, dass gerade diese Eigenschaften sie dafür prädestinieren, in Führungsrollen zu schlüpfen. Mit zunehmendem Alter werden wir Mädchen dazu erzogen, unsere Wut zu unterdrücken sowie unsere Selbstwirksamkeit und unsere Fähigkeiten herunterzuspielen, um peinliche Situationen zu vermeiden. Fortwährend kriegen wir gesagt, wir sollen nicht hysterisch werden und brave Mädchen sein (siehe der Spruch »*calm down, dear*« – »Kommen Sie erst mal runter, meine Liebe«, den David Cameron 2011 im Parlament an eine Abgeordnete richtete), oder wir werden als »nasty women« beschimpft (wie Donald Trump es bei seiner Konkurrentin Hilary Clinton tat), oder man kritisiert uns, wenn wir unserem »weiblichen Zorn« Ausdruck verleihen. Natürlich gewöhnt man es sich da an, starke Gefühlsausbrüche zu unterdrücken. Im Grand-Slam-Finale im September 2018 wurde Serena Williams von einem Schiedsrichter dafür abgestraft, dass sie ihren Schläger auf den Boden pfefferte und zerbrach. Man hatte ihr Betrugsvorwürfe gemacht. Schon bald wurden Stimmen laut, die beklagten, dass die Öffentlichkeit und die Presse auf ihren Wutausbruch sowohl sexistisch als auch rassistisch reagiert hätten. Die Kritik wäre demnach niemals so hart ausgefallen, wenn sie ein (weißer) Mann gewesen wäre. Die öffentliche Empörung über Williams' aggressives Verhalten war jedenfalls symptomatisch für eine Gesellschaft, in der von Frauen erwartet wird, dass sie sich jederzeit ruhig und besonnen verhalten, selbst wenn man sie unfair behandelt oder unrechtmäßig kritisiert.

Um es mit den Worten der wunderbaren Schriftstellerin Chimamanda Ngozi Adichie zu sagen:

> Wir bringen Mädchen bei, den Kopf einzuziehen, sich kleinzumachen wie ein Mäuschen. Wir erklären Mädchen, sie dürften zwar Ambitionen haben, aber bitte in Maßen. Ihr Ziel solle Erfolg sein, aber bitte nicht übertreiben. Sonst könnten Männer sich bedroht fühlen.

Deshalb also unterdrücken wir unseren inneren Drang, laut aufzubegehren und unsere Wut hinauszuschreien.

Ich habe auch meine liebe Freundin, die Comedienne und Aktivistin Grace Campbell gefragt, ob sie ihre Wut schon einmal nutzbringend einsetzen konnte. Darauf wusste sie Folgendes zu berichten:

Ich finde, dass man als Aktivist:in sogar wütend sein *muss*. Wut hält das Feuer in dir am Lodern und treibt dich an, weiter für die Veränderung zu kämpfen, die du bewirken willst. Das Wichtigste am Aktivismus ist meiner Meinung nach, dass man tatsächlich für etwas brennt, um den Kampf weiterzuführen, ohne die Nerven zu verlieren – denn Veränderungen passieren nicht über Nacht. Ich bin überzeugt, dass Zorn die beste innere Triebfeder für unsere Bemühungen ist. Entscheidend ist, den richtigen Zeitpunkt zu erkennen, wann es sich lohnt, seinen Ärger offen zu zeigen. Denn es gibt auch Situationen, in denen diplomatisches Geschick gefragt ist, um den eigenen Standpunkt zu vermitteln, nach dem Motto: »Entwaffne sie mit einem Lächeln.« Ich denke, Wut ist generell etwas Gutes. Wer aufgebracht ist, verändert etwas, ob im Großen oder im Kleinen, so viel ist sicher.

Was ich allerdings nicht ertrage, ist, wenn man mir aus meinem »weiblichen« Zorn einen Strick dreht und behauptet wird, er ließe mich schwach aussehen, typisch weibliche Hysterie eben. Dahinter versteckt sich eine extreme Doppelmoral: Wenn einem Mann der Kragen platzt, ist er ein wütender Mann, nichts weiter. Niemand würde ihm je einen Vorwurf daraus machen oder ihm Schwäche ankreiden. Als Frau sollte man sich das bewusst machen. Sei darauf gefasst, dass es immer Leute geben wird, die deinen Zorn gegen dich instrumentali-

sieren, wenn du ihm Luft machst. Andererseits: Kümmert
es dich auch nur ansatzweise, was diese Menschen denken? Immerhin sind es dieselben, die ein solches Verhalten bei einem Mann klaglos hinnehmen würden. Spar dir
die Energie und lass dich nicht von diesen Typen stressen.
Sie wollen dir so oder so nur Steine in den Weg legen.

Meine Uroma ist vor einigen Jahren mit 89 gestorben. Sie war
meine absolute Heldin des Feminismus. Ihr Lebensweg war
ihr von Kindesbeinen an vorgegeben. Aufgewachsen in den
1930er-Jahren in Indien bestand für sie natürlich kein Zweifel
daran, was die Gesellschaft von ihr erwartete: nämlich Haus-
frau und Mutter zu werden und nichts sonst. So sah nach allge-
meinem Empfinden »die natürliche Ordnung der Dinge« aus.

Ihre beiden Brüder besuchten die Schule und wurden stets
dazu ermutigt, Glanzleistungen zu erbringen. Sie wechselten
nach dem Schulabschluss auf die Universität. Meine Urgroßmut-
ter hingegen musste hart darum kämpfen, ebenfalls auf die Uni
gehen zu dürfen. Sie war ein kluges Köpfchen und äußerst wiss-
begierig. Schon als Teenager und bis in ihre Zwanziger verspürte
sie ein wachsendes Unbehagen, einen unterschwelligen Zorn,
der in ihr brodelte, den sie aber tapfer unter Verschluss hielt.
Während ihre Brüder akademisch und beruflich brillierten, hei-
ratete sie und gründete eine Familie. Aber sie wollte mehr.

Ihre rebellische Ader und ihr brennender Ehrgeiz beein-
druckten mich schon als kleines Mädchen. Als sie an einem lau-
en Abend auf der Veranda vor ihrem Haus in Indien saß, wo wir
einen Familienurlaub verbrachten, löcherte ich sie mit Fragen
zu ihrem Leben, voller Hochachtung, weil sie sich mit solch un-

erschütterlicher Beharrlichkeit geweigert hatte, die traditionellen Erwartungen zu erfüllen. »Mir persönlich war das alles zu wenig«, erzählte sie. »Frauen können so viel mehr, aber uns waren zu der damaligen Zeit die Hände gebunden.« In ihren Dreißigern dann wagte sie etwas, das damals nur sehr wenige Frauen schafften. Sie bewarb sich um einen Masterstudiengang in den USA und ging fort von Mann und Kind, um Journalismus zu studieren. Bis zu diesem Zeitpunkt hatte sie Indien noch kein einziges Mal verlassen, hatte noch nie ein Flugzeug von innen gesehen. Ihre Geschichte zeugt von sehr viel Mut, Selbstvertrauen und davon, wie es ist, wenn man sich von seiner Wut befreit und die Ketten sprengt.

Nach zwei Jahren machte sie ihren Abschluss und kehrte zu ihrer Familie zurück, um fortan als Journalistin und Referentin für Fragen der Frauengesundheit zu arbeiten. Ich frage mich, wie sie diesen stillen, unterdrückten Zorn, den sie all die Jahre mit sich herumgetragen hatte, aushalten konnte, dieses innere Ringen zwischen Konformität und Rebellion. Wie anders wäre ihr Leben wohl verlaufen, wenn sie nicht auf das dauernde Grollen ihrer unterschwelligen Wut gehört hätte? Wenn sie nicht beschlossen hätte, diese Gefühle in andere Bahnen zu lenken?

Wir sollten uns den Ärger über gesellschaftliche Schranken, Heuchelei und Unterstellungen zunutze machen und die entstehende Energie in die Veränderung stecken. Für uns selbst, für unser Lebensumfeld und für alle unsere Mitmenschen. Stecke nicht länger den Kopf in den Sand. Hör auf dir einzureden, das Problem würde sich schon von allein lösen. Stelle dich dieser Realität und betrachte das Ganze als Sprungbrett. Fang an zu kämpfen, und gib nicht auf, bis du dein Ziel erreicht hast.

Auch ich hatte im Zuge meiner Kampagne Tage, an denen ich das Gefühl hatte, keinen Schritt vorwärtszukommen. Es passierte einfach nichts und war viel zu still um das Thema. Manchmal fühlte ich mich regelrecht hilflos, gefangen zwischen Schule, Treffen mit Freund:innen und der Zeit zu Hause mit meiner Familie. Ich hatte keinen Plan, was meine nächsten Schritte sein würden und wie ich mich noch mehr für Free Periods einsetzen könnte. Alles schien wie festgefahren. *Ich* steckte fest. An solchen Tiefpunkten las ich manchmal alte E-Mails von verschiedenen Mädchen, die mich kontaktiert hatten. Eines war in der Schule ausgelacht worden, weil es einen Blutfleck auf der Schuluniform hatte. Ein anderes hätte dringend Geld für Binden gebraucht, aber seine Mutter kam tagelang nicht nach Hause. Ein Mädchen schwänzte lieber die Schule, als seine Eltern um Geld zu bitten, weil es doch genau wusste, dass ihre Taschen leer waren. Ebenso las ich noch einmal die Mails von Parlamentsmitgliedern, die mir höflich mitteilten, sie könnten leider nichts für mich tun, schließlich erhielten die Schulen Gelder aus öffentlichen Mitteln, über die sie frei verfügen könnten. Oder die von all den Trollen, die mir an den Kopf warfen, wie strohdumm ich doch sei, ein typischer naiver Teenager, der glaubte, alles umsonst haben zu können.

Wenn ich mich in diesen Momenten wieder auf meine Wut besann, wurde etwas in mir ganz neu entfacht. Es fühlte sich an, als würde sich der aufgebaute Druck schlagartig entladen und mich vorwärtskatapultieren.

Gina Martin ist das perfekte Beispiel. Auch sie wusste ihren Ärger gut zu nutzen und konnte damit viel bewirken. Im Sommer 2017 entdeckte sie auf einem Musikfestival im Hyde Park zufällig ein Foto auf dem Handydisplay eines Mannes. Darauf waren die Oberschenkel einer Frau und ihre Unterwäsche zu erkennen. Ungläubig starrte sie darauf, als ihr plötzlich bewusst wurde, dass das *ihr* Körper war, den sie da sah. Es war ein Fall von schamlosem Upskirting: Der Kerl hatte ihr ungefragt unter den Rock fotografiert. Sie erstattete Anzeige bei der Polizei, doch der waren die Hände gebunden. Man konnte nichts für sie tun. Upskirting war zu dem Zeitpunkt nämlich noch kein im Strafgesetzbuch verankertes Sexualdelikt.

Wenig später startete sie ihre Initiative #StopSkirtingTheIssue zusammen mit einer Petition, die 110.000 Unterzeichner:innen fand. Nach zwei Jahren Überzeugungsarbeit, unterstützt von ihrem Anwalt Ryan Whelan, begann die Politik das Problem endlich ernst zu nehmen, und es gelang ihr, die Gesetze in England und Wales zu ändern: Upskirting wurde für illegal erklärt. Wer heute dieser Tat überführt wird, muss mit Freiheitsentzug von bis zu zwei Jahren rechnen.

Ich stellte auch Gina die Frage, was sie dazu ansporte, ihren Standpunkt zu vertreten, und wie sie es schaffte, am Ball zu bleiben, selbst in Zeiten, wo sie den Eindruck hatte, die ganzen Mühen würden letztlich zu nichts führen.

Ich glaube, anfangs war es der berühmte Tropfen, der das Fass zum Überlaufen brachte. Ich hatte es so dermaßen satt, mich mit solchen Erlebnissen abfinden zu müssen, obwohl ich selbst alle Tipps befolgt hatte: Beweise sammeln, Zeug:innen finden, sich eine Verteidigungsstrategie überlegen, andere darauf aufmerksam machen. Als ich mir also anhören musste, dass diese Tat nicht als Sexualdelikt galt und meine Anzeige im Sande verlaufen musste, platzte mir der Kragen. Ich glaube, bei all den vorangegangenen Vorfällen hatte ich immer ein wenig das Gefühl, mich selbst nicht ganz korrekt verhalten zu haben, irgendwie hat man das als Frau wohl so in sich drin. Aber dieses Upskirting-Erlebnis weigerte ich mich hinzunehmen, und ich beschloss, meinem Ärger Luft zu machen, denn *ich* hatte nichts falsch gemacht. Und ganz nebenbei hatte ich eine eklatante Gesetzeslücke aufgedeckt. Für mich war es undenkbar, diese Tatsache einfach zu ignorieren. Außerdem ärgerte es mich maßlos, dass die Machthabenden sich offenbar einen Dreck darum scherten.

Jedes Mal, wenn ich den Mut verlor, konnte ich mich zum Glück darauf verlassen, dass meine engsten Freund:innen und meine Familie mich wieder aufbauten. Ich glaube, das ist etwas, worüber im Aktivismus viel zu selten gesprochen wird. Das neofeministische Narrativ der starken, unabhängigen und selbstbestimmten Frau verkauft sich außerordentlich gut, aber die Realität sieht anders aus. Ohne die Hilfe meiner Mitmenschen wäre ich aufgeschmissen gewesen. Ein weiterer Grund dafür, dass ich mich nicht von meinem Vorhaben abbringen ließ, selbst als in der Anfangszeit nichts vorwärtszugehen schien, war der, dass ich in meinen Augen absolut das Richtige tat. Ich hatte den Kampf gegen etwas aufgenommen, wovon ich direkt betroffen war. Es war ein Teil von mir.

Wut ist gut, und sie ist ein wahrer Kraftquell. Sobald wir uns bewusst machen, dass wir uns unseren Zorn als Antrieb für den Wandel nutzbar machen können, leisten wir auf einer ganz neuen Ebene Widerstand. Wir stemmen uns mit sehr viel mehr Entschlossenheit dagegen, und die Wut dient uns dabei als Treibstoff.

2. KAPITEL

FINDE MITSTREITER:INNEN

Die Suche nach Verbündeten

Du magst als Aktivist:in noch so motiviert und erfahren sein, ganz ohne die Hilfe anderer wirst du es nicht schaffen.

Im Aktivismus geht es vor allem darum, möglichst viele Menschen für eine bestimmte Sache zu begeistern. Je mehr Leute du hinter dir versammeln kannst und je gewaltiger die Schar derer ist, die mit dir gemeinsam den Protest vorantreiben, desto besser stehen die Chancen, dass du etwas verändern wirst.

Du bist nur ein winziges Puzzlestück in einem sehr viel größeren Panorama. Eine Sache ist mir während der Arbeit an meiner Kampagne immer wieder aufgefallen: Wenn wir anfangen, einander wahrzunehmen und genau zuzuhören, generiert das eine unheimlich ansteckende Energie. Eine solche Zusammenarbeit birgt schier grenzenloses Potenzial, gerade dadurch, dass man sich als Teil von etwas viel Größerem erkennt. Deine eigene Geschichte wird hundertprozentig Eindruck hinterlassen, aber sie ist nur der Anfang. Um dein eigentliches Ziel zu erreichen, brauchst du die Unterstützung anderer, die dich ermutigen, dir helfen, deine Etappenziele zu erreichen, und die dich auffangen, wenn dir die Puste ausgeht oder du ins Trudeln gerätst. Und indem du für diese Menschen das Gleiche tust, trägst du zum Aufbau einer solidarischen Community bei und baust dir ein Netzwerk an Leuten auf, die bereit sind, Verantwortung zu übernehmen und Erstaunliches Wirklichkeit werden zu lassen.

Ich hatte die Ehre, gleich mehrfach zu Bill und Melinda Gates' Goalkeeper-Treffen in New York eingeladen zu werden. Jedes Mal war ich vollkommen überwältigt zu sehen, wie viele Menschen sich dem Ziel verpflichtet haben, die Welt zu einem besseren Ort zu machen. Viele von ihnen tun dies ehrenamtlich neben ihrem Hauptberuf, manche von ihnen haben sogar zwei oder drei Jobs und kümmern sich um alle möglichen anderen Herausforderungen. Bei diesen Veranstaltungen freut es mich jedes Mal aufs Neue zu beobachten, wie Nummern und Mailadressen ausgetauscht und Visitenkarten herumgereicht werden, um in Kontakt zu bleiben. Die Atmosphäre im Raum ist von grenzenlosem Optimismus und Hoffnung erfüllt. Es erinnert mich immer daran, welch großes Glück wir haben, in so aufregenden Zeiten zu leben, Teil von etwas zu sein, das so viel größer ist, als wir selbst. Es führt uns vor Augen, wie glücklich wir uns schätzen können, in einer Welt zu leben, wo Menschen sich dem Aktivismus verschreiben, für das Wohl anderer kämpfen und ihr Leben diesem Ziel widmen.

Auf einem dieser Treffen lernte ich unter anderem Wangchuk Rapten, einen buddhistischen Mönch, Rettungssanitäter und Kontaktarbeiter aus Nepal kennen. In seinen roten Gewändern sah er mich mit einem sanften Lächeln an und hielt meinen Blick, während er mir seine Geschichte erzählte. Rapten hat seine Mutter an die Gelbsucht verloren, als er dreizehn war. Seine Familie hatte damals nicht das Geld, sie nach Kathmandu zu bringen, wo man sie mit der entsprechenden Behandlung sehr wahrscheinlich hätte retten können. Heute bietet er in seiner nepalesischen Klinik medizinische Versorgung für gerade einmal 5 Rupien an (umgerechnet rund 6 Cent). Auf diese Weise müssen im Krankheitsfall nicht einmal die Ärmsten der Armen auf eine Behandlung verzichten.

Beim Goalkeepers-Treffen begegnete ich auch Trisha Shetty, einer indischen Aktivistin für Geschlechtergleichheit und Gründerin von SheSays, einer indischen Plattform mit dem Ziel, Frauen und Mädchen so aufzuklären und zu schulen, dass sie sich gegen sexualisierte Gewalt wehren können, sowie Opfer sexualisierter Gewalt zu unterstützen. Das Gespräch mit Trisha brachte mir erst zu Bewusstsein, wie wichtig es ist, dass wir unsere Kräfte bündeln, uns gegenseitig unter die Arme greifen und auffangen, wenn wir das Gefühl haben, völlig im Dunkeln zu tappen und nicht zu wissen, wohin um alles in der Welt wir uns wenden sollen.

Denk an all die bahnbrechenden Bewegungen, die große Umwälzungen herbeigeführt haben. Denk an Greta Thunberg, die als einsame Einzelkämpferin anfing und Tag für Tag in ihrem gelben Regenmantel vor dem schwedischen Parlament saß, um für die Rettung des Klimas zu streiken. Mittlerweile ist sie alles andere als allein in ihrem Kampf. Sieh dir die Millionen von Menschen an, die überall auf der Welt, quer durch sämtliche Zeitzonen, durch die Straßen ziehen und ein sofortiges Handeln im Kampf gegen die Klimakrise einfordern. Sieh dir die einflussreiche Jugendbewegung an, die daraus geworden ist und die nach wie vor großen Zustrom erfährt. Und sieh dir an, wie die führenden Politiker:innen dieser Welt reagieren: Mit starren Mienen hören sie zu, wenn Greta ihnen unter Tränen entgegenschleudert: »*How dare you?*« – »Wie könnt ihr es wagen?«

Für uns als junge Menschen, als Frauen, People of Color oder als Angehörige von Minderheiten ist es das Einfachste, uns damit herauszureden, dass wir ja allein nicht viel bewirken können. Die Gesellschaft erzieht uns zu Individualisten, redet uns ein, wir stünden in Konkurrenz zueinander, müssten in erster Linie an uns selbst denken und könnten uns einzig auf uns allein verlassen. Man lehrt uns, miteinander zu konkurrieren, möglichst einzigartig zu sein.

Ganz auf mich allein gestellt wäre ich niemals da, wo ich jetzt stehe. Ohne jede:n Einzelne:n von euch, der oder die meine Petition unterzeichnet hat, ohne jede einzelne Stimme, die laut wurde, ohne jedes farbenfrohe Transparent, auf dem ihr euren Protest kundgetan habt, und ohne jeden einzelnen Penny, der für unsere Anfechtungsklage gespendet wurde, wäre die Kampagne niemals zu dem geworden, was sie letztlich war – ein durchschlagender Erfolg.

Indem wir unsere Kräfte bündeln, indem wir uns das Prinzip »teile und herrsche« zunutze machen, mit Gleichgesinnten Pläne ausarbeiten, wird ein kollektiver Aufschrei ertönen, der lange nachhallt. Mitstreiter:innen um sich zu versammeln, ist ungefähr so, als würde man sich gemeinsam unter eine warme Decke kuscheln, vergleichbar mit einer innigen Umarmung, die uns sagt, dass wir unseren Kampf nicht alleine ausfechten müssen. Die Kampagnenarbeit kann bisweilen sehr einsam machen, und ich erinnere mich noch lebhaft, wie ich selbst das Gefühl hatte, meine Schreie würden ungehört verklingen.

Leider habe ich es erst viel zu spät begriffen, aber mittlerweile weiß ich: Wer denkt, alles alleine schaffen zu müssen, kommt nicht weit. An manchen Tagen kam es mir vor, als würde ich durch tiefen Schlamm waten, in Stilettos, im strömenden Regen. Ich war panisch, alles wurde mir zu viel. Ich werde später noch einmal darauf zurückkommen (siehe Kapitel 5, Seite 313), aber weil es so wichtig ist, will ich es zumindest schon mal erwähnen: Sei gut zu dir selbst und achte auf deine seelische Gesundheit. Wie willst du die Welt zu einem besseren Ort machen, wenn du dich selbst dabei völlig aus dem Blick verlierst? Wenn du dir nicht rechtzeitig Hilfe holst, wirst du dich irgendwann wie ausgebrannt fühlen und am Ende deiner Kräfte sein. Wir können uns der Tatsache nicht verschließen, dass die Höhen und Tiefen der Kampagnenarbeit immer wieder von Momenten restloser Überforderung durchsetzt sind, weil einfach viel zu viele Dinge gleichzeitig getan werden müssten, um kleine Fortschritte zu erzielen. Ich habe es selbst erlebt: Um die Zusage für einen einzigen Gastkommentar zu bekommen (in unseren englischen Zeitungen normalerweise auf Seite zwei, direkt gegenüber dem Leitartikel), musste ich viele Stunden damit verbringen, Pitches zu schreiben und an möglichst viele Redaktionen zu verschicken. Manchmal schrieb ich 50 verschiedene Promis an, ohne irgendeine Reaktion zu erhalten, und dann taucht wie aus dem

Nichts irgendwo ein Tweet von jemandem mit breiter Follower-schaft auf. Und manchmal waren weit mehr als 20 E-Mails an verschiedene Parlamentsmitglieder nötig, um auch nur eine einzige Antwort zu kriegen.

Es bringt dich gelegentlich an deine Grenzen, wenn du so viel von dir selbst in eine Sache investierst und nicht sagen kannst, ob es zu irgendetwas führt. Vor lauter Stress habe ich sicherlich Millionen von Kalorien verbrannt! Ich wollte alles perfekt machen, und das möglichst zügig. Doch ich musste schnell feststellen, dass mein Vorhaben viel zu groß war, um es alleine durchzuziehen. Mein geistiges Wohl hing davon ab, deshalb beschloss ich, die Last nicht länger alleine zu tragen.

Am besten suchst du dir schon zu Beginn ein paar Gleichgesinnte. Hör dich im Netz um und halte Ausschau nach Leuten, die auf ein ähnliches Ziel hinarbeiten wie du. Notiere dir die Namen sämtlicher Aktivist:innen und Organisationen, die dir passend erscheinen. Sieh dir ihren Leitgedanken, ihre Herangehensweise, ihre Strategie und ihre bisherigen Erfolge an. Dann nimm Kontakt auf und schildere deine Vision. Sondiere eine mögliche Zusammenarbeit. Ich selbst habe mich mit Leuten zusammengetan, die sich allesamt in irgendeiner Weise dem Kampf gegen Periodenarmut verpflichtet hatten. Ich merkte schnell, wie viel wir gemeinsam hatten: Sie erzählten die gleichen Geschichten, trugen die gleiche Wut mit sich herum, hatten ähnliche Rückschläge erlebt, den gleichen Frust. Und auch sie brauchten wie ich die Rückversicherung von Leuten, die genau wussten, wie es in ihnen aussah. Sie standen hinter mir, gemeinsam bildeten wir eine Art Sicherheitsnetz, das uns allen festen Halt gab, und nutzten gemeinsam die Chancen, die sich uns boten.

Eine Person, mit der ich so Kontakt knüpfte, war Tina Leslie, Gründerin von Freedom4Girls, einer wunderbaren Wohltätigkeitsorganisation, die Binden an Schulen in Kenia schickt. Wir wollten abklären, ob wir vielleicht kooperieren könnten. Wenige Tage später teilte sie mir mit, dass sie in einer Radiosendung auf BBC über Periodenarmut sprechen würde, und fragte mich, ob ich mir vorstellen könne, sie zu begleiten. Natürlich wollte ich das, also sagte ich zu.

Leider fand das Ganze an einem Schultag statt, deshalb sollte ich per Telefon zugeschaltet werden. Während der Mittagspause suchte ich mir ein leeres Klassenzimmer, um mit der Produzentin der Sendung zu telefonieren. Die bereitete mich auf meine Gastrolle an der Seite von Tina vor. Allerdings unter dem Vorbehalt, dass man meinen Beitrag womöglich würde rausschneiden müssen, falls sonst die Sendezeit überzogen würde. Ich weiß noch gut, wie ich mit schweißnassen Händen auf meinen Einsatz wartete. Doch als mein Telefon schließlich klingelte, entschuldigte man sich bei mir und teilte mir lediglich mit, dass man hinter dem Zeitplan liege und deshalb nur noch Hörerfragen beantworten könne. Es war die größte Enttäuschung meines Lebens!

Völlig geknickt ging ich zurück in meine Klasse. Da erreichte mich eine SMS von Tina. Sie hatte die geniale Idee, ich solle einfach als Zuhörerin in der Sendung anrufen! So würde ich doch noch die Gelegenheit bekommen, etwas zu Free Periods zu sagen und die Zuhörer:innen zu bitten, meine Petition zu unterschreiben. Schnell stürzte ich hinaus auf den Flur und wählte die Nummer der Sendung. Zum Glück kam ich gleich beim ersten Versuch durch. Ich hatte nur zwei Minuten – und in dieser Zeit legte die Moderatorin es offensichtlich darauf an, mich zu provozieren, und löcherte mich mit Fragen –, doch es funktionierte. Tausende von Radiohörern wussten nun von meiner Kampagne, die Zahl der Unterzeichner:innen kletterte sofort deutlich in die Höhe. Überglücklich kehrte ich zurück ins Klassenzimmer. Ich hatte kaum die Tür geöffnet, da fingen alle an zu jubeln. Ich hatte nicht die geringste Ahnung gehabt, dass sie zugehört hatten. Erst in diesem Moment wurde mir bewusst, dass ich genau das brauchte: Menschen, die mich unterstützten. Es tat so gut zu wissen, dass meine Freund:innen und Klassenkamerad:innen hinter mir standen und ich auch auf Tina bauen konnte; sie alle würden mir helfen, meine Kampagne voranzubringen.

Manchmal tun sich solche Chancen gerade dann auf, wenn man es am wenigsten erwartet, und führen zu völlig unerwarteten Entwicklungen. Mit Free Periods ist mir das öfter passiert, als ich zählen kann! Ich will dir ein paar Beispiele nennen.

Die Kampagne lief schon mehrere Monate, als ich mich mit einem feministischen Kollektiv namens The Pink Protest zusammentat. Gegründet wurde diese Vereinigung von Scarlett Curtis, Grace Campbell, Honey Ross und Alice Skinner. Dass wir uns trafen, war eine glückliche Fügung. Eigentlich sollte ich in Urlaub fahren, aber den mussten wir kurzfristig absagen. Deshalb war ich zu Hause, als das Angebot kam, an einer filmischen Interviewreihe teilzunehmen, die von The Pink Protest produziert wurde. Es ging dabei um die Frage, was es bedeutete, sich als Aktivist:in zu engagieren. Unter anderem sollten Leute wie Jameela Jamil, Emma Freund und andere zu Wort kommen. Ich war mega aufgeregt!

Am nächsten Tag traf ich mich mit Scarlett und Grace in Westlondon, und wir verstanden uns auf Anhieb blendend.

Kaum war das Interview im Kasten, fuhren wir zu Scarlett nach Hause, wo wir uns in ihrer Küche zusammensetzten und Pläne für gemeinsame Aktionen schmiedeten. Wir überlegten uns, wo wir kooperieren und richtig Wirbel machen könnten. Die beiden hatten vor, sich noch mit weiteren Aktivist:innen zusammenzuschließen und deren Kampagnen zu unterstützen, um mit vereinten Kräften die Botschaft in der Öffentlichkeit zu verbreiten. Scarlett kehrte irgendwann nach New York zurück, wo sie studierte, deshalb beschränkten sich die Planungen für weitere Proteste von da an auf diverse Skype-Calls nach der Schule, einen konstanten E-Mail-Austausch und WhatsApp-Nachrichten, die an manchen Tagen noch bis in die frühen Morgenstunden hin und her gingen. Alice, eine begnadete Illustratorin, schuf ein paar sehr aussagekräftige Illustrationen mit starker Botschaft, die wir für unsere gemeinsame Kampagne nutzten. Mein Lieblingsbild zeigt eine Frau, die in einer Badewanne voller Tampons liegt, begleitet von den Worten: »So sieht Luxus aus.« Ein nicht gerade subtiler Hieb gegen die Einstufung von Periodenprodukten als Luxusgüter und die dadurch bedingte höhere Besteuerung.

Ich vergleiche die Organisation von Protestaktionen und Demos gern mit der Planung einer Hochzeit, nur dass man nicht die leiseste Ahnung hat, wie viele Gäste kommen werden. Und ohne die Geschenke, versteht sich. Ohne Blumen. Ohne oberpeinlichen Onkel. Jedenfalls brauchten wir für die geplante Demo eine Bühne, mussten Reden vorbereiten, Essen, Getränke und Musik organisieren. Und beten, dass mehr Leute als unsere besten Freund:innen auftauchen würden. Bis zum heutigen Tag bricht mir der kalte Schweiß aus, wenn ich an all die Arbeit den-

ke, die nötig war, um allein das Logistische zu stemmen. Ohne
Scarlett und Grace hätte ich das alles nie geschafft. Dass ich die
beiden kennenlernen durfte, zwei junge Frauen, von denen ich
wusste, dass sie sich wie ich wünschten, Free Periods möge zu
einem Bombenerfolg werden, war für mich und meine Kampagne bahnbrechend. Mir war bis zu diesem Zeitpunkt nicht
bewusst gewesen, wie sehr ich dieses Gefühl von Zusammenge-
hörigkeit brauche. Da hatte ich mich ganze sieben Monate lang
allein mit meiner Kampagne herumgeschlagen, und es brauchte
nur eine einzige Begegnung, um mir und meinen Bemühungen
völlig neuen Schwung zu geben.

Nicht lange nach unserer Demo erhielt ich eine E-Mail von
Janvi Patel, einer britischen Anwältin mit Sitz in Los Angeles.
Wir vereinbarten ein Telefonat, bei dem Janvi von ihrer Idee erzählte, gegen die britische Regierung zu prozessieren. Sie wollte die Verantwortlichen zwingen, endlich aktiv zu werden und
Periodenarmut unter Schüler:innen ein für alle Mal ein Ende
zu setzen. Sie ging von der Prämisse aus, dass nach dem Gleich-
heitsgesetz (Equality Act) von 2010 die Regierung rechtlich dazu
verpflichtet ist, dafür zu sorgen, dass alle Kinder und Jugendlichen gleiche Bildungschancen haben. Wenn die Periode also ein
Hindernis für den Erhalt gleichberechtigter Bildung darstellt,
muss die Regierung entsprechende Maßnahmen ergreifen, um
diese Hürde zu beseitigen. Kostenlose Binden und Tampons an
Schulen würden es jenen, die den Unterricht aufgrund von Periodenarmut versäumten, erlauben, regelmäßig am Unterricht
teilzunehmen. Ich fand den Gedanken an diesen völlig neuen
Ansatz wahnsinnig aufregend. Ein solcher Prozess hatte tatsächlich das Potenzial, die Regierung zu sofortigem Handeln zu

zwingen. Wir vertrauten auf Janvis Erfahrungen und entschieden, es mit einer Anfechtungsklage zu versuchen. Innerhalb nur weniger Wochen trafen wir uns mit den Menschenrechtsanwält:innen von Hausfeld und mit bekannten Gerichtsanwält:innen, um uns mit ihnen wegen der Umsetzung abzusprechen.

Ungefähr einen Monat danach traf ich bei einem Marketingevent für einen Nagellack (purer Zufall!) Gemma Abbott. Gemma ist ebenfalls Anwältin und leitet die Zweigstelle von Red Box Project in Hackney, einer Wohltätigkeitsorganisation, die rote Boxen mit Binden und Tampons an Schulen aufstellt, zur kostenfreien Nutzung für alle, die Bedarf haben. Wir folgten einander bereits seit einer Ewigkeit in den sozialen Netzwerken, und ich bewunderte die Arbeit von Red Box Project. Wie es so üblich ist, fingen wir an, über die Untätigkeit der Regierung herzuziehen, und fragten uns, ob sich die Machthabenden je dazu verpflichten würden, Periodenarmut zu beenden, indem man Schulen mit kostenlosen Hygieneartikeln ausstattete. Weitere sechs Monate später war Free Periods in Vorarbeit auf den Prozess zu einer gemeinnützigen Körperschaft geworden, und Janvi, Gemma sowie die Mitbegründer:innen von Red Box Project, Clegg Bamber und Anna Miles, waren Mitglieder des Vorstands. Wir hielten wöchentliche Treffen ab und telefonieren mit diversen Anwält:innen, außerdem überlegten wir uns Strategien, um Spenden für den bevorstehenden Prozess zu sammeln. Janvi, Gemma und Clegg sind bis zum heutigen Tag Vorstände von Free Periods Limited, gemeinsam führen wir unseren Kampf für mehr Periodengerechtigkeit fort und bringen die aktuellen Pläne der Regierung, alle Schulen mit kostenlosen Hygieneprodukten zu versorgen, in den Fokus der Öffentlichkeit. Wer hätte je gedacht, dass es einmal so weit kommt?

Irgendwann bat ich meine Schulfreundin Minna Gillett, die künstlerisch richtig was auf dem Kasten hat, ein paar Bilder für uns zu zeichnen, die wir in den sozialen Netzwerken teilen könnten. Am Ende nutzten wir sie dann sogar für die Pressearbeit im Hinblick auf unsere gerichtliche Klage. Minnas Illustrationen fallen auf, sind mutig und einzigartig. Sie war ohnehin eine große Verfechterin der Kampagne und überglücklich, etwas beitragen zu können – eine Win-win-Situation!

Einige Monate später schrieb mich Olivia Kiernan an, Insight Executive mit viel Erfahrung in Sachen digitale Kampagnen und Verhaltensökonomik. Sie war begeistert von unserer Initiative und wollte uns unbedingt bei Marketing- und Marktforschungsfragen unter die Arme greifen. Kurz darauf trafen wir beide uns in ihrem Büro, wo sie mir fantastisch aufbereitete Daten zu Periodenarmut präsentierte. Diese erwiesen sich im Nachhinein als wegweisend für unsere langfristige Strategie.

Der Punkt, auf den ich hinauswill, ist folgender: Du weißt nie, wann etwas wirklich Wunderbares um die Ecke auf dich wartet. Gehe mit offenen Augen durch die Welt und halte Ausschau nach Leuten, die dir helfen könnten. Es spielt keine Rolle, wie groß oder klein deine Kampagne ist, du solltest in jedem Fall so viele fähige Menschen wie möglich um dich versammeln. Nutze jede Gelegenheit, Leute kennenzulernen, die dich unterstützen könnten. Wende dich an andere Aktivist:innen, Initiator:innen von Kampagnen und Organisationen, plane eine Telefonkonferenz mit ihnen oder trefft euch auf einen Kaffee. Und dann überlegt euch, wie ihr eure Initiativen und eure Unterstützer:innen zusammenbringen könnt, um mit vereinten Kräften etwas noch viel Größeres aufzuziehen.

Gabby Edlin, Gründerin der Wohltätigkeitsorganisation Bloody Good Period, die Personen aus einkommensschwachen Haushalten, Geflüchtete und Obdachlose mit Periodenprodukten versorgt, pflichtet mir in diesem Punkt bei. Auch wenn sich unsere Arbeit in Teilen unterscheidet, verbindet uns unser gemeinsamer Kampf für Menstruationsgleichheit und unser Ziel, Periodenarmut im Vereinigten Königreich zu beenden. Aus diesem Grund konnten wir in den vergangenen Jahren bereits mehrfach an verschiedenen Projekten und Kampagnen zusammenarbeiten. Auch Gabby betonte im Interview, wie wichtig Kooperationen sind:

> Zusammenarbeit ist alles! Es geht nicht allein um die Macht der vielen, sondern auch darum, voneinander zu lernen.
>
> Deshalb ist es so unheimlich wichtig, dass man sich mit anderen Organisationen zusammenschließt, denn unsere Ziele überschneiden sich nicht nur in großen Teilen, sie gehören auch überwiegend intersektionellen Bereichen an. Da lohnt es sich, gemeinsam die Stimme zu erheben. Zum Beispiel ergänzen sich Free Periods und Bloody Good Period ganz wunderbar, weil einige Schüler:innen Geflüchtete sind und einige Geflüchtete Schüler:innen. Was uns vereint, ist unser Wunsch, alle Bedürftigen mit kostenlosen Hygieneprodukten zu versorgen.
>
> Ich halte es für ein großes Missverständnis, solche Kooperationen mit einer Fusion gleichzusetzen – schon kurz nach

der Gründung von Bloody Good Period empfahlen mir einige (Cis-Männer), mich in eine der größeren NGOs einzugliedern. Doch mir war klar, dass ich meinen Einfluss verlieren würde, wenn ich das tat. Als kleine Vereinigung haben wir viel mehr Handhabe, wenn wir mit kleinen bis mittelgroßen Gruppierungen an Projekten und Kampagnen arbeiten – nur so behalten wir unsere individuellen Stimmen, statt sie den sprachlichen Gepflogenheiten einer größeren Körperschaft zu unterwerfen, wo noch dazu viele Prozesse durch übermäßige Bürokratie gelähmt werden!

Gabby ist überzeugt, dass Inklusivität und Diversität im Aktivismus unverzichtbar sind, selbst bei einem Thema wie Periodenarmut:

Nicht nur Menschen unterschiedlichster ethnischer Herkunft sollten repräsentiert sein, sondern auch unterschiedlichste Denkweisen. Dies ist gerade im Zusammenhang mit Periodenthemen wichtig, weil die jeweilige Kultur, das Herkunftsland, die Herkunft unserer Eltern, unsere Traditionen, Religionen und Erziehung mit darüber bestimmen, wie wir dazu stehen. Auch Sichtweisen mit einzubeziehen, die von unserem westlichen »Standard« der durchschnittlichen weißen Cis-Frau abweichen, ist wesentlich, wenn man eine größere Bandbreite an Lösungen gegen Periodenarmut finden will.

Hab keine Scheu, dich in deinem unmittelbaren Umfeld umzuhören – bitte Freund:innen, Familie, Kolleg:innen um Hilfe.

Selbst wenn es nur darum geht, eine E-Mail Korrektur zu lesen, oder um einfache organisatorische Aufgaben. Es ist kein Zeichen von Schwäche, sich Unterstützung zu holen, schon gar nicht in der Startphase einer Initiative, wo einen ohnehin schnell alles überfordert. Es ist befreiend, wirklich. Und so bekommst du garantiert neue Denkanstöße. Ich selbst habe mich an unseren Gemeinderat gewandt und gefragt, ob er irgendwie helfen könne, und ich habe auf der Suche nach Freiwilligen in der Gemeindebücherei und in den Toiletten unserer Schule Poster aufgehängt.

Nimm jede Hilfe an, die man dir anbietet. Schreib auf, was deiner Kampagne noch fehlt, jetzt, in den kommenden Monaten, im nächsten halben Jahr, und dann gleiche ab, ob irgendjemand vielleicht bestimmte Fähigkeiten hat, die sich dafür nutzen lassen. Und behalte den folgenden, leider recht klischeehaften Satz im Hinterkopf: »Teamwork ist Dreamwork.« Weil er einfach stimmt.

Wenn ich jede:n Einzelne:n, der oder die mir auf meinem Weg geholfen hat, aufzählen würde, Freund:innen, Familie, Wohlfahrtsvereine und Organisationen, könnte ich allein damit ein ganzes Buch füllen. Die meisten Hilfsangebote aber habe ich erhalten, weil ich dreist genug war zu fragen. Und das, obwohl ich mir die meiste Zeit nicht mal sicher war, worum ich eigentlich bat.

Bau dir eine Online-Community auf

Du solltest niemals unterschätzen, wie wichtig auch Online-Freundschaften sind. Mit vereinten Kräften können wir so viel mehr erreichen als allein, deshalb solltest du dir dringend eine Internet-Community aufbauen und sie stetig erweitern. Halte sie über deine Fortschritte auf dem Laufenden und sorge dafür, dass sie deine Initiative mit Begeisterung unterstützt.

So wird sich nach und nach eine wachsende Gemeinschaft von Unterstützer:innen, Aktivist:innen und Organisationen um dich scharen, die deiner Mission Tiefe, Kraft und eine Vision verleiht.

Die Sache ist die: Beim Aktivismus geht es nicht primär um dich. So eine Initiative gehört allen. Du solltest deshalb darauf vorbereitet sein, deine mühsam aufgebaute Kampagne mit anderen zu teilen. Jede:r soll sie sich zu eigen machen dürfen, denn nur so kannst du aus den gesammelten Erfahrungen, Talenten und allem, was diese Menschen zu bieten haben, auch Nutzen ziehen. Und dann wirst du merken, welch geballte Macht sich um dich herum zusammenbraut, dich vorwärtsträgt, denn jede:r von ihnen drängt auf Veränderung, nicht nur du allein.

Lade die Leute dazu ein, Grafiken und Designs beizusteuern, die du auf Twitter oder Instagram posten kannst. Bitte sie, Blogbeiträge zu verfassen und Gedichte, Zitate oder Artikel zu teilen. Ermuntere sie, dir Ideen und Vorschläge zu unterbreiten. Frag sie, was sie sich erhoffen und was du selbst noch besser machen kannst. Als ich mit Free Periods an den Start ging, war mir bewusst, dass ich das große Privileg hatte, eine so außergewöhnliche Sache voranzutreiben. Wir hatten alle das Gefühl, dass wir an der Schwelle zu großartigen Veränderungen standen. Natürlich war mir auch bewusst, dass ich noch ein Teenager war, der das nicht alleine schaffen konnte. Ich brauchte Unterstützung, Leute, die mir die Richtung wiesen. Zum Glück konnte ich mit meiner Offenheit und meiner direkten Art viele für meine Sache gewinnen. Mir fiel auf, dass immer mehr User:innen #FreePeriods und meine Petition auf ihren Instagram- und Twitter-Profilen verlinkten. Offenbar gab es da draußen zahlreiche Menschen, denen Free Periods etwas bedeutete. Mittlerweile war das Ganze zu einer Bewegung herangewachsen, von der sie alle ein Teil sind, und deshalb war es auch ihre Bewegung, der sie genauso sehr wie ich zum Erfolg verhelfen wollten.

Wenn man sich eine solche Online-Community aufbaut und sich bewusst macht, dass es beim Aktivismus um einen Kampf in gemeinsamer Sache geht, rückt eine Veränderung plötzlich in greifbare Nähe. Man hat auf einmal das Gefühl, alles ist möglich. Am besten verschickst du regelmäßige Updates über E-Mail und die sozialen Medien. Schließlich sollen deine Unterstützer:innen sich involviert fühlen und am Ball bleiben. Sei offen und aufrichtig. Im Zentrum deiner Kommunikation sollte grundsätzlich immer das stehen, was dich antreibt und warum dir diese eine Sache so sehr unter den Nägeln brennt – aber was das Allerwichtigste ist: Bleib authentisch.

Außerdem solltest du immer um einen selbstbewussten Ton bemüht sein, denn so vermittelst du Ehrgeiz und Entschlossenheit, beides Eigenschaften, die ansteckend sind. Du willst die Leute davon überzeugen, dass sie Teil von etwas Großem werden, also lass es sie spüren.

Bei deiner Internetkommunikation solltest du unbedingt auf positive Formulierungen achten. Ich gebe zu, das mag paradox erscheinen. Schließlich geht es um ein wichtiges Thema, das von Politik und Öffentlichkeit eiskalt ignoriert wird und dich selbst zur Weißglut bringt. Wie soll man angesichts all dieser Ungerechtigkeit positiv bleiben? Wie soll es gelingen, nichts von diesem inneren Aufruhr nach außen zu tragen und seine Mitstreiter:innen nicht damit anzustecken? Es scheint zwar gegen jede Vernunft zu sein, aber ich habe festgestellt, dass man weit mehr Rückmeldungen erhält, wenn man den Menschen Mut macht und sich auf das Positive besinnt, auf das, was im Bereich des Machbaren liegt, statt ein übertrieben kämpferisches und aggressives Gebaren an den Tag zu legen. Das Positive motiviert zum Mitmachen. Natürlich habe ich auch gelernt, dass eine gute Prise Zorn hilfreich ist, aber Erfolg stellt sich nur ein, wenn man dem einen selbstbewussten, kontrollierten Ton entgegensetzt.

Falls du vorhast, eine Petition zu starten, solltest du dir unbedingt jede Woche ein wenig Zeit nehmen, um dich durch die Kommentare zu scrollen. Zu Beginn habe ich das sogar täglich getan. Für mich war es jedes Mal ein Ansporn, die vielen aufmunternden Worte von Menschen zu lesen, die mir nie begegnet waren.

Dabei zeichnete sich schnell ab, dass viele von den Unterzeichner:innen meiner Petition selbst von Periodenarmut betroffen waren, entweder gegenwärtig oder in der Vergangenheit, manche von ihnen nutzten die Kommentarspalte als Forum, um ihre persönlichen Erfahrungen zu teilen. Das machte mich einerseits traurig, weckte aber gleichzeitig Hoffnung. Auf mich wirkten diese Kommentare unendlich motivierend, und sie waren eine ständige Erinnerung daran, dass mir ein zäher Kampf bevorstand. Es ließ sich nicht leugnen, dass sich in Sachen Periodenarmut jahrzehntelang nichts getan hatte, aber ich war wild entschlossen, das zu ändern. Aufgeben kam für mich nicht infrage.

Irgendwann stieß ich auf einen Beitrag von einem Vorstandsmitglied von ActionAid, das die Petition unterschrieben hatte und bei der Gelegenheit fragte, ob sie mir irgendwie helfen könne. Margaret Casely-Hayford hinterließ ihre Mailadresse und signalisierte mir ihr aufrichtiges Interesse. Als ich ihr zurückschrieb, kam postwendend die Antwort. Ihre Zeilen waren überaus nett und aufbauend, voll unterschwelligen Lobes und gespickt mit wertvollen Ratschlägen. Sie schrieb an verschiedene Organisationen, Promis und Verlagshäuser, mit mir in CC, und bat ihre Kontakte zu prüfen, was sie für mich tun könnten. Wertvolle Verbündete wie Margaret zu finden, gab mir jedes Mal frischen Aufwind. Es ließ mich spüren, dass da draußen Menschen waren, die hinter mir standen.

Solche Mitstreiter:innen sind von unschätzbarem Wert, es geht kaum ohne sie. Nur gemeinsam wird es euch gelingen, die Schar der ewigen Neinsager:innen und Miesmacher:innen zu verdrängen und hetzerische Kommentare in den Wind zu schlagen. Deine Kampagne kann nicht erfolgreich sein ohne deine Community, also tu bitte alles, damit deine Leute sich gebraucht, ernst genommen und verstanden fühlen. Gib ihnen zu verstehen, wie wichtig sie für dich und deine Bewegung sind. Jede:r einzelne Follower:in wird gebraucht, und deshalb musst du ihnen klarmachen, dass sie Teil von etwas Großem, Bedeutsamem sind, für das es sich zu kämpfen lohnt.

Schau über den Tellerrand

Wie bereits erwähnt solltest du immer im Auge behalten, ob sich deine Kampagne vielleicht in einen größeren Kontext einfügt. Ich selbst stellte mir das Thema Periodenarmut als die zentrale Schnittstelle in einem Mengendiagramm vor, die gesundheitliche, soziale und finanzielle Aspekte vereint. Diese übergreifenden Themen waren es, die die Ungleichheit bedingten und jede Aussicht auf Besserung zunichtemachten.

Ein Blick über den Tellerrand lohnt sich: Es gibt immer Themen, mit denen der Gegenstand deiner Initiative in Zusammenhang steht. Versuch doch auch mal, ein solches Diagramm zu erstellen, dadurch werden die größeren Zusammenhänge oft klarer. Wenn du dich beispielsweise für Obdachlose einsetzt, sind Armut und Gesundheit sowohl Ursache als auch Wirkung. Wenn dein Hauptanliegen der Klimawandel ist, musst du zweifellos auch die Bereiche globale Gesundheit, Wohnverhältnisse, Tierleben und Infrastruktur in deine Überlegungen mit einbeziehen. Weitere übergeordnete Themenkomplexe sind Geschlechterungleichheit, Bildungschancen, Klimakrise und Klimaungerechtigkeit sowie systemischer Rassismus. Du musst wissen, dass keines dieser Themen völlig unabhängig von den anderen existiert, sie bedingen und beeinflussen einander zum Negativen, und immer sind es die Schwächsten einer Gesellschaft, die von den größten sozialen Ungerechtigkeiten und Ungleichheiten am härtesten betroffen sind. Zum Beispiel haben Klimawandel, Umweltverschmutzung und die negativen Effekte von Umweltprozessen und umweltpolitischen Beschlüssen unverhältnismäßig stärkere Folgen für schwarze Menschen, indigene Völker und andere People of Color.

Aus diesem Grund ist es wichtig, dass du dein Thema in einen größeren Zusammenhang setzt. So kannst du auf einen Blick erkennen, an wen du dich am besten wendest. Ich selbst habe mich mit UNICEF in Verbindung gesetzt, weil Periodenarmut unter anderem der Bildungsgleichheit von Kindern auf der ganzen Welt im Wege steht. Ich schrieb E-Mails an die Vereinten Nationen, an World Vision und an den Malala Fund. Es war beeindruckend zu sehen, dass Free Periods Teil von etwas Größerem war, einer internationalen Armee von Idealist:innen, die an die Gleichheit glauben und sich dafür stark machen. Menschen, die sich entschlossen für die gleichberechtigte Bildung von Mädchen einsetzen. Und dieses Recht auf Bildung ist nicht verhandelbar und darf durch nichts gefährdet werden.

Also denk bitte daran, dass deine Initiative kein isolierter Feldzug und das Ziel niemals zu groß oder zu schwer ist, um erreichbar zu sein. Vielmehr reihen sich deine Bemühungen in den größeren Kampf für mehr Gerechtigkeit und eine bessere Welt ein. Wenn du im Hinterkopf behältst, dass du zwar ein kleines, aber wesentliches Rädchen im großen Getriebe des weltweiten Aktivismus bist, wird dich dieser Gedanke motivieren und wieder Bewegung in die Sache bringen.

Antirassismus und Inklusion

Schreib dir im Rahmen deines Aktivismus unbedingt die Themen Inklusivität und Diversität auf die Fahnen. Deine Arbeit
wird davon profitieren, wenn du alternative Sichtweisen mit
einbeziehst, da du auf diese Weise auch Probleme und Perspektiven mit berücksichtigst, die du ansonsten vielleicht übersehen
hättest.

Betrachte das Ganze als Chance für mehr Gleichheit und
Gerechtigkeit: Mit deiner Initiative dienst du nämlich all jenen
als Sprachrohr, deren Stimmen normalerweise ungehört verhallen, weil sie keinen Einfluss haben. Sei offen im Umgang mit
den verschiedensten Gruppierungen, sei achtsam hinsichtlich
deiner Äußerungen und pass gut auf, dass du die Komplexität
der unterschiedlichen Erfahrungen erkennst und berücksichtigst. All das ist von elementarer Bedeutung für deine Arbeit.

Als junge Frau mit britisch-indischen Wurzeln habe ich Rassismus am eigenen Leib erlebt, sowohl unterschwellig als auch
ganz offen. Es gab Zeiten, da habe ich mich in überwiegend weißer Gesellschaft als »anders« behandelt gefühlt. Und gleichzeitig
weiß ich, dass ich in einer privilegierten Position bin.

Ich kann mich glücklich schätzen, dass ich unter anderem
Teil einer Familie bin, einen großen Freundeskreis habe, Leute,
die mich lieben und für mich da sind, die mir das Gefühl geben,
dass ich alles schaffen kann, wenn ich nur will. Ich lebe in einem
gemütlichen Haus in einem der reichsten Länder der Erde. Ich
hatte das Glück, eine Schule zu besuchen, in der man mir bei-
brachte, nie aufzugeben und immer nach Höherem zu streben,

und aktuell habe ich auch noch die große Ehre, eine der besten Universitäten der Welt zu besuchen. Ich habe keinerlei körperliche Einschränkungen, bin psychisch stabil und auch ansonsten rundum gesund. Ich blicke meiner Zukunft zuversichtlich entgegen und freue mich auf alles, was da kommen mag. Mir ist bewusst, dass es Millionen Menschen gibt, die all das nicht von sich behaupten können.

Denk doch einmal gründlich über deine eigenen Privilegien nach. Du wirst sehen, dass du dank gewisser Strukturen und Traditionen einen einzigartigen Vorteil genießt, der es dir erst möglich macht, aktiv zu werden. Systemischer Rassismus, das Patriarchat und der Rahmen einer kapitalistischen Gesellschaft verleihen gewisse Privilegien vorrangig einer relativ kleinen Gruppe von weißen, männlichen, körperlich nicht beeinträchtigten Personen mit uneingeschränktem Zugriff auf Finanzen, das Internet, die sozialen Netzwerke und andere Mittel – und zwar auf Kosten einer breiten Masse.

Zu deinen ersten Aktionen in der Vorbereitungsphase sollte unbedingt gehören, dass du dir deine eigenen Privilegien bewusst machst. Und dazu gehört auch, dass du dir die Vorteile eingestehst, die du aufgrund deiner privilegierten Position genießt, ohne dass du dafür etwas hättest leisten müssen. Und dann denke an all diejenigen, denen diese Privilegien vorenthalten bleiben, einfach nur, weil sie nicht so gut in dieses System integriert sind und deshalb viel härter kämpfen müssen, um dorthin zu gelangen, wo du längst bist.

Antirassismus muss ein zentraler Aspekt deiner Arbeit sein, unabhängig davon, welche Sache du vertrittst. Rassismus begegnet uns sowohl in verdeckter als auch in offener Form. Wenn du dich dagegen sperrst, die Belange von schwarzen Menschen und von Randgruppen in deiner Kampagne mit zu berücksichtigen und diesen eine Aussicht auf Besserung zu bieten, machst du dich indirekt zum Komplizen der Rassist:innen. Aber sehen wir uns das einmal genauer an.

Weiße Privilegien befördern Rassismus. Das Weißsein als Ideologie, auf der unsere Gesellschaft fußt und die sämtliche Gepflogenheiten von verschiedensten gesellschaftlichen Gruppierungen, von Unternehmen und Individuen und selbst unsere Gesprächskultur durchsetzt, muss von uns allen dringend hinterfragt werden. Ungeachtet der ethnischen Abstammung muss *jede:r* aktiv daran arbeiten, Antirassist:in zu sein. Wir als Aktivist:innen sind bestrebt, die Welt zu einem besseren Ort zu machen. Aber welchen Sinn und Zweck haben unsere Bemühungen, wenn die Welt am Ende nicht für *alle* besser ist?

In ihrem Buch *Warum ich nicht länger mit Weißen über Hautfarbe spreche* beschreibt Reni Eddo-Lodge weiße Privilegien als »manipulative, luftundurchlässige Decke der Macht, die wie Schnee alles bedeckt, was wir kennen. Es ist brutal und erdrückend und nötigt dazu, aus Angst, geliebte Menschen, den Job oder die Wohnung zu verlieren, nichts zu sagen. Es jagt dir Angst ein, bis du verstummst.«

Sie erklärt das folgendermaßen: »Die Politik des Weißseins transzendiert jede Hautfarbe. Sie ist eine Besatzungsmacht im Kopf. Sie ist eine Ideologie, die durch Kontrolle und Ausschluss ihre Macht erhalten will. Jeder kann daran glauben oder beschließen, sie infrage zu stellen.«

Am besten setzt du dir zum Ziel, diese übergreifende Ideologie mit deiner Kampagne bewusst herauszufordern, indem du denen deine Stimme leihst, die nicht dieselben Privilegien genießen wie du. Verschaffe schwarzen Menschen und anderen Minderheiten Gehör und erkenne an, dass ihre Erfahrungen sich von deinen deutlich unterscheiden. Scheue nicht vor heiklen Situationen zurück, sondern stelle dich ihnen. Geh auf Konfrontationskurs mit unbequemen Wahrheiten im Zusammenhang mit Rassismus, und kläre diejenigen auf, die ihre eigenen Privilegien nicht wahrhaben wollen oder sich wissentlich daran beteiligten, rassistische Strukturen und Denkweisen aufrechtzuerhalten.

Dieser Punkt ist wirklich wichtig, also nimm ihn bitte ernst. Solltest du beschließen, meine Mahnung trotz allem in den Wind zu schlagen, ist das sehr wahrscheinlich ein Zeichen deiner Privilegiertheit. Afua Hirsch weist in ihrem exzellenten Buch *Brit(ish)* auf ein allgegenwärtiges Problem hin, nämlich dass viele weiße Menschen das Gespräch über Rassismus ablehnen, weil sie ihrer Ansicht nach Race[5] gar nicht wahrnehmen würden:

---

5   Im Deutschen ist der Begriff »Rasse« eng mit dem Nationalsozialismus verbunden und beschreibt eine vermeintlich biologische Kategorie, die es so de facto nicht gibt. Im angloamerikanischen Sprachraum hingegen hat der Begriff »race« aufgrund der dort bereits fortgeschrittenen Rassismusdebatte einen Bedeutungswandel durchlaufen: Er bildet zum einen eine soziale Realität ab und dient zum anderen als sozialwissenschaftliches Analysetool. Da im Deutschen ein vergleichbarer Begriff fehlt, übernimmt man nach aktuellem Stand der Diskussion das Wort »Race« aus dem Englischen. Näheres zur Problematik unter folgendem Link: www.goethe.de/ins/us/de/kul/wir/22139756.html (Anm. d. Ü.)

> Solange es Rassismus gibt, ganz gleich, ob er einem lächelnd ins Gesicht blickt oder offen ausgetragen wird, bleibt das Problem bestehen, dass die »Blindheit« vieler Weißer für Race jegliche Analyse des Sachverhalts behindert. Nur weil ein Einzelner beschließt, Race nicht wahrzunehmen, bedeutet das nicht, dass damit einhergehende Armut, Diskriminierung und Vorurteile dadurch verschwinden. Dieses Individuum weigert sich lediglich, das Problem anzuerkennen. Die Folge ist, dass man Menschen, die Rassismus ausgesetzt sind – fast immer Angehörige von ethnischen Minderheiten –, eine eigene Identität abspricht.

Wir alle müssen ganz bewusst an uns selbst arbeiten, um die in unserem Denken verankerten Vorurteile zu demontieren. Wie die amerikanische Bürgerrechtlerin und Feministin Angela Davis einst sagte: »In einer rassistischen Gesellschaft reicht es nicht aus, kein:e Rassist:in zu sein. Man muss Antirassist:in sein.«

Lies Bücher über Rassismus und seine systemischen Auswirkungen, bilde dich weiter zu Themen wie der Geschichte der schwarzen Bevölkerung und anderer Minderheiten in deinem Land. Bringe mehr Diversität in deinen Social-Media-Feed, kaufe bewusst in Läden ein, die von Angehörigen einer Minderheit geführt werden, spende an Wohltätigkeitsorganisationen, die einen wertvollen Beitrag zum Antirassismus leisten, und stelle dich gegen jede Form von Alltagsrassismus, Mikroaggression und rassistisch-hetzerischen Kommentaren im Netz oder IRL (»In Real Life«).

Rücke die Sichtweisen derer in den Mittelpunkt deiner Arbeit, die nicht sind wie du. Aktivismus kann man nicht be-

treiben, ohne People of Color, nichtbinäre Personen oder Angehörige des LGBTQIA+-Spektrums sowie Menschen mit Behinderung mit zu berücksichtigen. Aktivismus muss sich sowohl
Intersektionalität als auch Inklusivität auf die Fahnen schreiben.
Es mag unbequem sein, sich von all dem zu lösen, was du in
der Vergangenheit völlig unkritisch in dein Denken integrieren
konntest, aber es bringt dich wirklich voran. Indem du selbst
dich verpflichtest, diese Veränderungen vorzunehmen und die
antirassistische Arbeit in deine Initiative mit einzubeziehen,
steigerst du die Qualität deines Kampfs.

Mir ist sehr wohl bewusst, dass ich mich in der glücklichen Position befinde, mich für etwas einzusetzen, von dem ich nicht
selbst betroffen bin. Ich bin sehr froh, dass ich Periodenarmut
nicht am eigenen Leib erfahren musste, und trotzdem wusste
ich vom ersten Moment an, dass die Zustände so nicht trag-
bar waren. Für mich hat ein solcher Missstand keinen Platz in
der Gesellschaft, in der ich leben will. Ich möchte in einer Welt
leben, wo das Morgen besser ist als das Heute, wo die Ungerechtigkeiten, mit denen wir uns aktuell konfrontiert sehen, in
Zukunft nur noch in Geschichtsbüchern vorkommen, wo man
marginalisierten Gemeinschaften einen Platz und das ihnen ge-
bührende Mitspracherecht gewährt.

Die Frage, ob es legitim ist, wenn man sich für Missstände
stark macht, die einen selbst nicht unmittelbar betreffen, darf
nicht leichtfertig abgetan werden. Ich habe Aktivist:innen erlebt, die mir feindselig begegneten und mir das Recht abspra-
chen, etwas zu thematisieren, das ich nicht am eigenen Leib erfahren hatte. Sie waren der Ansicht, dass es mir nicht zustehe,

diese Schlacht zu schlagen. Deshalb habe ich es mir von Anfang an zur Aufgabe gemacht, die Geschichten all jener zu erzählen, die aus eigener leidvoller Erfahrung wissen, wie es ist, unter dem Sofa nach verlorenen Münzen zu tasten, um sich davon Tampons zu kaufen, die genau wissen, wie beschämend es ist, verräterische Flecken an der Kleidung zu entdecken, wenn die Binde komplett vollgesogen ist.

Ich kann von Glück sagen, dass ich diese lähmende Angst vor einer solch demütigenden Blamage nie erleben musste. Und trotzdem werde ich dranbleiben und mich weiter um die kümmern, die diese Schmach erdulden müssen, Monat für Monat. Ich nutze meine privilegierte Stellung, um auf dieses Problem aufmerksam zu machen und den Betroffenen Gehör zu verschaffen, wo ich nur kann. Ich habe mich stets darum bemüht, denen, die mir ihr Herz ausgeschüttet und mir ihre persönliche Leidensgeschichte erzählt haben, mit Respekt zu begegnen, weil ich weiß, welch große Überwindung sie das gekostet haben muss. Als Dank sicherte ich ihnen meine volle Unterstützung zu. Die Mehrheit von ihnen hätte sich wohl niemals einem Journalisten oder einer Journalistin anvertraut, so tief sitzt die Scham im Zusammenhang mit Periodenarmut. Ihr Vertrauen in mich rechne ich ihnen allen daher sehr hoch an.

Natürlich hatte ich mit meinen siebzehn Jahren zu Beginn meiner Initiative nicht die leiseste Ahnung, was sich hinter dem Begriff »Inklusivität« verbirgt. Das wurde leider sehr rasch deutlich: Schließlich schloss ich mit meinem Engagement für *Mädchen,* die unter Periodenarmut leiden, eine ohnehin schon stark marginalisierte Gruppe aus. Die Rede ist von Transmännern und -jungen, nichtbinären Personen und gendervarianten Menschen, die zum Teil ebenfalls menstruieren. Nicht jede:r, der oder die regelmäßig blutet, identifiziert sich als Mädchen, und deshalb erreichten mich immer wieder Zuschriften von Transjungen, die sich in meiner Kampagne nicht gesehen fühlten.

Viele von ihnen lebten in Familien, die sich keine Hygieneprodukte leisten konnten – und ich hatte sie in meiner Kampagne einfach vergessen. Ich korrigierte das sofort und sprach nicht mehr von »Mädchen«, sondern von »Kindern und Jugendlichen«, und wann immer ich Interviews gab, machte ich deutlich, dass Menstruation einen größeren Personenkreis betrifft als cisgender Mädchen und Frauen.

Die Transjungen, die sich bei mir gemeldet hatten, erklärten mir, sie sähen sich selbst als Jungen mit Uterus und fühlten sich weiblich, wenn sie menstruierten, und deshalb gleichzeitig schwach und angreifbar.

Das erwischte mich kalt. Ich hatte ja keine Ahnung gehabt. Wenn Schüler:innen sich kostenlose Binden und Tampons bei der Schulschwester abholen mussten, war das nicht die optimale Lösung für Transjungen und nichtbinäre Personen. Auch von ihnen hatten mir viele von der tiefen Scham erzählt, wenn sie gute Freundinnen oder Bekannte um Binden bitten mussten, weil sie kein Geld hatten, um sich selbst welche zu kaufen. Deshalb kam in meinen Augen gar keine andere Lösung infrage, als dass wir dringend *allen* uneingeschränkten Zugriff auf Hygieneprodukte ermöglichen mussten. Ich hatte mit meiner Kampagne für eine bessere Aufklärung rund um das Thema Menstruation und gleiche Bildungschancen für Mädchen geworben und wurde nun eines Besseren belehrt: Auch dieses Thema musste unter dem Aspekt der Inklusivität betrachtet werden. Man musste den Leuten beibringen, dass nicht nur diejenigen, die sich als Mädchen identifizieren, auf Hygieneprodukte angewiesen sind. Auch Transjungen und nichtbinäre Schüler:innen benötigen unsere volle Unterstützung.

Tasha Bishop und ich freundeten uns in der Zeit unmittelbar vor der ersten Free-Periods-Demo an. Tasha ist Gründerin von The Pants Project, einer NGO, die wunderschöne Unterwäsche für einen guten Zweck verkauft. Das Geld fließt in verschiedene tolle Projekte, die sie mit ihrer Arbeit sichtbar macht. Tasha war es, die mich behutsam darauf stieß, dass umgekehrt auch nicht *alle* Frauen zwangsläufig menstruieren. In meinem naiven Versuch, die öffentliche Wahrnehmung der Menstruation zu verändern, damit man sie nicht mehr als peinlich empfand, hatte ich mich in Wort und Schrift ausgiebig darüber ausgelassen, dass *Frauen* endlich lernen müssten, ihre Periode mit Stolz anzunehmen, und ich hatte getönt, dass sie *Frauen* Macht verleihe, als Zeichen ihrer Fähigkeit, neues Leben hervorzubringen. Kurzum: Die Periode sei etwas wahnsinnig Tolles, frau solle dankbar dafür sein. Es wurde generell immer noch viel zu wenig darüber gesprochen, war in den Augen vieler ein Tabu, dabei hatte die Gesellschaft in vielen anderen Bereichen riesige Fortschritte erzielt. Wie oft hatte ich betont, dass die Periode zum Frausein dazugehört.

Was ich nicht ahnen konnte: Tasha leidet am Mayer-Rokitansky-Küster-Hauser-Syndrom (MRKH), was bedeutet, dass sie ohne Uterus zur Welt gekommen ist und deshalb nie menstruieren wird. Diese Erkrankung trifft ungefähr eine von 5.000 Frauen. In unserem Gespräch vertraute sie mir an, dass sie sich als Jugendliche immer wie eine Außenseiterin gefühlt habe, wenn ihre Mitschülerinnen sich auf dem Spielplatz der Schule gegenseitig von ihrer Periode erzählten. Sie erinnerte sich auch, wie sie als Teenager rote Lebensmittelfarbe aus dem Vorratsschrank ihrer Mutter klaute und sich die komplette Flasche in den Slip kippte. Den zeigte sie voller Stolz ihren Freundinnen und gaukelte ihnen vor, sie hätte auch ihre Periode bekommen. So verzweifelt war ihr Wunsch, »normal« zu sein.

Ich fühlte mich als totale Außenseiterin und hasste es mit jeder Faser meines Körpers, versuchte aber zu überleben, indem ich das mit mir allein ausmachte. Ich dachte, wenn ich mich nach außen gebe, als sei alles in bester Ordnung, könnte ich weiter so tun, als würde mich nichts erschüttern, und sagte mir so lange, Konformität sei doch langweilig, bis ich irgendwann selbst daran glaubte. In Wirklichkeit aber wünsche ich mir, ich hätte mir damals eingestanden, wie tief mich die MRKH-Diagnose herunterzog und wie sehr ich daran zerbrach. Das hätte mir das jahrelange stille Leiden erspart. Andererseits ist man im Nachhinein natürlich immer schlauer. Ich denke nicht, dass ich mit sechzehn schon bereit war zu akzeptieren, dass ich niemals Kinder haben werde, dass ich nie meine Tage bekomme, dass ich niemals normalen Sex haben werde, es sei denn, ich lasse mir operativ einen Scheidengang anpassen. Natürlich darf ich mich keinen Illusionen hingeben. Was bringt es, mir zu wünschen, meine Freundinnen von damals wären allesamt ausgebildete Therapeutinnen gewesen und hätten mit viel Verständnis und Hilfsbereitschaft das Chaos meiner geschlechtsidentitätsgestörten, körperdysmorphen Gedankenwelt entwirrt und gemeinsam mit mir den Verlust eines Kindes betrauert, das ich nie haben werde … Denn mal im Ernst, ich hatte zu der Zeit doch selbst keinen Plan, was mit mir los war. Wie sollte das jemand anderes verstehen?

Immer wieder suggerierte mir mein Gehirn, ich müsse einfach ein wenig unkonventioneller sein als andere, um mich interessant zu machen. Seltsamerweise machte mich die selige Unwissenheit der Jugend zum Großteil unempfänglich für den ersten Schock dieser schmerzhaften Diagnose, immerhin war ich mit meinen gerade mal sechzehn Jahren vollauf damit beschäftigt, mir eine Zukunft aufzubauen. In gewisser Weise bin ich sogar dankbar. Hätte es nicht auch schlimmer kommen können? Womöglich haben wir Menschen doch einen viel besseren Überlebensinstinkt, als wir uns selbst zugestehen.

Tasha ist der Ansicht, dass sich inklusive Sprache von allein einstellt, wenn man genau hinhört – und wenn man sich entsprechend informiert. Sie findet, dass wir alle uns viel mehr unserer Verantwortung bewusst sein und als Individuen auf Inklusivität achten müssen, statt uns auf die Unterdrückten zu verlassen, die ihre Probleme bitte schön alleine lösen und die Unterdrücker umerziehen sollen:

In einer idealen Welt wären wir einfühlsame und aufgeklärte Wesen, die nie auf die Idee kämen, jemanden zu marginalisieren. Im Moment aber sind wir von dieser Wunschvorstellung meilenweit entfernt.

Nur ein Beispiel: Zwar scheinen sehr viele Menschen darüber Bescheid zu wissen, dass auch Transmänner menstruieren, aber den wenigsten ist klar, dass es im Gegenzug viele Transfrauen, unfruchtbare Frauen und einige nicht geschlechtskonforme Individuen gibt, die nie ihre Periode bekommen. Ich persönlich glaube, dass all das erst dann als Normalität betrachtet wird, wenn wir in dieser Hinsicht unvoreingenommen denken.

Bei meinen Treffen mit Tasha war ich jedes Mal vollkommen gefesselt von ihrem selbstbewussten Auftreten. Sie weiß genau, wer sie ist und wofür sie steht. Ich wollte von ihr wissen, woher sie dieses Selbstvertrauen nimmt.

Interessant, dass du das fragst, denn meine größte Angst ist, dass ich dem Ganzen nicht gewachsen sein könnte, dass ich das Falsche sage oder für die verkehrte Sache kämpfe, oder dass meine Geschichte niemanden interessiert.

Ich engagiere mich aus sehr persönlichen Gründen für den Feminismus. Um also gute Arbeit zu leisten, musste ich zunächst auf Distanz zu meiner Diagnose gehen (obwohl natürlich mein ganzer Aktivismus komplett auf der Erkrankung aufbaute) und habe lange nicht anerkannt, wie traumatisierend sie letztlich für mich war. Ich denke, es war diese Trennung, die mir nach außen hin den Anschein von Selbstbewusstsein gab, in Wirklichkeit aber war ich voller unterdrückter Wut auf die Welt und meine Mitmenschen, weil sie nicht merkten, wie sehr ich litt ... und dabei hatte ich niemandem gegenüber je ein Wort darüber verloren, niemand wusste, wie tief verletzt und innerlich gebrochen ich war. Ich wollte schlichtweg niemanden damit langweilen. Ständig kreisten meine Gedanken um Fragen wie: *Warum tust du das? Dir hört doch ohnehin niemand zu. Denkst du, es kümmert irgendjemanden?* Aber wie sollte ich aufhören, wo mir der Aktivismus doch quasi das Leben gerettet hat? Es ist für mich die einzige Möglichkeit, über meinen Schmerz zu sprechen.

Du wirst im Aktivismus kaum jemanden finden, der oder die nicht schon Phasen von emotionalem Burn-out erlebt hat. Tasha begriff erst spät, dass die Leute dir durchaus zuhören, solange du das, was du zu sagen hast, authentisch und mit Begeisterung vermittelst. Niemand wird dich für eine:n Langweiler:in halten. Sie hat mir ihr Geheimnis verraten, wie man als Aktivist:in überlebt (wenn auch nicht zwingend klassischen »Erfolg« hat): Nämlich indem du dich von keinem äußeren Urteil beeinflussen lässt und dich nicht dem Zwang unterwirfst, es anderen recht machen zu wollen. Wichtig ist, dass du mit deinem Schmerz in Verbindung bleibst, denn er ist der Treibstoff, der dich für eine Sache brennen und für Veränderung kämpfen lässt.

Wenn du verdrängst, was dich ursprünglich zum Aktivismus getrieben hat – und das ist nun mal in vielen Fällen irgendeine Art von Verletzung –, wirst du nicht weit kommen. Während vom Feminismus alle profitieren, nicht nur Frauen, versucht Tasha es umgekehrt zu sehen: Sie betrachtet ihren Aktivismus als etwas, das *ihr selbst* guttut, nicht nur allen anderen, und das finde ich toll. »Ich denke, jede:r Aktivist:in sollte sich bewusst machen, dass gesunder Egoismus eine Notwendigkeit ist, genau wie ein gutes Einfühlungsvermögen.«

Gespräche mit Leuten wie Tasha verhalfen mir zu der Einsicht, dass ich besser auf die Wahl meiner Worte achten und mir genau überlegen muss, wie ich meine Botschaft formuliere. Auf gar keinen Fall wollte ich irgendeiner gesellschaftlichen Gruppe das Gefühl geben, ich würde sie nicht wahrnehmen oder als nicht wichtig erachten und stattdessen eine andere in den Fokus rücken und nur deren Lage verbessern wollen. Ich musste jede:n Einzelne:n berücksichtigen. Und deshalb stellte die Erkenntnis, dass genau die, die am meisten unter einem System zu leiden haben, in der besten Ausgangslage sind, um Lösungen zu finden, eine Art Wendepunkt während meiner Kampagnenreise dar. Denk also gut nach, ob du bei deinen Überlegungen vielleicht irgendeinen Personenkreis vergessen hast, wenn auch ohne Absicht, und rücke diesen gegebenenfalls ins Zentrum deiner Botschaft.

Ich habe einige Zeit gebraucht, um voll und ganz zu begreifen, was meine privilegierte Stellung eigentlich bedeutet und wie sie sich auf meine Kampagne auswirkt. Wenn du dir genau überlegst, wo deine Privilegien liegen, zwingt dich das automatisch zu sehr aufmerksamem und sensiblem Handeln. Doch mit den Privilegien geht die Verantwortung einher, auf Veränderungen zu pochen, eben weil du es kannst. Viele andere haben nicht die Mittel und Möglichkeiten, sie leben in Ländern oder in Verhältnissen, die es Frauen unmöglich machen, irgendetwas einzufordern, in denen es undenkbar ist, dass junge Menschen sich in soziale oder politische Themen einmischen.

Wenn du für andere sprichst und deren Geschichten erzählst, tu das sehr behutsam und mit viel Feingefühl. Du solltest
dir bewusst machen, dass du zwar für diese Personen eintrittst,
aber nicht für sie sprechen kannst. Sorge dafür, dass in deiner
Community eine Vielzahl verschiedener Stimmen und Erfahrungen vertreten ist, damit kein einseitiges Bild entsteht oder
sich jemand ausgegrenzt fühlt. Schließe möglichst alle mit ein:
Menschen unterschiedlichen Geschlechts, Alters, verschiedener
ethnischer Abstammung, Sexualität, physischer und geistiger
Verfassung, aus unterschiedlichsten Glaubensgemeinschaften
und mit verschiedenster Herkunft. Höre dir an, was sie zu sagen
haben, und ziehe deine Lehren daraus. In den sozialen Netzwerken solltest du Menschen folgen, die völlig anders sind als
du, und sieh dir an, wem sie wiederum folgen. Was auch immer
du tust, ruhe dich nicht auf einem komfortablen Netzwerk von
Leuten aus, die genau deiner Meinung sind und vergleichbare
Geschichten erzählen. Beweg dich raus aus deiner Filterblase:
Gerade mit Andersdenkenden und Menschen mit einem anderen Background solltest du dich am intensivsten befassen. Denn
je inklusiver deine Community, desto vielfältiger und damit
wirkungsvoller wird deine Kampagne sein.

3. KAPITEL

VERSCHAFF DIR GEHÖR

Wenn du dein Thema gefunden hast und weißt, was du ändern möchtest, ist der nächste Schritt, dir zu überlegen, wie du deine Botschaft am besten unter die Leute bringst. Ich persönlich empfand diesen Teil als die größte Herausforderung. Dass ich die Regierung überzeugen musste, an Schulen kostenlose Hygieneprodukte zur Verfügung zu stellen, stand für mich fest, doch gleichzeitig wollte ich die Öffentlichkeit mit ins Boot holen und dafür sorgen, dass die breite Masse meine Initiative gutfhieß. Und nicht zuletzt wollte ich etwas an der gesellschaftlichen Wahrnehmung und der Auseinandersetzung mit dem Thema Menstruation ändern. Ich hatte keinen Schimmer, wie ich meine Kernbotschaft in die Welt hinaustragen sollte, ohne dass sie ungehört verklang. Kurz gesagt: Ich hatte keinerlei Vorstellung, wie und wo ich anfangen sollte.

Eines möchte ich klarstellen: Ich will dich keineswegs dazu animieren, dich auf den Marktplatz zu stellen und deine Ideen hinauszubrüllen, sodass alle dich für verrückt erklären. Ich will auch nicht, dass du dich mit einem Mikro in der Hand vor dem

Eingang deiner Schule postierst und allen von deiner Mission erzählst. Du darfst in dieser Phase ruhig etwas Krach schlagen, aber bitte besonnen und mit viel Taktgefühl. Du bist so weit gekommen, weil du vor Tatendrang fast platzt und voll motiviert bist, etwas zu ändern. Du bist nicht länger gewillt, die Füße still zu halten. Jetzt gilt es, alle Welt auf deine Kampagne aufmerksam zu machen.

Branding:
Eine eigene Marke aufbauen

Als ich den Entschluss fasste, in den Aktivismus zu gehen, hatte ich längst noch nicht alles bis ins letzte Detail durchdacht. Die Petition, die ich starten wollte, brauchte dringend ein Logo oder ein Symbol mit Wiedererkennungswert, um in der Öffentlichkeit maximale Aufmerksamkeit zu erregen. Auch ein Hashtag musste her, den ich überall verwenden konnte, im Titel meiner Petition, bei meinem kompletten E-Mail-Verkehr, für Social-Media-Postings und so weiter.

Innerhalb nur weniger Stunden hatte ich mich für ein Logo und einen Hashtag entschieden. Es macht mich immer noch total glücklich, dass Free Periods es als Marke inzwischen um den ganzen Erdball geschafft hat und die Initiative als Synonym für das globale Problem der Periodenarmut steht. Auch jetzt bringt es mich noch zum Schmunzeln, wenn ich daran denke, wie ich an diesem Aprilabend im Jahr 2017 arglos auf dem Sofa saß und im Internet nach Inspiration für meine Petition suchte, nichts ahnend, was daraus einmal für eine große Bewegung werden würde. Im Januar 2020 erwähnte der Premierminister Free Periods in einer Parlamentsansprache, nachdem er seine Ankündigung gemacht hatte, dass fortan jede:r Schüler:in und jede:r Student:in an jeder Schule und an jeder Universität in ganz England freien Zugriff auf kostenlose Periodenprodukte bekommen soll. Ich muss schmunzeln, weil ich mir beim Namen, beim Logo und beim Hashtag so gut wie keine Mühe machte. Schließlich hatte ich zu dem Zeitpunkt nicht die leiseste Ahnung, wie entscheidend all das für meine Kampagne werden würde.

Du darfst dich vom Design deiner Marke natürlich nicht verrückt machen lassen. Letzten Endes sind es die Kernbotschaft und das Ziel, auf die es ankommt. Außerdem entwickelt sich eine Markenidentität meist von allein, je weiter eine Initiative voranschreitet und dabei auch immer wieder Veränderungen durchmacht. Achte nur darauf, alles möglichst schlicht zu halten, wichtig ist, dass es sich leicht anpassen lässt. Und denk bitte nicht zu krampfhaft darüber nach. Am besten fragst du deine Freund:innen um Rat und bittest sie um Vorschläge, wenn du allein nicht weiterkommst. Vergiss nicht: Dein Engagement, dein Tatendrang und deine Entschlossenheit sind weit wichtiger als ein Hashtag.

Im Folgenden verrate ich dir, was ich beim Aufbau meiner eigenen Kampagne im Detail gelernt habe.

Der Name

Natürlich musst du deiner Initiative nicht zwingend einen Namen verpassen. Ein Hashtag reicht in der Regel aus. Wenn du trotzdem nicht darauf verzichten willst, achte darauf, dass er schlicht, aber eingängig ist. Das klingt banal, aber es ist wirklich wichtig, dass man ihn sich gut merken kann und er deine Botschaft deutlich transportiert.

Anfangs arbeitete ich mit dem Hashtag #FreePeriods, und als sich das Ganze dann zu einer größeren Bewegung auswuchs, verwendete ich nur noch Free Periods als eine Art Markenname. Bei #FreePeriods handelt es sich um ein einfaches Wortspiel, das sehr gut vermittelt, wofür die Kampagne steht. Zum einen funktioniert es in dem Sinn, dass meine Forderung lautete: kosten»freie« Periodenprodukte an allen Schulen, zum anderen spielt es mit der »Freistunde« zwischen den Unterrichtsstunden (im Englischen *free period*). Und zum Dritten greift es auch noch implizit die Scham und das Tabu rund um die Periode auf und bezieht sich auf unseren Plan, das Thema generell von seinem Stigma zu »befreien«.

Vergiss aber in keinem Fall zu überprüfen, ob der von dir gewählte Hashtag unter Umständen schon in Verwendung ist. Sorge dafür, dass die richtigen Personen darauf aufmerksam werden. Zu diesem Zweck kannst du nach ähnlichen Kampagnen Ausschau halten und abklären, ob sie der deinen ähnlich sind oder ob es zumindest gewisse Überschneidungen gibt. Man bekommt bisweilen den Eindruck, als wäre jeder erdenkliche Hashtag schon einmal dagewesen. Aber glaub mir, mit ein wenig Fantasie und Recherche wirst du einen finden, der zu dir passt. Wenn du eine kleine Auswahl beisammenhast, kannst du Freund:innen und Familie fragen, welcher ihr Favorit ist. Ein Hashtag ist der sicherste Weg, dir keinen Tweet und kein Gespräch im Zusammenhang mit deiner Kampagne entgehen zu lassen. Mit seiner Hilfe wirst du immer nachvollziehen können, was die Online-User:innen darüber sagen, kannst Meinungen abschätzen oder direkt mit den Leuten in Kontakt treten, die sich für deine Sache einsetzen.

Wenn du einen Hashtag gewählt hast, solltest du ihn in den Mittelpunkt deiner Kommunikation stellen. Ich selbst habe damals vom ersten Tag an versucht, #FreePeriods in jeden einzelnen Post auf sämtlichen sozialen Plattformen einfließen zu lassen, ihn bei jeder E-Mail und bei jedem Petitionsupdate zu verwenden. So konnte ich immer das komplette Geschehen mitverfolgen. Sobald du losgelegt hast, bittest du deine Freund:innen, von ihren Profilen aus jeweils einen Post zu deiner Kampagne zu verfassen, um den ersten Traffic in Gang zu setzen.

Das Logo

Anfangs hatte ich kein Logo, merkte aber recht schnell, dass ich irgendeine Art von Grafik brauchte, die ich mit meiner Petition verknüpfen konnte. Das Ergebnis war sehr amateurhaft und unausgereift, das gebe ich zu – aber es beweist, dass man kein:e große:r Künstler:in sein muss, um sich etwas einfallen zu lassen, das funktioniert.

Für meine Kampagne wollte ich ein Logo, das vor allem Teenager wie mich anspricht. Also lud ich mir das Foto von einem roten Tablett herunter, das ich in Photoshop auf einer

rot-weiß karierten Tischdecke platzierte. Es sah aus wie ein ty-
pisches Tablett in einer Schulmensa. In der Mitte platzierte ich
den Schriftzug #FreePeriods, und das war's.

Ich war immer eine richtige Niete im Kunstunterricht, für
meine Verhältnisse war es also schon eine Meisterleistung, dass
es ganz okay aussah. Vor einer Weile habe ich mit meinen Freundinnen von der Universität einen Kurs für Aktzeichnen besucht,
in erster Linie, weil sie sehen wollten, ob meine Behauptung, ich
könne keine menschlichen Körper zeichnen, wirklich stimmte.
Gegen Kursende einigte man sich darauf, dass das Aktmodell
auf meinem Bild aussah wie ein Walross. Meine Freundin Meike
hat die Zeichnung an der Wand ihres Zimmers hängen – für
Tage, an denen sie was zu lachen braucht.

Wenn du also wie ich keine kreative Ader hast, ist das
kein Beinbruch. Konzentriere dich auf eine oder zwei knallige
Farben, die auf Anhieb ins Auge springen und von denen du
denkst, dass sie zu deiner Kampagne passen. Ich habe mich aus
offensichtlichen Gründen für Rot entschieden.

Sollte dich mein dilettantischer Logo-Versuch nicht überzeugen, dass du es selbst schaffen kannst, suche dir Hilfe. Vielleicht fällt dir jemand in deinem direkten Umfeld ein, der oder
die künstlerisches Talent besitzt oder sogar wirklich Künstler:in
oder Grafiker:in ist und dir ein schlichtes Design entwickelt.
Oder frag eine geeignete Person, der du in den sozialen Netzwerken folgst. Alternativ kannst du dich natürlich auch an ein
professionelles Design- oder Grafikbüro wenden und sehen, was
man dort für dich tun kann. Im Laufe meiner Kampagne stellte
ich immer wieder fest, wie freundlich und hilfsbereit die Leute
auf einen zugehen, wenn sie merken, dass man gute Absichten

verfolgt. Da draußen gibt es tatsächlich sehr viele Menschen, die bereit sind, ihre Talente für mehr als nur die alltägliche Arbeit einzusetzen. Und vergiss nicht: Es muss nichts wahnsinnig Ausgefallenes sein. Ich würde sogar sagen, dass auch das nicht ganz Perfekte einen gewissen Reiz hat. Hauptsache authentisch!

Finde Unterstützer:innen

Viele von den Veränderungen, die wir mit Free Periods bewirken konnten, rühren daher, dass wir das kollektive Bewusstsein für die Thematik geschärft haben. Und das liegt an den Leuten, die bereit waren, sich meine endlosen Ergüsse über Periodenarmut anzuhören, ebenso wie mein ewiges Herumreiten auf der Frage, warum das Thema uns um Himmels willen immer noch peinlich ist.

Ganz gleich, ob du dir Veränderungen auf der Mikroebene wünschst, in der Schule, am Arbeitsplatz oder in der Nachbarschaft, oder ob du höhere Ziele verfolgst und hoffst, einen politischen oder gesamtgesellschaftlichen Richtungswechsel zu bewirken, eines bleibt dir nicht erspart: Du musst deine Botschaft nach draußen tragen.

Bewusstsein für eine Sache lässt sich auf verschiedene Weise wecken. Die folgenden Methoden und Strategien fand ich am wirksamsten.

Petitionen

Im Jahr 1891 sammelten Suffragetten beeindruckende 30.000 Unterschriften. Es ging um die Einführung des Frauenwahlrechts und war eine der größten bekannten Petitionen des 19. Jahrhunderts. Am Ende war die Liste ganze 260 Meter lang!

Als ich meine Kampagne ins Leben rief, beschloss ich, es zunächst mit einer Petition zu versuchen. In erster Linie tat ich das, weil ich selbst schon unzählige Male welche unterzeichnet hatte. Ich wollte so viele Unterschriften wie möglich sammeln, in der Hoffnung, sie am Ende in der Downing Street Nummer 10 abliefern zu können (knackt man die 100.000er-Grenze, kann das tatsächlich klappen). Doch es ging mir auch darum, die Öffentlichkeit mit dem Problem Periodenarmut zu konfrontieren und meinen Lösungsansatz zu präsentieren. Ich wollte, dass möglichst viele Menschen das mitbekamen.

Die #FreePeriods-Petition entwickelte sich zum tragenden Pfeiler meiner Kampagne. Petitionen sind eine ausgezeichnete Möglichkeit, mit der eigenen Idee an die Öffentlichkeit zu gehen. Mit einer Unterschriftensammlung zeigst du der Welt, dass nicht nur du allein dir eine Veränderung erhoffst, und das ist doch eine sehr überzeugende Botschaft. Man spricht nicht umsonst von der Macht der vielen. Eine erfolgreiche Petition wird dich daran erinnern, dass du eine ganze Armee von Supporter:innen hinter dir hast, die dir den Rücken stärkt, und während du beobachtest, wie die Zahl der Unterzeichner:innen stetig steigt, wird dir klar werden, dass du deinen Kampf nicht alleine ausfechten musst. In schwierigen Zeiten wird dir dieser Gedanke sicher weiterhelfen, und auch die Welt wird sehen,

dass du kein:e verblendete:r Einzelkämpfer:in bist, sondern dass
es um etwas Größeres geht.

Das allein übt bereits erheblichen Druck auf Marken, Unternehmen und sogar Staatsregierungen aus. Maya und Gemma
von Our Streets Now sind da ganz meiner Meinung:

> Eine Petition ist die perfekte Möglichkeit auszutesten, ob
> die Menschen da draußen sich für dein Thema interessieren und ob sie mit dir einer Meinung sind, was die von
> dir geforderten Veränderungen angeht. Unsere Petition
> knackte innerhalb von knapp drei Monaten die Marke
> von 100.000 Unterzeichner:innen. Das war für uns der
> Beweis, dass wir ein Problem ins Licht der Öffentlichkeit
> gerückt hatten, das vielen Menschen am Herzen liegt.
> Offenbar gab es Konsens darüber, dass sich etwas ändern
> muss. Es ist eine wunderbare Art, denjenigen, die diese
> Veränderungen in der Hand haben, zu zeigen, dass man
> viele Unterstützer:innen hat. So zwingt man die Verantwortlichen zum Zuhören.

Doch auch wenn eine Petition ein essenzieller Bestandteil der
Komplettstrategie sein kann, macht sie allein noch keine erfolgreiche Kampagne aus. Du musst dich darüber hinaus noch anderer Mittel und Wege bedienen und ein Gesamtkonzept entwickeln.

Ich weiß noch, wie ich mit vierzehn Jahren die #iamperfect-Petition unterschrieb. Sie war von drei jungen Frauen initiiert
worden und richtete sich an das Wäschelabel Victoria's Secret
mit der Bitte, ihre Werbestrategie zu überdenken. Ausschlag

hatte eine Anzeige gegeben, in der auffallend dürre Models zu sehen waren, kombiniert mit dem Schriftzug: »*The Perfect ›Body‹*« (»Der perfekte Körper«, wobei »Body« auch der Name des beworbenen BHs war). Die Petition forderte die Verantwortlichen auf, diese Anzeige unverzüglich zurückzunehmen. Man verbreite damit ein ungesundes und unrealistisches Körperbild und möge in Zukunft bitte auf ähnlich gesundheitsschädliche Werbekampagnen verzichten. Die Petition erhielt mehr als 32.000 Unterschriften und brachte das Unternehmen zu guter Letzt dazu, zumindest den Werbeslogan abzuändern. Die Botschaft lautete nun: »*A Body for Every Body*« (etwa: »Der passende BH für jeden Körper«). Die ursprünglichen Poster und Anzeigen verschwanden sowohl aus den Läden als auch aus dem Netz und wurden durch neue ersetzt. Ein Erfolg auf ganzer Linie!

Als der Direktor der Bank of England im Jahr 2017 ankündigte, dass mit Auslaufen der alten Fünfpfundnote, auf der Elizabeth Fry abgebildet war, die letzte Frau von den in Umlauf befindlichen Geldscheinen verschwinden würde (ausgenommen natürlich die Queen), war Caroline Criado Perez auf hundertachtzig. Sie drohte damit, den Mann vor Gericht zu bringen, und startete kurzerhand eine Petition. Ihre Botschaft war eindeutig. Im Begleittext zur Petition hieß es:

Das rein männliche Line-up auf unseren britischen Banknoten vermittelt eine gefährliche Botschaft: nämlich dass keine Frau je etwas geleistet hat, das wichtig genug wäre, um auf einem Geldschein abgedruckt zu werden. Welch eine verzerrte Darstellung der Tatsachen. Nicht nur haben sich unzählige Frauen als Leitfiguren in ihren Tätigkeitsbereichen hervorgetan, es ist ihnen noch dazu entgegen aller geschichtlich bedingten Widrigkeiten gelungen. Schließlich hatten wir Frauen lange genug kein öffentliches Mitspracherecht und wurden in den Bereich des Privaten zurückgedrängt. Deshalb ist es umso beeindruckender, wenn sie eben doch einen wichtigen Beitrag leisteten. Und das muss honoriert werden.

Die Petition wurde ganze 35.000 Mal unterzeichnet. 2017 teilte die Bank of England schließlich mit, die neue Zehnpfundnote solle das Porträt von Jane Austen zieren, um den Befürwortern der Kampagne entgegenzukommen. Man verkündete auch, die herkömmlichen Entscheidungsprozesse zu überdenken und bei der Auswahl der historischen Figuren für die Geldscheine auf mehr Inklusivität und Diversität zu achten. Ein weiterer Meilenstein war erreicht!

Caroline aber war das nicht genug. Bei einem Spaziergang durch London mit ihrem Hund hatte sie festgestellt, dass unter den elf Statuen am Parliament Square keine einzige Frau war. Also startete sie die nächste Petition, in der sie forderte, dass man das Standbild einer Suffragette dort aufstellte.

Es sind fraglos einige großartige, ehrenwerte Männer vertreten, darunter Nelson Mandela und Mahatma Gandhi. Diese haben hart für ihre demokratischen Grundrechte und für Menschenrechte gekämpft. Sie verdienen es, dafür honoriert zu werden. Aber wo sind die Frauen, die für *ihre* Rechte gekämpft haben? Wo sind die Frauen, die sich gegen Konventionen und Polizeiknüppel behaupten mussten? Die hinaus auf die Straßen gingen und für ihr demokratisches Mitspracherecht demonstrierten? Die sich mit Gespött, Freiheitsentzug und Gewalt konfrontiert sahen, schlicht aus dem Grund, dass sie der Überzeugung waren, Frauen seien den Männern ebenbürtig?

Sie trieb ihre Kampagne unermüdlich voran, sammelte wie besessen Unterschriften und erhielt schließlich das Go von Londons Bürgermeister Sadiq Khan. Wenn man heute den Parliament Square überquert, sieht man die imposante Statue einer Frau, die ihr Leben lang hartnäckig für das Frauenwahlrecht kämpfte. Millicent Fawcett verdient es, dort zu stehen, und zwar hoch erhobenen Hauptes. Wir stehen alle tief in ihrer Schuld.

Auf dem Sockel der Statue sind die Namen und Porträts von 59 Frauen und Männern verewigt, die ebenfalls am Kampf für das weibliche Stimmrecht beteiligt waren. Millicent Fawcett selbst hält ein Banner in den Händen, auf dem steht: »*Courage calls to courage everywhere*« – Mut bringt neuen Mut hervor. Caroline kommentiert das folgendermaßen: »Man kann eine Gruppe von fast 100.000 Menschen nicht einfach so ignorieren.« Und genau das ist der Punkt. Wenn man derart breiten Rückhalt in der Gesellschaft erfährt, lässt sich eine solche Initiative unmöglich leichtfertig abtun.

Auf ihre Frage hin, warum sie ausgerechnet eine Petition gestartet habe, erklärt Caroline, dass diese Form des Protests für das, was sie erreichen wollte, genau die richtige gewesen sei:

In meiner Kampagne ging es um eine sehr spezifische Forderung, und es gab eine klar definierte Einzelperson, in deren Hand es lag, die entsprechende Entscheidung zu treffen. Ich hatte also eine ganz konkrete Vorstellung, was passieren muss, damit das Ganze zum Erfolg wird. Viele machen den Fehler, dass sie Petitionen grundsätzlich für das einzig richtige Druckmittel halten. Aber das stimmt so leider nicht. Eine Petition ist dann die beste Option, wenn sich genau eine Person bestimmen lässt, die befugt ist, die Entscheidung über die gewünschte Änderung zu treffen. Sind die Forderungen einer Kampagne hingegen eher vage und nicht so eindeutig festzulegen, und gibt es keinen klaren Adressaten für die erhofften Ziele, ist das Vorhaben von vornherein zum Scheitern verurteilt.

Aber nicht nur Petitionen mit Tausenden von Unterschriften können einen politischen Kurswechsel bewirken oder zumindest das Bewusstsein schärfen und die Diskussion in Gang setzen. Es gibt zahlreiche Beispiele für erfolgreiche Initiativen, die nur einige Hundert oder noch weniger Stimmen sammeln konnten. Entscheidend ist, wie lautstark man damit an die Öffentlichkeit geht – aber dazu später mehr (Seite 192).

Bei der Suche nach der richtigen Plattform für das eigene Anliegen hat man die Qual der Wahl: Da draußen im Netz gibt es eine schier schwindelerregende Anzahl von Petitionsseiten. Um herauszufinden, welche am besten zu dir passt, empfiehlt es sich, jede einzelne von ihnen zu besuchen und die Pros und Kontras abzuwägen. Ich selbst habe mich für Change.org entschieden, weil ich regelmäßig E-Mails von dieser Plattform im Posteingang habe, mit denen man mich über den Fortgang von Petitionen auf dem Laufenden hält, die ich unterzeichnet habe, oder in denen man mich auf neue Initiativen hinweist. Diese Online-Plattform hat enorme Zugkraft und eine große Reichweite, hier wurden schon die schlagkräftigsten Kampagnen zum Erfolg geführt. Selbstverständlich gibt es auch noch andere, wie WeAct oder openPetition (sowie epetitionen.bundestag.de speziell für Deutschland). Sieh sie dir alle an und entscheide dann, welche für dich und deine Kampagne deiner Meinung nach die richtige ist.

Ein Schlüsselfaktor, den du unbedingt überprüfen solltest, ist, ob du die Unterzeichner:innen deiner Petition über die Plattform kontaktieren kannst. Diese Funktion ist Gold wert. Selbst wenn du nur 100 Stimmen zusammenbekommst, kannst du diese Leute so nämlich mit regelmäßigen Updates versorgen und sie zu weiteren Aktionen einladen. Ich habe die Mitzeichner:innen meiner Petition regelmäßig über den Stand der Dinge, die neusten Entwicklungen und Medienberichte zur Initiative informiert, weil ich die Fortschritte und kleinen Erfolge mit ihnen teilen wollte.

Eine weitere wichtige Überlegung ist, ob die gewählte Petitionsplattform die Möglichkeit bietet, mit ausgewiesenen Mitarbeiter:innen direkt in Verbindung zu treten. Die bekannteren Plattformen besitzen gerade bei den größeren Medienhäusern erheblichen Einfluss. Sie können zu einem sehr nützlichen Multiplikator werden und deiner Botschaft eine noch viel größere Reichweite verschaffen. Nach dem Start meiner #FreePeriods-Petition meldete ich mich bei Rima Amin, Kampagnenberaterin bei Change.org, mit der Bitte, ob sie vielleicht in meinem Namen eine E-Mail an die vielen Hunderttausende Kontakte in ihrer Datenbank schicken könnte, die ähnliche Petitionen unterzeichnet hatten. Natürlich erhoffte ich mir, dass diese Leute auch meine Petition unterschreiben würden. Mit jeder E-Mail, die von da an rausging, konnte ich zusehen, wie die Zahl der Unterschriften weiter hochschnellte. Denn nun wussten Tausende von Menschen von meiner Kampagne und waren offensichtlich überzeugt genug, um sich die zwei Minuten Zeit zum Unterschreiben zu nehmen.

Es liegt an dir, deine Petition so erfolgreich wie möglich zu machen. Das ist die perfekte Gelegenheit, deine Ziele und Beweggründe überzeugend darzulegen. Konzentriere dich auf maximal fünf Punkte, wenn du die Leute wirklich dazu bewegen willst zu unterzeichnen:

1. Der Titel deiner Petition

Dieser sollte den Leuten ins Auge springen, sobald sie über deine Petition stolpern. Der Titel ist extrem wichtig. Es muss alles drinstecken, und er sollte deine Ziele klar verdeutlichen, also auf den Punkt formuliert und packend zugleich sein. Das mag nach einer echten Herausforderung klingen, aber stell dir einfach vor, du müsstest ein Transparent für eine Demo vorbereiten – etwas, das aus der Masse hervorsticht, aber auch glasklar deine Beweggründe vermittelt. Außerdem solltest du darauf achten, dass sich der Titel gut in den sozialen Netzwerken teilen lässt. Er sollte in keinem Fall zu lang sein. Dazu musst du wissen, dass es zum Beispiel bei Twitter eine Beschränkung auf 280 Zeichen pro Post gibt (bei einem Kommentar mit Repost ist es sogar noch weniger). Fasse dich also möglichst kurz, schließlich soll sich die Schlagzeile leicht kopieren und anderswo wieder einfügen lassen. Und vergiss nicht, den Hashtag, sofern du einen hast, möglichst im Titel unterzubringen, damit du mitverfolgen kannst, was daraus wird.

Rima von Change.org hat mir dazu folgenden Tipp gegeben:

Der Titel einer Petition ist die erste und beste Chance, Interesse zu wecken. Deshalb ist eine knappe, aber eingängige Formulierung umso wichtiger. Wir bei Change. org haben erst kürzlich Petitionstitel analysiert und festgestellt, dass die wirkungsvollsten positive, affirmative und aktive Wörter an erster Stelle stehen haben, so was wie »rettet« oder »schützt«. Damit spricht man die Entscheidungsträger:innen direkt an. Unsere Untersuchung hat außerdem ergeben, dass Petitionen mit einem Hashtag in der Regel die meisten Unterstützer finden.

2. Die Hintergrundstory zu deiner Petition

Hier geht es um die Frage, warum dir ausgerechnet dieses Thema so viel bedeutet. Warum interessiert es dich? Warum jetzt? Warum findest du es so wichtig, dass die Leute davon erfahren? Eine persönliche Geschichte, ganz gleich, ob du direkt betroffen bist oder einfach nur findest, dass sich in einer bestimmten Angelegenheit etwas ändern muss, bewegt die Menschen und dient als unvergleichlicher Motivationsschub. Sei offen und ehrlich. Bring die Leute auf deine Seite, indem du sie mitten ins Herz triffst. Nutze deine Story als Ansporn, und scheue dich nicht, völlig wahrheitsgetreu zu erzählen, welche Gefühle das, wofür oder wogegen du kämpfst, in dir auslöst. Wenn du deine Aussagen noch mit ausreichend Fakten und Statistiken untermauern kannst, macht das deine Geschichte nur umso glaubwürdiger und nachvollziehbarer. Am besten bindest du auch noch eine farbige Grafik oder Bilder als Blickfänger ein. Eine große schwarze oder weiße Fläche wird niemanden lange genug fesseln.

Der allgemeine Ton des Begleittextes sollte möglichst locker und freundschaftlich klingen, nicht zu formell oder gar distanziert. Schließlich willst du, dass der oder die Leser:in sich in dich und dein Anliegen hineinversetzen kann und nachempfindet, was du fühlst.

Vergiss nicht: Die erste Zeile ist ausschlaggebend. An dieser Stelle entscheidet der/die Leser:in, ob er oder sie weiterliest oder nicht. Sie sollte also so knackig und prägnant wie möglich formuliert sein.

Die Begleitstory zu meiner Free-Periods-Petition begann folgendermaßen:

Millionen Mädchen weltweit erhalten nicht die Bildung, die ihnen zusteht. Hier im Vereinigten Königreich hat jedes Kind das Recht, eine Schule zu besuchen, doch eine wachsende Zahl verpasst Monat für Monat mehrere Tage Unterricht, einzig und allein, weil in ihren Familien das Geld für Menstruationsprodukte fehlt. Ich finde, das muss sich dringend ändern. Schließlich habe ich selbst das große Glück, zur Schule gehen zu dürfen. Wir müssen Periodenarmut beenden.

3. Dein Lösungsvorschlag

An dieser Stelle musst du erläutern, wie die erhofften Veränderungen deiner Ansicht nach herbeigeführt werden könnten. Welche Schritte sind nötig, damit sich etwas zum Besseren wendet? Sei klar und präzise in deinen Aussagen, damit du die Leser:innen bei deinen Gedankengängen mitnimmst.

Ich wies in meinem Text explizit darauf hin, dass die Veränderungen von oberster Regierungsstelle kommen mussten, genauer gesagt vom Staatssekretär für Bildungsfragen. Wen willst du mit deiner Kampagne ansprechen? Ist es die Regierung? Ein Unternehmen? Ein bestimmtes Geschäft? Die Lehrer:innen deiner Schule? Falls du später merkst, dass du dich geirrt hast, kannst du deine Angaben nachträglich jederzeit korrigieren. Ich selbst musste die Zielperson meiner Kampagne gleich zwei Mal abändern, weil in der Zeit verschiedene Parlamentsmitglieder das Amt des Bildungssekretärs innehatten!

4. Deine Forderung

Dieser Punkt ist ebenfalls extrem wichtig. Denn auch wenn dein gegenwärtiges Ziel darin besteht, die Leser:innen zum Unterschreiben zu bewegen, sollen sie gleichzeitig darauf vorbereitet werden, dass es damit noch nicht getan ist und weitere Aktionen folgen werden. Der Reiz einer Petition besteht in gewisser Hinsicht darin, dass die Leute da draußen sich eingebunden fühlen und mit ihrer Unterschrift zu einem wesentlichen Teil der Kampagne werden.

Es liegt bestimmt nicht in deinem Interesse, dass Hunderte deine Petition unterschreiben, deine Story lesen und das Ganze am nächsten Tag schon wieder vergessen haben. Lass deine

Unterstützer:innen wissen, dass es sich um eine Bewegung handelt, dass es hier um Veränderungen geht, die nur möglich sind, wenn *alle gesammelt* sich mit ganzer Kraft dafür einsetzen. Eine Petition nimmt oft rasant an Fahrt auf, sobald sie geteilt wird. Also bitte deine Kontakte, den Link zu deiner Petition an jeweils fünf weitere Kontakte zu verschicken, verlinke ihn mit deiner Instagram-Bio und poste ihn auf Twitter. Teile außerdem Links zu interessanten Artikeln, die zum Thema passen, und markiere die wichtigsten Maßnahmen fett, damit sie auf Anhieb ins Auge stechen.

5. Petitionsupdates

Ich habe ja bereits darauf hingewiesen, dass du dir im Idealfall eine Petitionsplattform aussuchst, über die du deine Follower:innen regelmäßig über die Fortschritte auf dem Laufenden halten kannst. Normalerweise funktioniert das so, dass du ein Update postest, über das dann jede:r Unterzeichner:in informiert wird. Ich fand das eine ausgezeichnete Möglichkeit, mit allen in Kontakt zu bleiben, die sich mit ihrer Unterschrift bereits für meine Sache engagiert hatten. So bindest du deine Mitstreiter:innen an dich, bringst sie regelmäßig auf den aktuellen Stand und lässt sie spüren, dass diese Etappenziele nur mit vereinter Kraft möglich waren. Verschicke regelmäßig Infos, aber auch nicht allzu oft (denn wenn man mit zu vielen E-Mails bombardiert wird, wirkt das eher abschreckend!).

Mein erstes Update lautete folgendermaßen: »Wir haben die 500er-Marke geknackt! #FreePeriods!« An diesem Tag war ich in heller Aufregung. Ich erinnere mich noch lebhaft, wie wahnsinnig beflügelnd es war zu wissen, dass 500 Menschen meine

Petition unterschrieben hatten, und dafür wollte ich ihnen unbedingt danken. Ein paar Dinge musst du allerdings berücksichtigen, wenn du ein Update verschickst.

Überleg dir eine gute Titelzeile für dein Update. Sie sollte neugierig machen und möglichst emotional und enthusiastisch formuliert sein. Vergewissere dich, dass deine Nachricht kurz genug ist, um von deinen Supporter:innen in den sozialen Netzwerken geteilt zu werden. Hier ein paar Beispiele aus meiner eigenen Kampagne, damit du eine Vorstellung bekommst, wie so ein Update lauten könnte:

▶ Save the Date!!! #FreePeriods-Protestmarsch am 20. Dezember – #Periodenarmut beenden
▶ BREAKING NEWS – #TamponSteuerFonds soll Periodenarmut beenden!!!! #FreePeriods
▶ Wir brauchen DEINE Unterstützung!! #FreePeriods
▶ Heute ist Weltfrauentag, wir brauchen dringend kostenlose Periodenprodukte! #FreePeriods
▶ Beenden Sie #Periodenarmut, helfen Sie mit Ihrem Budget @PhilipHammondUK!
▶ #FreePeriods reicht Klage ein, für ein Ende der Periodenarmut!! Bitte unterstützt uns!
▶ Über unsere Initiative #FreePeriods für kostenlose Periodenprodukte an Schulen und gegen #Periodenarmut berichtet *The Guardian*
▶ ACHTUNG: Ende der #Periodenarmut MUSS in die Parteiprogramme!! #Wahlen2017 #FreePeriods

Halte dein Update möglichst knapp. Die User:innen sind daran gewöhnt, Inhalte auf die Schnelle zu konsumieren, deshalb ist ein kurzes, knackiges Statement sehr viel wirksamer.

Sprich von »wir« statt von »ich«. Lass deine Unterstützer:innen wissen, dass da draußen eine ganze Armee von Gleichgesinnten für dasselbe Anliegen kämpft.

Gib deinen Updates einen positiven Ton. Es ist zutiefst frustrierend, wenn man gegen Wände anrennt – und glaub mir, genau das wird dir während deiner Kampagne mit Sicherheit öfter passieren. Klar ist dein erster Instinkt in dem Fall, deinen Frust mit deinen Unterstützer:innen zu teilen. Allerdings solltest du sie lieber davon überzeugen, dass sie eine Sache unterstützen, die größtmögliche Erfolgschancen hat. Deshalb überleg dir gut, was du wirklich teilst. Das Beste ist, du lässt in deinen Updates immer eine gute Portion Optimismus anklingen.

Lass deine Unterstützer:innen wissen, wie hart du arbeitest. Deine Mitzeichner:innen sollen ruhig mitkriegen, dass du nach wie vor am Ball bist, also setze sie über alles in Kenntnis, was hinter den Kulissen passiert. Zeig ihnen, dass diese Kampagne tatsächlich im Hier und Jetzt stattfindet, und erinnere sie daran, warum du bereit bist, so viel Zeit und Mühen in dein Ansinnen zu investieren.

Trage deinen Enthusiasmus nach außen. Halte dich nicht zurück! Sag den Leuten, wie viel dir diese Sache bedeutet, und lass sie deine Motivation und deine Entschlossenheit spüren.

Äußere nur eine einzige Bitte. Ein Update ist die perfekte Gelegenheit, um deine Supporter:innen zu weiterem Handeln aufzurufen. Aber beschränke dich auf eine einzige Aufforderung. Diese sollte möglichst einfach umzusetzen sein. Erkläre den Leuten *genau*, was sie tun können. Folgende Aktionen wären denkbar:

▸ Die Aufforderung zum Besuch eines Events, eines Meetings oder einer Kundgebung, die du organisierst.

▸ Die Bitte um das Verschicken einer E-Mail an eine bestimmte Person, um diese zum Handeln aufzufordern.

▸ Die Bitte, einen Tweet an eine bestimmte Person oder Organisation zu adressieren, der oder die eine Veränderung in der Hand hat.

▸ Die Bitte, die neusten Meldungen zu deiner Kampagne zu teilen.

▸ Die Aufforderung an deine Follower:innen, deine Petition jeweils mit fünf Menschen zu teilen – eignet sich gut zum Überbrücken von Durststrecken, wenn es gerade keine anderen Neuigkeiten mitzuteilen gibt.

Achte darauf, dass deine Bitte oder Aufforderung bereits im Titel erkennbar ist, damit deine Supporter:innen sie problemlos in den sozialen Medien teilen können. Vergiss nicht, dass dein Hauptziel darin besteht, eine möglichst große Reichweite zu erzielen und so viele Unterschriften wie möglich zu sammeln. Trotzdem willst du bei den richtigen Leuten den richtigen Ton treffen. Nimm deine Unterstützer:innen mit auf deinem Weg. Du willst schließlich, dass sie sich genug für dich und deine

Initiative interessieren, um auch noch einen Schritt weiter zu gehen.

Ungefähr einen Monat nach dem Start meiner Petition kündigte die Regierung vorgezogene Unterhauswahlen an. Aus meiner Sicht hätte der Zeitpunkt nicht besser sein können, um mich an sämtliche Parteien zu wenden. Ich wollte, dass sie die baldige Beendigung der Periodenarmut in ihre Wahlprogramme aufnahmen. Zu diesem Zweck schickte ich verschiedene E-Mails und Briefe, zum einen an meinen direkten Parlamentsvertreter, zum anderen an jede:n weitere:n Abgeordnete:n, der oder die in der Vergangenheit auch nur ansatzweise Interesse an Themen der Geschlechtergleichheit gezeigt hatte. Allerdings war mir sehr wohl bewusst, dass das letzten Endes nur funktionieren konnte, wenn ich mir die Unterstützung von Hunderttausenden von Wählern holte. Ein Petitionsupdate schien mir die perfekte Möglichkeit, um Druck auf die politischen Parteien auszuüben.

Das Update selbst war sehr knapp gefasst, die Forderung unmissverständlich formuliert: »Schreibt euren Abgeordneten!« Ich erleichterte meinen Follower:innen diesen Aufruf zum Handeln sogar noch zusätzlich, indem ich ein vorformuliertes Anschreiben sowie einen Link auf eine Website mitlieferte, über die man die einzelnen Angeordneten direkt kontaktieren kann. Ein Kinderspiel also. Ich war überwältigt, wie viele Menschen mir Rückmeldung gaben, dass sie es tatsächlich getan und meine Bitte sogar an Freund:innen weitergeleitet hätten. Und meine Aktion zeigte tatsächlich Wirkung: Als die Parteiprogramme zur Wahl herauskamen, stellte sich heraus, dass jede einzelne der großen Parteien (bis auf die Regierungspartei, was mich nicht überraschte) gelobte, die Periodenarmut zu beenden. Das hatte ich all denen zu verdanken, die so tatkräftig mitgeholfen hatten. Folgendermaßen lautete das von mir verschickte Update:

Hallo an jeden Einzelnen von euch 6.212!!

Zunächst ein herzliches Dankeschön an euch alle, dass ihr meine #FreePeriods-Petition unterschrieben habt! Unser nächster Schritt ist es nun, darauf hinzuarbeiten, dass das Thema in die Parteiprogramme aufgenommen wird. Angesichts der bevorstehenden Unterhauswahlen ist jetzt der ideale Zeitpunkt, um an eure Abgeordneten zu schreiben und ihnen klarzumachen, dass dringender Handlungsbedarf besteht.

Es ist höchste Zeit, dass wir Periodenarmut ein für alle Mal den Kampf ansagen!

Um dieses wichtige Thema auf die Parteienagenden zu bringen, möchte ich, dass IHR ALLE an eure Parlamentsvertreter schreibt. Schreibt, bis eure Tastatur raucht! Im Anhang findet ihr eine Briefvorlage. Ihr könnt sie jederzeit benutzen oder abändern, wie ihr wollt.

Es ist ganz einfach, Politiker:innen online eine Nachricht zu schicken! Geht einfach auf www.writetothem.com, dort findet ihr eure:n örtliche:n Abgeordnete:n, Stadtrat, Stadträtin oder Vertreter:in im Europaparlament. Folgt dem Link auf der Website, dort könnt ihr ihnen direkt schreiben. Mit dem Abschicken dieser Nachricht machst du dich zum/zur Held:in!

Wenn wir alle zusammenhelfen, können wir Periodenarmut mit dieser Wahl beenden!

Ich danke euch!

Eure Amika

BRIEFVORLAGE

Sehr geehrte:r _____ ,

Monat für Monat verpassen unzählige Schüler:innen in
diesem Land mehrere Tage den Unterricht, weil sie nicht
das nötige Geld für Periodenprodukte haben. Das hat
Auswirkungen auf ihre Gesundheit, ihre Bildung und damit auch auf ihre weiteren Chancen im Leben.

Ich habe auf Change.org eine Petition mit dem Titel
#FreePeriods unterzeichnet. Diese ruft die Regierung zu
sofortigem Handeln auf und fordert die kostenlose Bereitstellung von Hygieneartikeln an Schulen für alle, die
Anspruch auf eine kostenlose Schulmahlzeit haben. Den
Link zur Petition finden Sie hier: www.change.org/p/the-
resa-may-mp-free-menstrual-products-for-all-children-
on-free-school-meals-freeperiods

Die Regierung muss dieses Thema möglichst schnell angehen. Deshalb fordere ich Ihre Partei dazu auf, es für die
Unterhauswahlen 2017 in das Wahlprogramm mit aufzunehmen. Über diesen Punkt wurde bereits im House of
Lords debattiert, 13 MPs haben einen entsprechenden
Eilantrag unterzeichnet, der fordert, Schüler:innen aus
einkommensschwachen Familien zu unterstützen.

Es ist unsere moralische Pflicht, dass wir das Problem der Periodenarmut schleunigst angehen. Wir müssen diesen Schüler:innen ihre verdiente Würde zurückgeben und es ihnen ermöglichen, ihrer schulischen Ausbildung uneingeschränkt nachzugehen. Nur so entkommen sie dem Teufelskreis von Armut und Entbehrung, jetzt und für die Zukunft.

Nehmen Sie diese Kampagne in Ihr Programm mit auf und setzen Sie damit ein wichtiges Signal in Richtung Fortschritt und Geschlechtergleichheit.

Mit freundlichen Grüßen

_____

Newsletter

Falls du noch keine Petition im Rennen hast, oder dir die Möglichkeit fehlt, deine Unterzeichner:innen zu kontaktieren, könnte ein Newsletter eine gute Alternative sein, um mit deinen Unterstützer:innen in Verbindung zu bleiben und sie über den Verlauf deiner Kampagne auf dem Laufenden zu halten. Es gibt zahlreiche Plattformen, die einfache Lösungswege anbieten, um größere Personengruppen möglichst schnell mit Neuigkeiten zu versorgen, darunter Mailchimp. Aber schau dich ruhig um, es gibt noch viele weitere, die dir vielleicht mehr zusagen. In der Vorbereitungsphase zur Free-Periods-Demo waren Newsletter für mich ein idealer Kommunikationsweg, und in der Zeit unmittelbar vor dem großen Tag feuerte ich Woche für Woche einen neuen raus, um Details über Sprecher:innen und Sponsor:innen bekanntzugeben. Baue unbedingt jedes Mal dein Logo oder ein Bild mit ein, das Wiedererkennungswert für deine Kampagne hat.

Möglicherweise fragst du dich, warum wir die Newsletterinhalte nicht einfach in die Petitionsupdates mit integrierten. Schließlich hatten wir eine wachsende Zahl von Unterstützer:innen, die wir auch darüber direkt hätten erreichen können. Die Frage ist zwar berechtigt, aber überleg dir bitte, ob du selbst es gut fändest, wenn du jede Woche mit Updates überflutet würdest, von jeder Petition, die du je unterzeichnet hast? Für Newsletter muss man sich dagegen in der Regel eigens anmelden. Man stimmt dem Erhalt aktiv zu, deshalb konnten wir uns darauf verlassen, dass wir damit niemandem auf die Nerven gingen. Außerdem hat der oder die Empfänger:in jederzeit die Möglichkeit, sich wieder abzumelden. Vergewissere dich nur, dass du die Abonnent:innen nicht mit zu vielen Informationen überforderst. Konzentriere dich auf ein bis zwei Neuigkeiten zu deiner Kampagne und wende dich auch hier nur mit einer einzigen, einfachen Bitte an sie.

Der schwierigste Teil ist, die Menschen zur Anmeldung für den Newsletter zu animieren, denn niemand ist besonders scharf darauf, noch mehr E-Mails zu erhalten. Anfangs melden sich vielleicht nur deine engste Familie und gute Freund:innen an, aber mit fortschreitendem Erfolg deiner Initiative werden auch noch andere neugierig werden und am Ball bleiben wollen, was in der Sache geschieht. Wenn du dich für eine Angelegenheit auf lokaler Ebene engagierst, könntest du bei einer Schulversammlung eine Liste herumgehen lassen, in die Interessierte sich eintragen, oder du bittest eine:n Lehrer:in, dein Anliegen über einen Newsletter der Schule zu verbreiten. Unterstützer:innen können sich dann anmelden, indem sie dir eine E-Mail zukommen lassen, in der sie dir ihr Einverständnis geben, oder sie tragen sich mit Namen und E-Mail-Adresse in eine Liste ein. Alternativ kannst du die Anmeldung mit Google Docs verlinken und auf diesem Weg verschicken.

Sorg dafür, dass man dich hört

Mit zu den schwierigsten Aspekten einer Kampagne gehört die Frage, wie du die breite Masse mit deinem Gefühl anstecken kannst. Du bist überzeugt, wenn andere von dieser Sache wüssten, wenn sie dieselben Informationen zur Hand hätten wie du, wären sie sofort mit an Bord und würden das Unrecht lautstark anprangern. Du würdest am liebsten alle zu einer riesigen Protestarmee zusammentrommeln. Nun, in gewisser Weise tut so eine Petition genau das. Nur dass du das Netz so weit wie möglich auswerfen musst, damit möglichst viele deine Sache unterstützen und gemeinsam mit dir am Strang ziehen.

Tiara Sahar Ataii ist Gründerin von SolidariTee, der größten von Student:innen geführten Hilfsorganisation im Vereinigten Königreich. Diese Leute bieten Geflüchteten und Asylsuchenden auf internationaler Ebene Hilfe an. Nachdem Tiara zuerst in Calais und dann in Griechenland ehrenamtlich als Übersetzerin und Dolmetscherin für eine NGO, die rechtliche Unterstützung bietet, tätig war, empfand sie es als ihre moralische Pflicht, auch weiterhin für die Rechte jener zu kämpfen, denen sie dabei be-

gegnet war. Als sie wieder an die Universität Cambridge zurück-
kehrte, um ihr Studium fortzusetzen, half sie mit, die Öffentlichkeit für die Notwendigkeit einer langfristigen, nachhaltigen
Hilfsstrategie zu sensibilisieren.

Es war ihr unheimlich wichtig, die Menschen in ihrem unmittelbaren Umfeld auf das Problem, das sie so sehr beschäftig-
te, aufmerksam zu machen, und zwar mit ganz konkreten Maßnahmen.

> Ich wollte nicht einfach nur ganz allgemein meinen Un-
> mut über die Missstände kundtun. In Griechenland hatte
> ich ständig das unterschwellige Gefühl, dass diese Camps
> und die Verzweiflung der Menschen die unmittelbare
> Verkörperung der Fremdenfeindlichkeit waren, mit der
> ganz Europa infiziert ist. Aus diesem Grund wollte ich
> etwas aufbauen, durch das ich das Gespräch darüber in
> Gang bringen konnte und das die Leute zwingen würde,
> ihre Vorurteile auf den Prüfstand zu bringen.

Ihre nächsten Schritte stellten alles auf den Kopf. Sie beschloss,
sich mehr als nur durch den verbalen Austausch für die Sache
einzusetzen – und so kam sie auf die Idee, T-Shirts (in der englischen Langform *tee*shirt, daher der Name Solidary*Tee)* zu verkaufen.

> Pro verkauftem T-Shirt gehen mehr als 7,50 Pfund an ver-
> schiedene kleine NGOs, die sich direkt an Ort und Stelle
> um Geflüchtete kümmern. Normalerweise sponsern wir
> die nachhaltigeren Formen von Hilfsangeboten, wie bei-

spielsweise rechtlichen Beistand, in jüngster Zeit haben wir aber auch Notfallgelder im Rahmen der Coronakrise vergeben. Doch wir sind mehr als nur ein T-Shirt-Vertrieb. Wir sind eine Bewegung: Wenn man auf dem Campus ein SolidariTee trägt, beteiligt man sich an unserem stillen Protest und fügt sich in die internationale Woge von Student:innen ein, die sich für Menschen auf der Flucht engagieren. Das, was man da auf dem Leib trägt, ist gleichzeitig ein Gesprächsanreiz und ermöglicht es dir, aus den üblichen Algorithmen und der eigenen Filterblase auszubrechen.

Im Aktivismus geht es nicht allein darum, für eine gute Sache zu kämpfen. Es geht auch darum, eine Bewegung aufzubauen, die all jene Leute hinter sich vereint, die ebenso engagiert und empört sind wie du. Tiara selbst hat die Reichweite ihrer Botschaft wirksam vergrößert, indem sie sich ein ganzes Netzwerk an leidenschaftlich engagierten Student:innen aufgebaut hat.

Ein zentraler Aspekt von SolidariTee ist die Ausbildung einer Generation von zukünftigen Wortführer:innen und Macher:innen in der Flüchtlingskrise. Außerdem statuieren wir ein Exempel und zeigen, dass wir Student:innen durchaus den Wandel bewirken können, den wir uns so sehr wünschen. SolidariTee ist komplett in studentischer Hand, von den regionalen Vertreter:innen bis hin zum Kuratorium. Wir tragen bislang die Kosten für den gesamten Verwaltungsaufwand von drei NGOs, die Menschen auf der Flucht rechtlichen Beistand leisten und sich für mehr als 100.000 Geflüchtete und Asylbewerber:innen einsetzen. Wenn das kein Beweis dafür ist, dass Student:innen spürbare Veränderungen herbeiführen können, dann weiß ich auch nicht.

Um ehrlich zu sein, hatte ich keinen Plan, was ich da tat, als ich anfing, in Cambridge von meinem Fahrrad herunter T-Shirts zu verkaufen. Aber gerade einmal drei Jahre später sind wir eine eingetragene Hilfsorganisation und haben mehr als 25.000 SolidariTees verkauft, Mittel im Umfang von mehr als 300.000 Pfund in die Flüchtlingshilfe gesteckt und mehr als 1.500 Student:innen motiviert, sich als Ehrenamtliche zu melden. Außerdem haben wir Vertretungen an mehr als 60 Universitäten im gesamten Königreich. Nichts qualifiziert mich für diese Arbeit, ich habe keine entsprechende Ausbildung, und selbstverständlich habe ich nach wie vor riesige Wissenslücken. Aber allein eine Idee und die Entschlossenheit, sie in die Tat umzusetzen, ist manchmal schon die halbe Miete.

Eins lasst euch noch gesagt sein: Habt keine Angst vor Rückschlägen! Wenn ihr mit eurer Initiative nicht den erhofften Erfolg habt, wird euch das, was ihr daraus lernt, als solide Basis für euer nächstes Projekt dienen. Die Studienzeit ist ideal, um Pläne zu schmieden, das eigene Netzwerk auszubauen und sich zu überlegen, wie man zu einer besseren Zukunft beitragen könnte.

Am besten beginnst du damit, dir eine Liste mit Kontaktpersonen anzulegen, die dir helfen könnten, auf dein Anliegen aufmerksam zu machen und weitere Unterstützer:innen mit ins Boot zu holen.

So gewinnt deine Kampagne erheblich an Breitenwirkung. Ich selbst habe ein Google Doc erzeugt, eine Tabelle, die die Namen von Journalist:innen und die Zeitungen, Magazine und Online-Plattformen umfasste, für die sie schrieben. Vergiss nicht: Es geht hier darum, etwas aufzubauen und nach und nach zu erweitern, deshalb ist es nicht schlimm, wenn du jemanden vergisst. Es ist ein Anfang. Mit der Zeit wirst du hier die Namen und Kontaktdaten von all deinen Unterstützer:innen ergänzen.

Um deiner Kampagne zu mehr Bekanntheit zu verhelfen, braucht es jede Menge Blut, Schweiß und Tränen. Ich will nicht behaupten, dass es leicht wäre oder im Handumdrehen passieren würde. Nein, es ist richtig harte Arbeit, und nicht selten hat man das Gefühl, einen wirklich undankbaren Job zu machen. Auch ich hatte Tage, da kam ich von der Schule nach Hause und verbrachte viele Stunden damit, E-Mails an verschiedene Personen von meiner Liste zu schreiben, bevor ich mich endlich an meine Hausaufgaben setzte. Anfangs war ich natürlich voller Hoffnung und überzeugt, auf alle meine Nachrichten eine Antwort zu erhalten. Ich konnte einfach nicht nachvollziehen, wie jemand nicht reagieren sollte, wenn sich der/die Absender:in einer Mail doch so offensichtlich richtig große Mühe gemacht hat und letztlich nur um einen kleinen Beitrag bittet, weil er oder sie etwas zum Besseren verändern möchte. Wie sehr ich mich täuschte! Nach einigen Wochen musste ich einsehen, dass von zehn E-Mails, die ich rausschickte, höchstens ein bis zwei beantwortet wurden – wenn ich Glück hatte! Manchmal kam auch gar keine Rückmeldung. Das war extrem zermürbend.

Niemand hat heute mehr Zeit für irgendwas. Alle sind damit beschäftigt, nicht den Überblick zu verlieren und mit der wachsenden Flut an E-Mails und den Punkten auf der To-do-Liste klarzukommen. Wenn jemand also nicht antwortet, sollst du dir das nicht allzu sehr zu Herzen nehmen. Es liegt nicht daran, dass sie deine Sache und deinen Einsatz nicht zu schätzen wüssten. Sie haben nur einfach wahnsinnig viel zu tun. Bei sehr gefragten Menschen dauert es oft mehrere Wochen, bis sie es schaffen, Nachrichten von Leuten zu beantworten, die nicht zu ihrem unmittelbaren beruflichen Netzwerk, zum engeren Freundeskreis oder zur Familie gehören. Ich fand es extrem deprimierend, wenn ich mir überlegte, wie leicht es diesen Menschen fiel, mich zu ignorieren. Aber ich war erst siebzehn und wusste zu dem Zeitpunkt noch nichts von den Herausforderungen, vor die Arbeit, Familie und das Leben an sich eine:n berufstätige:n Erwachsene:n stellen. Deshalb habe ich einige Tipps für dich:

▶ Lass dich von Rückschlägen *bloß nicht* unterkriegen. Bleib immer positiv, optimistisch und gib die Hoffnung nicht auf. Wenn der Zeitpunkt gekommen ist, wirst du die richtigen Leute treffen, versprochen. Sei hartnäckig, aber auch geduldig – und was immer du tust, verliere das eigentliche Ziel deiner Mission, nämlich die Menschen für dein Thema zu sensibilisieren, nicht aus den Augen. Für Veränderungen zum Besseren gibt es in den seltensten Fällen eine Schnelllösung, so was passiert nicht über Nacht.

▶ Lass deinen E-Mails einen Telefonanruf folgen, wann immer es dir möglich ist. Ich weiß, dass das wahnsinnig unangenehm sein kann. Schließlich greift niemand gern zum Hörer und ruft unangekündigt jemanden an, den oder die er noch nie getroffen hat. Zumal man doch viel schneller eine E-Mail rausjagen könnte, die im nächsten Moment bei dieser Person im Posteingang landet. Trotzdem versuche ich in der Regel einige Zeit nach dem Verschicken einer E-Mail anzurufen und nachzufragen, sofern ich im Netz eine Nummer finde. Mit der Zeit stellte ich nämlich fest, dass so ein Anruf tatsächlich viel bringt.

► Es mag dir ein wenig altmodisch vorkommen, aber beim persönlichen Austausch ist die Chance, dass du den oder die Gesprächspartner:in überzeugst, viel größer, weil du deine Gefühle besser in den Vordergrund stellen kannst und dadurch als Mensch greifbarer wirst. Selbstverständlich sind die meisten Leute wahnsinnig beschäftigt und ertrinken in Arbeit. Wenn man aber einen echten Menschen in der Leitung hat, stellt man automatisch einen persönlicheren Bezug her. Und das ist unheimlich viel wert. Die Wahrscheinlichkeit, dass der andere dann doch etwas für dich tut, ist ungleich höher.

Fang bei deinen engsten Kontakten an

Welches Ziel du auch verfolgen magst, hol dir als Erstes die Unterstützung von denen, die dir am nächsten stehen. Stell dir Wellen vor, die sich direkt um dich herum kräuseln. Und während sich die Woge ausbreitet, zieht sie immer weitere Kreise. Nach dem Auftakt meiner #FreePeriods-Petition bat ich alle meine Freund:innen und Verwandten, sie zu unterzeichnen und den Link an alle *ihre* Freund:innen und Bekannten weiterzuleiten. Das war meine einzige Bitte: dass jeder die Petition weiterleitete und seine Kontakte aufforderte, das ebenfalls zu tun.

Mein Bruder sah mich im ersten Moment an, als hätte ich von ihm verlangt, sich die Kleider vom Leib zu reißen und nackt durch die Straßen zu rennen. Vermutlich hätte er das sogar lieber getan, als meine Petition mit seinen Kumpels zu teilen. Für ihn war es undenkbar, dass er bei irgendetwas mitmischte, das mit einem Thema wie der Menstruation zu tun hatte. Es kostete mich einige Wochen harte Überzeugungsarbeit, bis ich ihn schließlich doch so weit hatte. Seltsamerweise schien es, als fänden seine Freunde die Aktion (zumindest insgeheim) ziemlich cool.

Ich sah zu, wie die Zahl der Unterschriften sich langsam, aber stetig erhöhte. Es war ein tolles Gefühl, dass es tatsächlich Leute gab, die mich und mein Anliegen unterstützten. In den ersten Tagen schickte ich den Link an alle, von denen ich entweder eine Mobilfunknummer oder eine Mailadresse besaß. Ich verfasste zu jeder Nachricht einen persönlichen Text, damit es nicht zu serienmäßig klang und deshalb unterging, und bat jede:n Einzelne:n um seine oder ihre Unterschrift. Ich wies darauf hin, dass es kaum Zeit in Anspruch nehmen würde und in wenigen Schritten erledigt wäre (in der Regel dauert es weniger als zwei Minuten, um so eine Online-Petition zu unterzeichnen). Außerdem überzeugte ich meine Eltern und meinen kompletten Verwandtenkreis, den Link an alle ihre Kontakte inklusive WhatsApp-Gruppen zu verschicken und auch an betriebsinternen elektronischen Pinnwänden oder im Intranet des jeweiligen Arbeitgebers zu veröffentlichen.

Ich scheute keine Mühen und ging vermutlich allen tierisch auf die Nerven, aber ich wusste, dass ich möglichst weit gestreutes Interesse an der Kampagne wecken musste. Nur so konnte ich sichergehen, dass ich eine große Reichweite erzielte, denn jede:r hatte wieder andere Kontakte und Beziehungen. Einer deiner Erstkontakte könnte jemanden kennen, der wiederum erheblichen Einfluss auf deine Initiative hat, jemanden, der oder die dich ein ganzes Stück nach vorne bringt oder einen entscheidenden Einfall oder Lösungsvorschlag beiträgt.

Ich habe mich auch an die Verantwortlichen an meiner Schule gewandt, mit der Bitte, eine Mail mit einer von mir vorbereiteten Nachricht an alle Eltern weiterzuleiten. Nutze jeden Kontakt, jede Gruppenzugehörigkeit, und verliere nicht die Geduld. Es dauert ein Weilchen, bis die Welle sich so weit ausgebreitet hat, dass du den Effekt spürst.

Mach deine Kampagne regional bekannt

Es ist völlig einerlei, ob du Unterstützer für eine lokale Kampagne suchst oder dich auf nationaler oder sogar internationaler Ebene im Aktivismus betätigen willst: Du brauchst Mitstreiter:innen aus deinem engeren Umfeld.

Ich habe mir für meine Initiative als Erstes die Schulen in der näheren Umgebung vorgenommen, habe mich an die Leiter:innen verschiedener Bildungsanstalten und Colleges gewandt, mit der Bitte, meine Petition zu unterzeichnen und das Thema Periodenarmut in ihren Einrichtungen ins Gespräch zu bringen. Mein Ziel war es, den damit verbundenen Teufelskreis aus Scham und Schweigen zu durchbrechen. Ich wies außerdem darauf hin, dass die Sache genauso gut für *ihre* Schüler:innen relevant sein könnte, dass es sozusagen direkt vor ihrer Nase passierte. Und ich bat darum, Schüler:innen dazu zu ermuntern, Binden und Tampons an die Tafeln zu spenden und in den Pausen Aufklärungskampagnen zu veranstalten.

Für den Anfang erstellte ich eine Liste mit allen Schulen, insbesondere Mädchenschulen, in meiner näheren Umgebung, weil ich wusste, dass mich Schüler:innen aus einer benachbarten Einrichtung am ehesten unterstützen würden. Mein nächster Schritt war, die Gegenden mit dem höchsten Armutsanteil herauszufinden und die Schulen aus diesen Vierteln aufzulisten. Wenn du wie ich eine Petition angestoßen hast, sind E-Mails das effektivste Mittel, weil du darin den Link zur Petitionsseite anhängen kannst. Deine Adressat:innen können dann mit wenigen Klicks unterzeichnen. Bei einer Einrichtung wie einer Schule hat ein Brief vermutlich mehr Gewicht, aber das Problem dabei ist, dass man die Empfänger:innen zwar mit dem Thema konfrontiert, sie aber aktiv auf die Petitionsseite gehen müssen. Ganz gleich, in welcher Form du kommunizierst: Behalte immer im Hinterkopf, dass du es den Angesprochenen möglichst leicht machen musst, sich die nötigen Informationen zu holen.

Möglicherweise hat dein Thema nichts mit der Schule zu tun. In dem Fall überleg dir, bei welcher Zielgruppe deine Kampagne den größten Einfluss haben könnte bzw. wer am meisten von ihrem Erfolg profitiert. Diese Gruppe musst du als Initiator:in einer Petition auf deine Seite bringen. Vielleicht gehst du die an anderer Stelle bereits besprochenen Punkte noch einmal durch: Wer hat es in der Hand, deiner Kampagne zum Erfolg zu verhelfen und die gewünschten Veränderungen zu bewirken (siehe Kapitel 1, Seite 82)? Weil die diversen Zielgruppen von Free Periods sich allesamt im Umfeld des Bildungs- und Gesundheitssektors befanden und die Initiative auch all jene interessieren musste, denen Geschlechtergleichheit ein Anliegen ist, habe ich die folgende Auflistung erarbeitet (man beachte, dass die Bereiche sich an einigen Stellen überschneiden!):

Bildung:
▶ *Schulen, Akademien und Universitäten*
▶ *Jugendgruppen*
    ▶ Sportvereine
    ▶ Gemeindebüchereien
    ▶ Wohltätigkeitsvereine, die sich für die Bildung junger Menschen einsetzen
    ▶ Mentorenprogramme, die junge Menschen auf das Berufsleben vorbereiten

Gesundheit:
▶ Wohltätigkeitsvereine mit Schwerpunkt psychische Gesundheit
▶ Drogeninformationszentren, die sich vor allem an junge Menschen richten
▶ Jugendobdachlosenzentren
▶ Allgemeinarztpraxen
▶ Gesundheitsämter
▶ Krankenhäuser

Geschlechtergleichheit:
▶ feministische Gruppierungen
▶ Flüchtlingseinrichtungen speziell für Frauen

Gut möglich, dass dein Thema weniger bereichsübergreifend ist als meines. Aber sicherlich gibt es auch in deiner Gegend Gruppen, mit denen du in Kontakt treten kannst und die bereit sind, deiner Kampagne mit vollem Einsatz zum Erfolg zu verhelfen. Wenn du zum Beispiel Hundebesitzer:innen dazu bringen willst, die Hinterlassenschaften ihrer Haustiere aufzusammeln, könntest du dich an Hundesitter:innen wenden, die eine E-Mail mit aussagekräftigen Bildern an Hundehalter:innen weiterleiten. Oder wende dich an Tierärzt:innen, damit diese Flyer in ihren Wartezimmern auslegen.

Du wirst dich dahinterklemmen und intensive Recherchen anstellen müssen, aber wenn du erst einmal die wichtigste Interessentengruppe ausgemacht hast, kannst du anfangen, die Reichweite deiner Initiative über deine persönlichen Kontakte und deren Kontakte hinaus zu vergrößern. Bitte nun die von dir bestimmte Gruppe darum, deine Kampagne in einem Newsletter zu erwähnen und auch an andere Gruppen, mit denen sie Verbindungen pflegen, weiterzuleiten.

Erkundige dich per E-Mail oder bei einem Anruf, ob man dir vielleicht noch andere Interessensgruppen oder Organisationen nennen kann, die dir möglicherweise ihre Unterstützung anbieten könnten. Ich habe auf diese Weise einige sehr wichtige Kontakte geknüpft.

Kontaktiere die lokalen
Entscheidungsträger:innen

Je nachdem, wo du wohnst, werden andere Personen für bestimmte Entscheidungen verantwortlich sein. Du solltest in jedem Fall versuchen, sie auf deine Seite zu bringen, damit sie für deine Sache eintreten. Selbst wenn du ein Problem auf nationaler Ebene in Angriff nehmen möchtest, solltest du dir dringend Unterstützer:innen in deinem direkten Lebensumfeld suchen.

Sollte sich deine Initiative auf einen lokalen Missstand beziehen, wirst du dir ohnehin gleich zu Beginn eine Unterstützerbasis vor Ort suchen müssen. Da die Verantwortlichkeiten fast überall anders organisiert sind, solltest du zunächst in Erfahrung bringen, wie das in deiner Gemeinde geregelt ist. Hier im Vereinigten Königreich kann man sich direkt auf der Website der Regierung informieren, dort sind die Kontaktdaten sämtlicher Gemeinderäte und Parlamentsmitglieder aufgelistet. In Deutschland findet man alle Wahlkreisabgeordneten auf www.bundestag.de. Ich wünschte, ich könnte konkreter werden und dir genau sagen, wen du kontaktieren sollst, aber es ist wirklich in jedem Land, in jedem Regierungsbezirk, in jeder Gemeinde anders organisiert. Versuche einfach dein Glück über eine Suchmaschine!

Wichtig ist, dass du gut recherchierst und dir am besten eine:n ältere:n Verbündete:n in der Politik suchst, der oder die dir helfen kann, Veränderungen in die Wege zu leiten. Denk daran, diese Leute werden gewählt, um *dich* zu vertreten – hab also keine Scheu, sie zu kontaktieren. Es ist ihr Job, Veränderungen entsprechend der Wünsche ihrer Wähler:innen vorzunehmen, wenn es die Mehrheit so will.

Ich habe meinen lokalen Parlamentsabgeordneten schon sehr früh kontaktiert und ihm im Laufe meiner Kampagne mindestens noch zehn weitere Male geschrieben. Leider habe ich nur ein einziges Mal tatsächlich eine Antwort erhalten, und das auch nur, weil ich ein Wort erwähnt hatte, das kein:e Politiker:in gerne hört: Protestmarsch. Ich hatte es in riesigen, fetten Buchstaben in meine Mail geschrieben. Unmittelbar vor der Demo wurde in den Medien deutlich mehr über die Initiative berichtet, deshalb, schätze ich, wuchs bei ihm die Nervosität. Sicher hatte er davon gelesen, dass ein Teeniemädchen ausgerechnet in seinem Wahlkreis für Furore sorgte. In seinem Antwortschreiben wiederholte er allerdings nur Wort für Wort die offizielle Verlautbarung seiner Partei zu dem Thema: »Die Schulen erhalten ein Budget und können selbst entscheiden, was sie damit anfangen.« Wie eine Schallplatte mit Sprung.

Ich fand seine Antwort schlichtweg frustrierend, deshalb beschloss ich, mich nicht damit zufriedenzugeben. Ich kontaktierte sämtliche Entscheidungsträger:innen, die ich irgendwie erreichen konnte. Ich verschickte unzählige E-Mails und rief Leute an, wenn ich Telefonnummern fand.

Eine E-Mail schrieb ich an meinen örtlichen Gemeinderat und ehemaligen Parlamentsabgeordneten Andrew Dismore und bat ihn um Unterstützung bei meiner Kampagne. Er meldete sich überraschend schnell und war auch sofort sehr angetan von meinem Vorhaben. Unverzüglich schickte er eine E-Mail an Sarah Champion, zu dem Zeitpunkt Frauen- und Gleichstellungsministerin der Opposition im Schattenkabinett, und bat sie ebenfalls um ihre Unterstützung. Und sie gab tatsächlich eine Pressemitteilung an die örtlichen und regionalen Medien heraus. Seine Bemühungen und Ratschläge waren für mich also von unschätzbarem Wert.

Auf lokaler Ebene kann man einer Kampagne sehr wirkungsvoll zu mehr Bekanntheit verhelfen, indem man sich an die Herausgeber:innen verschiedener Veröffentlichungen wendet, die auf dem Postweg verbreitet werden, also örtliche Anzeiger, Infomagazine und Gemeindeflugblätter. Richte deine Anfrage am besten direkt an sie und erkundige dich, ob man bereit wäre, etwas über deine Kampagne zu schreiben. Ich habe es innerhalb des ersten Monats nach Start der Petition geschafft, dass gleich zwei Mal über Free Periods berichtet wurde (dafür hatte ich einen kurzen Absatz vorbereitet).

Einer der ersten Artikel über Free Periods erschien in einer kleinen Lokalzeitung. Dort ist man immer auf der Suche nach außergewöhnlichen Geschichten über Leute aus der Gegend, die etwas für das Gemeinwohl tun, also ruf einfach an und stelle dein Projekt kurz vor. Ich bin immer noch überrascht, wie viele mir nach wie vor erzählen, sie hätten das erste Mal in ihrer Gemeindezeitung von Free Periods gelesen!

Ähnlich verhält es sich mit den Lokalradiosendern. Ruf bei einem örtlichen Studio an und erzähle von deiner Aktion. Genau wie die kleinen Zeitungen sind sie immer auf der Suche nach Lokalheld:innen wie dir und froh, wenn sie über ganz normale Bürger:innen berichten können, die Großartiges leisten.

Wenn du noch zur Schule gehst, solltest du das unbedingt erwähnen. Schließlich ist das ein sehr interessantes Detail, deine Story gewinnt dadurch an Relevanz und sticht aus der Masse heraus. Ein nicht unwesentlicher Vorteil der lokalen Medien ist, dass sie nicht selten mit den größeren nationalen oder sogar internationalen Medienhäusern in Verbindung stehen. Die BBC beispielsweise betreibt einige lokale Radiostationen, deshalb stehen die Chancen gut, dass man später sogar von einem landesweiten Radiosender eingeladen wird, wenn die Story gut funktioniert. Ich erhalte nach wie vor Anrufe von nationalen Radiostationen, die auf irgendwelche Interviews Bezug nehmen, die ich 2017 gleich zu Beginn meiner Petition einigen kleineren Sendern gegeben habe. (Mehr Tipps zum Thema *Radio* findest du auf Seite 268.)

Wende dich an überregionale Organisationen

Sobald du bereit bist, noch eine Schippe draufzulegen und deine Reichweite weiter zu erhöhen, wendest du das, was du auf lokaler Ebene bereits getan hast, auf einen größeren Rahmen an. Das mag ehrgeizig erscheinen, aber im Grunde läuft alles wie gehabt. Ich selbst nahm mir für diesen Schritt noch einmal die drei Themenbereiche vor, die meine Kampagne betreffen, und überlegte mir, wer mir auf nationaler Ebene weiterhelfen könnte. Folgendermaßen sah die Liste bei mir aus:

Bildung:
► Lehrerverbände
► Bildungszeitschriften
► Student:innenvereinigungen an Universitäten

Gesundheit:
► Betreiber von Krankenhäusern
► Sportverbände

► Apothekenverbände
► Unternehmen, die Binden und Tampons herstellen

Geschlechtergleichheit:
► Fawcett Society (Frauenrechtsverband)
► National Alliance of Women's Organisations (NAWO)
► Justice for Women
► Young Women's Trust

Ich ging vor wie gehabt, schrieb eine E-Mail nach der anderen und telefonierte anschließend noch hinterher, wenn es mir möglich war. Meine Bitte lautete immer gleich:

> Wir müssen etwas gegen Periodenarmut unternehmen, es muss oberste Priorität haben, also bitte unterzeichnen Sie, teilen Sie die Petition und helfen Sie mit, die Leute darauf aufmerksam zu machen.

Wie schon zuvor wurde der Großteil meiner Mails ignoriert, bis ich schließlich doch zum Hörer griff und mich persönlich mit den Adressat:innen in Verbindung setzte. Und hat man erst einen solchen persönlichen Kontakt hergestellt, kann man diesen gut nutzen und auf weitere Empfehlungen hoffen.

Kurz nach Start meiner Petition wurde von einem Vorfall berichtet: Ein paar beherzte Kinder hatten in ihrer Verzweiflung die Schulschwester aufgesucht, weil sie sich keine Binden oder Tampons kaufen konnten. Und das war keineswegs ein Einzelfall. Tatsächlich war bereits mehreren Schulschwestern aufgefallen, dass sich immer mehr Schüler:innen an sie wandten, weil sie nicht das nötige Geld für Hygieneartikel hatten. Aus diesem Grund hatten sie sich an die Rektor:innen ihrer Schulen gewandt und auf dieses Problem aufmerksam gemacht. Meiner üblichen Taktik folgend, alles und jeden zu kontaktieren, der oder die auch nur annähernd ein Interesse an meinem Anliegen haben könnte, wandte ich mich an das Infomagazin, das regelmäßig an Schulschwestern im ganzen Land verschickt wird. Auf dieses stieß ich rein zufällig bei Recherchen, weil ich wissen wollte, ob es eine Art Dachverband oder eine Vereinigung für diese Berufsgruppe gibt.

Ich schickte eine E-Mail an die Redaktion, fügte Informationen zu meiner Kampagne bei und erkundigte mich, ob man sich vorstellen könne, darüber zu berichten. Und tatsächlich, man erklärte sich zu einem Artikel bereit, durch den die Petition schon in einem sehr frühen Stadium einen ziemlichen Schub erlebte. Schließlich konnte ich davon ausgehen, dass diejenigen, die das Problem im Alltag aus nächster Nähe mitbekamen, der Kampagne auf jeden Fall sehr wohlwollend gegenüberstehen würden.

Das Gleiche versuchte ich im Bereich des Lehrpersonals. Hier wandte ich mich an den nationalen Lehrer:innenverband (National Union of Teachers) und an andere Lehrer:innenvereinigungen. Auch das brachte mich ein gutes Stück voran. Einer der größten Lehrer:innenverbände des Landes verfasste sogar einen Artikel über Periodenarmut und bat alle seine Mitglieder, die #FreePeriods-Petition zu unterzeichnen.

Medienunterstützung und Presse

Sobald du die offensichtlichsten Bereiche abgearbeitet hast, kannst du ein Stück weiterdenken. Warum nicht gleich aufs Ganze gehen? Häng deine Sache richtig an die große Glocke!

Überleg dir, was es jenseits der bekannten Gruppen, Veröffentlichungen und Organisationen, an die du bereits herangetreten bist, noch gibt, und mach dir eine Liste mit sämtlichen Organisationen, Journalist:innen, Politiker:innen, Wohltätigkeitsverbänden, NGOs, Magazinen und Zeitungen, die deiner Arbeit zu noch mehr Bekanntheit verhelfen könnten. Es spielt keine Rolle, wenn du lediglich auf lokaler Ebene agierst; auch dann ist es sicherlich kein Fehler, dein Anliegen so vielen Leuten wie möglich mitzuteilen. So stehen die Entscheidungsträger:innen umso stärker unter Druck.

Erwarte bitte nicht, dass die Medien sich ganz von allein auf deine Story stürzen (es sei denn, du hattest schon anderweitig hervorragende Publicity). Es liegt an dir, auf sie zuzugehen. Ich weiß, das ist leichter gesagt als getan. Gerade im Anfangsstadium, wenn man noch keine Prominenten als Unterstützer:innen oder Berichte in den einschlägigen Massenmedien vorzuweisen hat, ist man eben nur ein:e Aktivist:in unter vielen, der oder die seine oder ihre Initiative ins Licht der Öffentlichkeit bringen will. Trotzdem darfst du nicht vergessen, dass du eine wichtige Mission verfolgst. Du tust das alles, weil du etwas verändern willst, und opferst dafür deine Zeit und deine ganze Energie. Und zwar aus dem nicht unerheblichen Grund, dass dir etwas an der Welt und deinen Mitmenschen liegt. Es geht hier nicht um Werbung in eigener Sache, schließlich hast du nicht vor, berühmt zu werden. Führe dir regelmäßig dein Ziel vor Augen, das gibt dir neuen Mut und frischen Kampfgeist.

Sophie Cowling ist stellvertretende Direktorin bei Freuds, einer PR- und Kommunikationsagentur, die in der Branche als revolutionär gilt. Das Unternehmen kann eine lange Erfolgsgeschichte auf dem Gebiet Purpose-led-Projects (also Projekte, bei denen es nicht vorrangig ums Geldverdienen, sondern um Gemeinnützigkeit geht) vorweisen. Ein Beispiel ist der Launch der Global Goals der UN im Jahr 2015 und die damit verbundene Infokampagne Project Everyone sowie andere bedeutsame Initiativen wie Comic Relief und Live 8. Außerdem besteht eine Kooperation mit dem Bürgermeister von London. Sophie hat tolle Tipps für alle, die gerade dabei sind, zum ersten Mal eine Petition oder Ähnliches zu starten, und nicht wissen, wie sie die Aufmerksamkeit der Medien und weitere Publicity erhalten:

► Halte deine Botschaft möglichst knapp und verständlich. Auch wenn die Zusammenhänge zunächst komplexer erscheinen mögen, lautet das oberste Gebot: Bring das Problem auf den Punkt. Am besten findet man ein Schlagwort oder eine kurze Formulierung wie »Periodenarmut«. Auch das Ziel deiner Kampagne sollte klar werden. Willst du nur auf das Problem aufmerksam machen oder hast du darüber hinaus bereits konkrete Lösungsvorschläge?

► Nutze deine persönlichen Erfahrungen oder Erkenntnisse und stelle deinen Bezug zum Thema heraus. *Du machst den Unterschied* zwischen deiner Initiative und allen anderen. Also erkläre, warum ausgerechnet *du* diesen Missstand bekämpfen willst. Bist du persönlich betroffen? Hast du unmittelbar miterlebt, wie jemandem Unrecht widerfahren ist oder jemand ungerecht behandelt wurde, und fühlst dich zum Handeln verpflichtet? Mit solchen Geschichten weckt man das Interesse der Medien. Lies möglichst viele Meinungsbeiträge in den großen Zeitungen, um ein Gespür dafür zu bekommen, wie man eine solide Argumentationskette um den eigenen Standpunkt herum aufbaut. So kannst du dich Journalist:innen gegenüber besser verkaufen und lernst, einen kurzen Abriss deiner Kampagne in einem Statement zu liefern, das du mit Fakten, Erkenntnissen und eigenen Erfahrungen untermauerst. Wenn es sich um ein kollektives Projekt handelt, an dem neben dir noch andere beteiligt sind, gilt genau das Gleiche. Nur dass du in diesem Fall mit unterschiedlichen Erfahrungen und Perspektiven aufwarten kannst und aus diesen ein paar überzeugende Schlüsselargumente herausfilterst. Deine persönliche Betroffenheit sollte auch aus deinem Social-Media-Feed ersichtlich sein, idealerweise durch möglichst authentische Beiträge.

► Persönliche Geschichten sind wichtig, zum einen, um das Problem denjenigen näherzubringen, die bislang nichts von dessen Existenz wussten (Periodenarmut war tatsächlich ein wenig bekanntes Problem in England, als #FreePeriods startete), aber auch, um Mitgefühl zu erzeugen und die Menschen dazu zu bringen, aktiv etwas dagegen zu tun. Zum Beispiel kannst du von Betroffenen erzählen, die unter den aktuellen Zuständen zu leiden haben, oder auf Folgeprobleme hinweisen, die sich zusätzlich ergeben. Wenn es um etwas geht, das die meisten im Alltag nicht direkt betrifft, kann man nicht davon ausgehen, dass jede:r darüber im Bilde ist. Durch persönliche Geschichten vergisst man eine Initiative nicht so leicht, die Wahrscheinlichkeit, dass man sie unterstützt, ist höher.

► Verfasse kurze, eingängige Beiträge, deren Inhalt man sich gut merken kann. Poste deine Statements in den sozialen Netzwerken, wo deine Kontakte sie gut teilen können. So lassen sich Nachrichten in Windeseile verbreiten, auch über das eigene Netzwerk hinaus. Mit etwas Glück werden auf diesem Weg auch andere Gruppierungen oder Individuen aufmerksam.

► Hol dir zur Unterstützung Partner:innen oder größere Verbände mit ins Boot, die deine Sache über dein persönliches Netzwerk hinaus bekannt machen. Dies könnten unter anderem Lokalpolitiker:innen, NGOs, Wohltätigkeitsverbände, Medienvertreter:innen, Unternehmer:innen, Influencer:innen und andere Einzelpersonen sein. Mit ihrer Unterstützung erreichst du einen noch viel größeren Personenkreis, das Profil deiner Kampagne wird zusätzlich geschärft, vielleicht sogar über die einschlägigen Medien und Plattformen hinaus. Natürlich erwartet niemand von dir, dass du von vornherein über ein breit gefächertes Netzwerk verfügst, aber es ist toll, wenn du es ausbauen kannst.

Manchmal ist die Kaltakquise sogar das wirksamere
Mittel, denn wenn sich jemand ohne irgendwelche
persönlichen Verbindungen auf deine Seite bringen
lässt, bedeutet das, dass der- oder diejenige wirklich
von deiner Sache überzeugt ist. Und genau für diesen
Fall ist die ansprechende Präsentation und klare Dar-
legung deiner Argumente so wichtig!

Zeitungen und Online-Magazine

Wenn es dein Anliegen bis in die traditionellen Print- oder On-
line-Medien schafft, erhöht sich nicht nur das Bewusstsein für
das Problem, es ist außerdem eine gute Möglichkeit, um die
breite Öffentlichkeit darüber zu informieren, was du dagegen
unternehmen willst.

Auch hier ist gründliche Recherche das A und O. Lies möglichst viele Artikel in den Publikationen oder auf den Medien-
plattformen, wo du gerne erwähnt werden würdest, und finde
heraus, welche Journalist:innen über ein vergleichbares Problem
oder Thema geschrieben haben. Wenn deine Bemühungen sich
auf etwas beziehen, worüber noch so gut wie gar nichts zu lesen
war, ist es ratsam, sich ein übergeordnetes, verwandtes Thema
zu suchen und dann wiederum im Netz nach Journalist:innen
Ausschau zu halten, die sich dessen angenommen haben. Vielleicht findest du auf diese Art sogar eine:n Expert:in auf dem
Gebiet.

Sieh dir die Social-Media-Profile dieser Medienvertreter:in-
nen an und prüfe, welchen Leuten oder Gruppen sie folgen –
vielleicht sind nützliche Kontakte für dich dabei. Am besten
setzt du sie auf deine Liste, um dich zu einem späteren Zeit-

punkt an sie zu wenden. Wenn du am Ende sogar eine:n einflussreiche:n Medienvertreter:in für dich gewinnen kannst, hast du einen echten Coup gelandet. Denn so jemand kann Wunder für dich bewirken und deiner Sache sehr viel Ansehen und Glaubwürdigkeit verleihen. Sophie hat dazu folgenden Rat:

> So gut wie jede:r Journalist:in hat heute ein eigenes Twitter- und Instagram-Profil, die in der Regel öffentlich sind, eine Art Portfolio seiner oder ihrer Arbeit. Auch wenn es ein wenig nach Stalking klingt, kann man auf diese Weise sehr viel über Personen und ihre Interessen erfahren – ob es nun die Klimaproblematik, Kochen oder Sport ist. So lässt sich relativ gut bestimmen, wer sich für deine Story interessieren könnte und wer nicht.
> Finde heraus, welche Plattformen oder Kanäle sich gut für einen Bericht über dich und deine Sache eignen, indem du dir die bisherigen Veröffentlichungen ansiehst. Wird zum Beispiel regelmäßig über andere Kampagnen oder Aktivist:innen berichtet? Oder erscheint viel zu deinem Thema oder etwas Vergleichbarem, zum Beispiel Artikel über Geschlechtergerechtigkeit, Umweltthemen, Klimawandel usw.? Und welche Plattform hat eine ähnliche Zielgruppe wie du? Wenn du zum Beispiel herausfinden willst, was für eine Sorte Menschen *VICE* oder *Glamour* lesen, besuche die Websites von diesen Magazinen und lade dir die entsprechenden Medienkits herunter (die sich in der Regel an Werbeträger richten). Darin finden sich normalerweise detaillierte Informationen zur Leser:innenzahl und zur Zielgruppe.

In diesem Punkt musst du strategisch vorgehen. In der Frühphase meiner Petition wurde sehr schnell deutlich, dass die wichtigsten Sprachrohre zu Frauenthemen, Gesundheit und Bildung kein gesteigertes Interesse zeigten. Die bekanntesten und angesehensten Journalist:innen sind leider oft genau diejenigen, die wegen straffer Deadlines unter erheblichem Druck stehen und deshalb kaum die Kapazitäten haben, um über kleinere Kampagnen zu berichten (und wenn sie noch so ambitioniert sind).

So begriff ich relativ bald, dass ich mir Journalist:innen suchen musste, die nicht unbedingt wöchentlich einen Artikel veröffentlichten, und schon gar nicht in den bekanntesten Publikationen. Es müssen ja nicht zwingend die ganz großen Player sein. Also suchte ich mir Medienvertreter:innen mit einer etwas bescheideneren Followerzahl, zum Teil sogar noch relative Neulinge in ihrem Beruf. Immerhin bestand die Möglichkeit, dass eine:r von ihnen auf der Suche nach einer ersten großen Schlagzeile war. Jedenfalls waren sie es, die sich am interessiertesten zeigten, und genau die Berichterstattung von solchen Leuten war es, die mir und meiner Free-Periods-Kampagne zusätzliche Unterstützer:innen einbrachte. Selbst wenn nur ein paar wenige von dir und deiner Initiative lesen, geht es hier vor allem darum, die *richtigen* Leute auf dich aufmerksam zu machen.

Sophie sieht das ganz ähnlich:

Einer der besten Ratschläge, die ich zu Beginn meiner Karriere im Kommunikationsbusiness erhielt, war folgender: Ich sollte die Namen derer herausfinden, die ungefähr im gleichen Alter und in einer vergleichbaren hierarchischen Position waren wie ich und die für jene

Plattformen schrieben, auf denen ich gern Berichte über mich und meine Sache veröffentlicht sehen wollte. Es läuft zwar nicht überall gleich, aber in der Regel sind es die jungen, noch relativ unerfahrenen Journalist:innen, die für den Großteil der Storys und Artikel, insbesondere im Online-Bereich, verantwortlich sind. Wenn du gleich zu Beginn eine:n von ihnen für deine Sache begeistern kannst (und wenn es nur für eine Einzelveröffentlichung ist), wirst du möglicherweise allein dadurch profitieren, dass er oder sie im Laufe deiner Kampagne vielleicht auf der Karriereleiter aufsteigt und du auf seine oder ihre weitere Unterstützung zählen kannst.

Falls du noch im Zweifel bist, wen du kontaktieren könntest, so wie ich anfangs, schreib einfach an die Herausgeber:innen der Publikationen, von denen du glaubst, dass sie Interesse an deiner Story haben könnten. Und wenn du keine konkreten Kontaktdaten hast, wähle einfach irgendeine Nummer, die du auf der Website einer Zeitung, Zeitschrift oder anderen Publikationsform finden kannst, und lass dich in die Nachrichtenredaktion durchstellen. Möglicherweise lässt man dich abblitzen oder verspricht dir einen Rückruf, der nie erfolgt, aber vielleicht hast du Glück, und irgendjemand schenkt dir doch Gehör. Wenn dann eine E-Mail von dir im Postfach dieser Person landet, erinnert er oder sie sich womöglich an dich und sieht sich dein Anliegen genauer an. Überleg dir sehr genau, wann du eine E-Mail schickst. Der beste Zeitpunkt ist Montag bis Freitag während der Kernarbeitszeiten. Weniger gut ist es, am Wochenende zu schreiben, und genauso ungut ist es in den frühen Morgenstunden, wenn noch niemand am Arbeitsplatz sitzt. Denn in dem Fall kannst du davon ausgehen, dass deine Nachricht irgendwo ganz unten im Postfach verschüttgeht oder zugunsten von etwas anderem übergangen wird.

Sophie rät dringend davon ab, sich am Freitagnachmittag mit einem Projekt vorzustellen, weil es da in den Redaktionen erfahrungsgemäß richtig heiß hergeht und die Inhalte für die kommende Woche eingetütet werden.

> Störe nie, wenn du weißt, dass jemand gerade an einer heißen Story sitzt. Und mach keinen Druck! Dort schlagen jeden Tag Hunderte von Mails auf, am weitesten kommt, wer immer höflich und geduldig bleibt.

Sie empfiehlt außerdem, die schriftliche Anfrage möglichst knapp und präzise zu formulieren und die Kontaktperson persönlich anzusprechen. Mit einem auf den/die Empfänger:in zugeschnittenen Anschreiben dringt man sehr viel leichter zu ihm oder ihr durch. Ein absolutes No-Go sind dementsprechend wahllose Massenrundschreiben.

Ich habe irgendwann aufgehört zu zählen, wie oft ich zu Beginn meiner Kampagne bei den überregionalen Zeitungen angerufen habe. Ich kontaktierte die Chefredakteur:innen der Nachrichtenredaktionen (meistens Männer) und erzählte ihnen vom Problem Periodenarmut und der Tatsache, dass viele Schüler:innen deswegen regelmäßig Unterricht versäumen. Wenn ich jetzt, während ich diese Zeilen schreibe, daran zurückdenke, kommt mir der Verdacht, dass viele von ihnen am liebsten aufgelegt hätten, als sie nur das Wort »Periode« hörten. Vermutlich hätten sie es auch tatsächlich getan, wenn es nicht so schrecklich unhöflich gewesen wäre. Mehr als einmal stieß ich auf eine Mauer des Schweigens, fast als könnte die Person am anderen Ende der Leitung nicht fassen, dass ich doch tatsächlich die Unverfrorenheit besaß, anzurufen und sie in eine derartig peinliche Situation zu bringen!

Viele, viele Male fragte ich Herausgeber:innen oder Journalist:innen, ob sie daran interessiert seien, über meine Kampagne zu berichten, und bekam darauf lediglich zu hören: »Nein, tut mir leid, das ist nichts für uns. Auf Wiederhören.« Eine andere Floskel, die mir regelmäßig begegnete, war folgende: »Könnten Sie mir dazu bitte eine E-Mail schicken?«, was die freundliche Art ist, jemandem zu sagen: »Ich habe keineswegs die Absicht, mich ernsthaft damit zu befassen, aber wie sonst soll ich Sie los werden?« Was du auch tust, gib nicht auf. Wenn du eine E-Mail-Adresse kriegst, schreib den Leuten. Vielleicht verkaufst du deine Kampagne so überzeugend, dass sie doch noch mal darüber nachdenken oder die Mail zumindest weiterleiten. Und möglicherweise ist das dann ein Kontakt, der doch neugierig wird und darüber berichtet – auch das ist mir wiederholt passiert.

Sophie hat mir beigebracht, dass Bruchlandungen dazugehören. Deshalb lautet die Devise: beharrlich und flexibel bleiben. Das ist der Schlüssel zum Erfolg. Und wenn du merkst, du kommst bei einem Kontakt nicht weiter, versuchst du es eben mit jemand anderem bei derselben Plattform. Schreib der Person direkt auf Twitter (natürlich nicht zu aufdringlich), überleg dir einen neuen Ansatz oder verfasse einen abgewandelten schriftlichen Pitch, um die gewünschte Beachtung zu bekommen.

> Auf keinen Fall sollte man in kurzen Abständen zu viele weitere E-Mails folgen lassen, um nachzuhaken. Ein bis zwei Nachrichten sind im Rahmen des Akzeptablen, wer mehr schickt, wird als Nervensäge abgestempelt! Will man eine fruchtbare Beziehung zu verschiedenen Journalist:innen aufbauen, sollte man sich mit jedem und jeder Einzelnen gutstellen, selbst wenn er oder sie von vornherein abblockt und sagt, das sei nicht sein oder ihr Thema. Vielleicht leitet er oder sie deine Anfrage doch an den oder die Richtige weiter.

Natürlich sind Journalist:innen immer auf der Suche nach einem echten Knüller. Das ist nun mal ihr Job. Manchmal posten Medien und Journalist:innen auch in den sozialen Medien, wenn sie auf der Suche nach einer Story sind – vielleicht stößt du so auf deine große Chance.

Ich hatte bereits an anderer Stelle von den Global Goals gesprochen, jenen 17 Zielen, die die Welt bis 2030 maßgeblich verändern könnten (siehe Kapitel 1, Seite 58). Die »Goals« eignen sich hervorragend als Ankerpunkt für so gut wie jede Kampagne. Kontaktiere @TheGlobalGoals in den sozialen Netzwerken und mache die Organisator:innen auf deine Arbeit aufmerksam. Dort ist man immer aufgeschlossen für Initiativen, deren Ziel es ist, die Welt besser zu machen. Sicherlich wird man dir dort gern weiterhelfen. Außerdem folgen einige hochrangige Persönlichkeiten der Agenda 2030 in den sozialen Medien, ebenso weltweit agierende Organisationen und UN-Behörden. Wenn man deine Kampagne hier also unterstützt und ein gutes Wort einlegt, ist das richtig tolle Publicity für dich und deine Mission.

Alternativ könntest du dich bei den Verantwortlichen per E-Mail melden und selbst Maßnahmen vorschlagen, die deiner Kampagne helfen könnten. Bitte zum Beispiel darum, dich mit anderen Organisationen zusammenzubringen, ganz gleich, ob auf lokaler, nationaler oder internationaler Ebene. Genau das habe ich getan, und es ist mir auf diese Weise tatsächlich gelungen, mich mit weltweiten Netzwerken zu verknüpfen, die rund um den Globus gegen Periodenarmut kämpfen.

Stell dir dein Ziel als etwas vor, das die Welt für alle ein wenig besser machen kann, so klischeehaft das klingen mag. Es spielt keine Rolle, ob dies im Kleinen oder im Großen geschieht. Wenn du in die Startlöcher gehst, dir den Staffelstab schnappst und losrennst, trägst du zu wertvollen Veränderungen bei und wirst damit zum Teil einer globalen Bewegung. Und das ist doch wirklich eine großartige Sache.

Blogs und Meinungsbeiträge

Eine der besten Arten, dich öffentlichkeitswirksam zu präsentieren, ist, bei einer Publikation oder Website nachzufragen, ob du einen Blogbeitrag schreiben könntest. Das Geniale daran ist, dass du auf diese Weise deine Story in deinen Worten erzählen und so deinen Enthusiasmus und deinen inneren Antrieb perfekt vermitteln kannst. Außerdem hat es den großen Vorteil, dass du niemandem viel Zeit und Mühen abverlangst. Im Grunde also eine Win-win-Situation.

Ich habe unter anderem Blogbeiträge über Periodenarmut für diverse Start-ups geschrieben, die nachhaltige Hygieneprodukte verkaufen, für eine lokale Gesundheitswebsite sowie für eine internationale Wohltätigkeitsorganisation. Und sogar für eine Website für Lehrer:innen in der Ausbildung habe ich einen Beitrag verfasst. Ich muss zugeben, dass auch mich zwischenzeitlich Zweifel überkamen, schließlich weiß man nie, wie oft so ein mühsam zu Papier gebrachter Artikel überhaupt gelesen wird. Doch so undankbar dieser Job erscheinen mag, solltest du deine Anstrengungen als langfristige Investition sehen. Mir hat das Verfassen dieser Blogbeiträge in der Anfangszeit erheblich dabei geholfen, mir über meine eigenen Gedanken klar zu werden, und ich habe viel darüber gelernt, wie ich die entscheidenden Argumente so formuliere, dass ich damit möglichst viele Leser:innen überzeuge. Zugleich hatte es den willkommenen Nebeneffekt, dass ich immer auf dem neusten Stand war, was Fakten und Zahlen zu Periodenarmut und Geschlechtergleichheit betraf, weil ich meine Argumente natürlich mit möglichst aktuellen und stichhaltigen Daten untermauern wollte. Vergiss nicht: Je mehr du schreibst und je mehr du dich mit deiner eigenen Thematik auseinandersetzt, desto tiefer arbeitest du dich in die Zusammenhänge ein. Mit deinem Kenntnisstand wächst auch dein Selbstvertrauen, und wer selbstbewusst auftritt, wirkt automatisch überzeugender. Zusätzlich hat dies positiven Einfluss auf deine SEO (Search Engine Optimisation), die sogenannte Suchmaschinenoptimierung, denn je mehr über deine Kampagne im Netz zu finden ist, desto höher wird die Wahrscheinlichkeit, dass die User:innen in den Suchmaschinen darüber stolpern und die Initiative unterstützen.

Wenn du Gelegenheit bekommst, einen Meinungsartikel zu einer Publikation beizutragen, kann das einen bahnbrechenden Richtungswechsel bedeuten. Natürlich ist das abhängig von der Plattform, für die dein Beitrag sein soll, aber wenn du von einem der bekannteren Medienhäuser eine Zusage erhältst, kann das für deine Kampagne der große Wurf sein und sie direkt ins Rampenlicht katapultieren.

Sehr wahrscheinlich wird man dich auffordern, einen möglichst kurzen Pitch zu verfassen, was einfacher klingt, als es ist. Denn schließlich soll der Text trotz aller Kürze Interesse wecken, und zwar vom ersten Satz an. Und man stelle sich nur vor, wie viele ganz ähnliche Pitches Tag für Tag in den Posteingang der Herausgeber:innen und Redakteur:innen schneien! Dafür zu sorgen, dass ausgerechnet *dein* Beitrag aus der Masse hervorsticht, ist eine echte Herausforderung. Ich selbst habe in den ersten Monaten nach Start meiner Kampagne diverse Pitches an die großen landesweiten Zeitungen geschickt, ohne allerdings je eine Antwort zu erhalten. Dass mein ehrgeiziger Einsatz einfach so verpuffte, frustrierte mich zutiefst.

Zum Glück gibt es ein paar clevere Tricks, wie man trotzdem einen Fuß in die Tür bekommt. Wenn du eine Petition gestartet hast, besteht die Möglichkeit, dass du dich bei der Petitionsplattform erkundigst, ob man dir einen Kontakt bei einem der richtig einflussreichen Blätter nennen kann. Dies ist einer der Gründe, weshalb du dich dringend mit den Betreiber:innen der Seite gutstellen solltest. Und lass sie spüren, was für einen unermüdlichen Einsatz für deine Sache du leistest.

Ich hatte das Glück, einen Kontakt bei der *Huffington Post* zu haben. Dorthin schickte ich einen Artikel, den man tatsächlich als Meinungsbeitrag veröffentlichte. Diese tolle Neuigkeit konnte ich dann in den sozialen Netzwerken teilen – und den Link hängte ich fortan an meinen gesamten Mailverkehr dran. Es wirkt wirklich Wunder, wenn man in einer Nachricht an eine

Medienplattform einen Link zu einem der großen Player im Mediengeschäft vorweisen kann. Deine Kampagne erhält dadurch zusätzliches Gewicht und somit ganz neue Sprengkraft.

Wenn eine Publikation über dich berichtet, ganz gleich in welchem Umfang, frage unbedingt nach, ob man dir Kontakte zu weiteren, vielleicht sogar größeren Medienbetrieben vermitteln kann. Das ist vor allem bei freien Journalist:innen sinnvoll. Diese haben oft ausgezeichnete Verbindungen zu verschiedenen Medienbetrieben und sind sehr breit vernetzt. Und vergiss nicht zu erwähnen, von wem du die Kontaktdaten hast. Nur so kannst du einigermaßen sicher davon ausgehen, dass man deine Nachricht auch wirklich liest.

Mein großer Traum war es immer, einen Meinungsartikel für den *Guardian* zu schreiben. Diese Zeitung stellt für mich schon seit frühester Jugend eine feste Größe dar: Meine komplette Familie liest sie, immer liegt irgendwo ein Exemplar herum. Zu Beginn meiner Kampagne kam auf die Pitches, die ich an das Verlagshaus schickte, natürlich keine Reaktion, aber ich blieb dran, und im Dezember 2017 durfte ich dann meinen ersten Beitrag für den *Guardian* schreiben. Meine ganze Familie war außer sich vor Freude, alle jubelten! Er erschien passenderweise genau einen Tag vor unserem großen Protestmarsch (siehe Kapitel 4, Seite 300), und ich beschrieb darin mit schonungslosen Worten die bittere Realität von Periodenarmut in unserem Land und dass die tiefe Scham, die viele mit dem Thema verbinden, unzählige junge Menschen zwingt, Monat für Monat dem Unterricht fernzubleiben. Zustande gekommen war das Ganze, weil ich mich an eine Freelancerin gewandt hatte, die mich für eine andere Publikation interviewt hatte. Ich hatte sie gezielt gefragt, ob sie zufällig jemanden beim *Guardian* kenne. Und was soll ich sagen, es war ein Volltreffer! Sie war so nett, mich per Mail mit einer Freundin bekannt zu machen, die mir weiterhelfen konnte.

Unterstützung durch
Promis und Influencer:innen

Sophie konnte für ihre verschiedenen Initiativen bei Freuds Hunderte von hochkarätigen Prominenten gewinnen.

Um neue Kontakte zu knüpfen, geht es weniger darum, wen man kennt, viel wichtiger ist Beharrlichkeit. Nur sehr wenige Leute aus meinem Berufsumfeld hatten von Anfang an ein komplettes Netzwerk aus Promis und Influencer:innen, auf das sie zurückgreifen konnten. Ähnlich wie bei der Suche nach den passenden Journalist:innen geht es auch hier nicht ohne intensive Recherchen. Schließlich solltest du dich genauestens informieren, bevor du entscheidest, wer der oder die optimale Botschafter:in für deine Kampagne wäre. Informiere dich, wer sich für dein Thema interessieren könnte, weil er oder sie direkt betroffen ist oder in der Vergangenheit bereits ähnliche Initiativen unterstützt hat.
Eine Direktnachricht (je nach Plattform ist von DM, PN oder IM die Rede) sollte als Kommunikationsmittel nicht unterschätzt werden, denn tatsächlich ist es eine sehr gute Möglichkeit, den direkten Kontakt herzustellen. Ein anderer Weg ist es, zum Beispiel über die Internetseite der Person die Kontaktdaten ihres Managements oder

dem/der Presseverantwortlichen herauszufinden, an den oder die man sich dann wenden kann.

Gelingt es dir, eine einflussreiche Person auf deine Seite zu bringen, die deine Sache aus vollem Herzen unterstützt, wird der- oder diejenige ziemlich sicher eigene aussagekräftige Inhalte erzeugen, die das Bewusstsein für die Problematik schärfen. Wenn jemand wirklich von deiner Initiative überzeugt ist, hat er oder sie automatisch ein persönliches Interesse daran, dich weiter zu unterstützen, und lässt einem ersten Post bestimmt noch viele weitere folgen.

Um das Problem Periodenarmut auf breiter Ebene ins Bewusstsein der Menschen zu rücken, musste ich eine ganze Reihe von Leuten, die im Blickpunkt der Öffentlichkeit stehen, für mich gewinnen. Idealerweise sind das solche mit einer breiten Followerschaft in den sozialen Medien, denn über diese kannst du noch viel mehr Menschen erreichen, die ansonsten vielleicht nie von deiner Kampagne hören würden. Als Erstes setzte ich Tweets an Personen ab, von denen ich mir vorstellen konnte, dass sie sich für mich und mein Anliegen einsetzen würden. Dafür sah ich mir an, wofür sie sich in der Vergangenheit engagiert hatten, und bat anfangs nur um einen simplen Retweet. Meistens tippte ich eine kurze Nachricht, zum Beispiel:

@ _____ Bitte um Retweet. Schüler:innen versäumen Unterricht, weil sie sich keine Binden leisten können. Es wäre toll, wenn Sie meine Petition für kostenlose Hygieneprodukte an Schulen unterzeichnen würden.

Überraschenderweise kamen einige meiner Bitte sogar nach und retweeteten meinen Text, woraufhin in manchen Fällen ein richtig deutlicher Anstieg bei den Unterschriften für meine Petition zu verzeichnen war. Das war alles unheimlich aufregend für mich. Ich nutzte tatsächlich die Macht und den Einfluss aller dieser Berühmtheiten für mich und meine Kampagne! Denn ein weiterer Vorteil ist, dass die Anhänger:innen von diesen Leuten eine solche Nachricht ihrerseits wieder retweeten, und auf einmal nimmt die Petition richtig Fahrt auf. Trotzdem versuchte ich meinen Feed nicht mit Bitten um Retweets zu überschwemmen und beschränkte mich auf maximal fünf pro Tag. Was mich allerdings immer wieder in Erstaunen versetzte, ist die Tatsache, dass es gerade die waren, von denen ich es am wenigsten erwartete, die mir tatsächlich weiterhalfen. Von Promis wie Nadiya Hussain bis hin zu nationalen Institutionen wie der London School of Economics – ihre Retweets verhalfen dem Online-Profil von Free Periods zu immer besserer Sichtbarkeit, was mir wiederum den Zuwachs an Unterstützer:innen einbrachte, den ich so dringend brauchte.

Wer auf Rückenstärkung von Promis aus der obersten Riege hofft, muss ein wenig Geduld mitbringen und sich ein dickes Fell zulegen. Als ich mit meiner Kampagne an die Öffentlichkeit ging, lernte ich sehr schnell den Wert von einigen wenigen bekannten Namen als Support zu schätzen. Und weil ich schon immer von besonderem Ehrgeiz getrieben war, setzte ich auf meine Kontaktliste Berühmtheiten, Influencer:innen und Blogger:innen, die möglichst viele Follower:innen und damit größtmöglichen Einfluss haben. Ich klemmte mich vor den Rechner und recherchierte fieberhaft deren Manager:innen, Agent:innen und Talentagenturen, rief bei jedem/jeder Einzelnen von ihnen an und fragte ganz direkt, ob der oder die jeweilige Klient:in meine Aktion unterstützen könnte.

In den meisten Fällen lief es folgendermaßen ab: Man forderte mich auf, eine E-Mail zu schicken, was ich dann natürlich tat. Ich wandelte lediglich den Ton meiner Nachrichten leicht ab, damit sie weniger förmlich und einen Tick emotionaler klangen. Ans Ende dieser Mails setzte ich jeweils einige Vorlagen für Tweets, fügte das Logo mit dem roten Essenstablett mit ein und ergänzte meinen Hashtag sowie Twitter-Handle. Und natürlich schrieb ich, wie wahnsinnig toll es doch wäre, wenn man trotz irre voller Terminpläne die Zeit fände, wenigstens einen Post in den sozialen Medien abzusetzen. Manche taten es, manche nicht.

Etwas, das außerdem einen Versuch wert ist: Wende dich an Talent- und Presseagenturen, die Promis aus verschiedenen kreativen Sparten repräsentieren oder zumindest beruflich mit ihnen zu tun haben. Ich war damit erfolgreich und bekam ziemlich viel Publicity, nachdem die Agenturen meine E-Mail an bekannte Leute weitergeleitet hatten, von denen sie glaubten, dass sie an meiner Sache interessiert sein könnten.

Suche den Kontakt mit Influencer:innen oder Seiten, die wöchentliche Newsletter verschicken, vielleicht kann hier jemand etwas für deine Kampagne tun und sich für dich und dein Anliegen aussprechen. Ich war maßlos überwältigt, wie viele Influencer:innen sich die Zeit nahmen, meine Kampagne in einem Post oder in einem Mailing lobend zu erwähnen. Vielleicht lag es daran, dass ich immer wieder nachhakte, und sie wollten im Grunde nur, dass ich sie endlich in Frieden ließ. Aber das ist für mich unerheblich, Hauptsache, sie haben es getan.

Help Refugees kann ein sehr illustres Line-up an Promis der obersten Riege als Unterstützer:innen vorweisen. Wie es dazu kam, erzählte Josie Naughton mir in einem persönlichen Gespräch:

Es war der Hammer, all die tollen Leute zu sehen, die Help Refugees so bereitwillig unterstützten! Also hab keine Scheu, fragen kostet nichts! Lass dich nicht davon einschüchtern, dass sie berühmt sind, sie sind auch nur Menschen wie du und ich, und viele von ihnen helfen sehr gern. Nimko Ali, Gründerin und CEO von The Five Foundation, einer Organisation, die sich für ein Ende der weiblichen Genitalverstümmelung einsetzt, war erst kürzlich in Calais zu Besuch und wurde Zeugin der schlimmen Zustände dort im Camp. Insbesondere für Frauen und junge Mädchen ist die Lage dort verheerend. Sie lud mich spontan zur Aftershow-Party einer Filmpremiere ein, auf der auch Oprah zu Gast war. Irgendwann fasste ich mir ein Herz und passte den richtigen Moment ab, um auf sie zuzugehen und ihr eine Choose-Love-Tasche und ein T-Shirt zu überreichen. Dazu verlor ich ein paar Worte über die katastrophale Situation in den Lagern. Einige Wochen darauf trug sie das Shirt auf einem Instagram-Foto. Das brachte uns Zehntausende von Pfund durch Verkäufe unserer Merchandiseprodukte ein, die unseren Partnern vor Ort zugutekommen.

Schreib an Agent:innen, verschicke Nachrichten über Instagram, lass nichts unversucht, denn du weißt nie, was sich daraus ergibt. Und überhaupt: Was hast du schon groß zu verlieren? Ich würde außerdem dazu raten, immer ganz klare Bitten zu äußern und die Anschreiben möglichst kurz und einfach zu halten. Niemand hat Zeit und Lust, sich mit allzu komplizierten Sachverhalten auseinanderzusetzen. Mache es den Leuten so leicht wie möglich, indem du gleich eine Vorlage für die sozialen Medien mitlieferst. Die brauchen sie dann nur noch zu posten.

Bleib dran!

Steck bitte um Himmels willen nicht gleich den Kopf in den Sand, wenn du nicht den Support erhältst, den du dir erhofft hast. Schließlich läuft es doch im Leben oft so: Viele werden erst neugierig, wenn man anderswo die große Welle macht. Du darfst die Qualität und den zukünftigen Erfolg deiner Initiative nicht daran messen, ob diejenigen, deren Meinung du am meisten schätzt, sich so weit überzeugen lassen, dass sie für dich in die Bresche springen. Das ist nicht relevant. Denn es wäre ohnehin nicht dein Verdienst, sondern liegt allein an der Sache. Egal, wer dich unterstützt oder eben nicht unterstützt, das, was du leistest, zeugt von großem Mut. Nicht viele Menschen würden sich an so ein gigantisches Projekt heranwagen.

Beachte bitte, dass die Medien von Leuten kontrolliert werden, deren Lebenswelt eine ganz andere ist als die unsere. Indem du deine Geschichte teilst, unabhängig davon, auf welcher Plattform, trägst du einen entscheidenden Beitrag zu einem veränderten Narrativ bei. Dieses wird nach und nach immer mehr in die Bereiche der Mächtigen und Einflussreichen durchsickern, jene Bereiche also, die bislang von Menschen beherrscht werden, die völlig anders sind als du und ich. Langsam, aber sicher wird deine Story in diese Gesellschaftsschichten vordringen und letztlich Leute berühren, von denen du es am wenigsten erwartet hättest.

Im Aktivismus geht es hauptsächlich darum, Barrieren einzureißen. Der ganze Lärm, gegen den du mit deiner Stimme anschreist, um deine Botschaft in die Welt zu tragen, ist nur eine von diesen Barrieren. Vielleicht hast du wie ich den Eindruck, dass du immer hinterherhinkst und nie da bist, wo du sein solltest, oder nie von denen gehört wirst, die dich hören müssten, um dein Ziel zu erreichen. Deshalb musst du dich in Geduld üben und darauf gefasst sein, dass es seine Zeit dauern wird, bis sich die ersten sichtbaren Erfolge einstellen. Keine Mühen sind je umsonst, denn selbst wenn du fünfzig Menschen erreichst und wenigstens bei einem das schlechte Gewissen weckst, hast du bereits etwas bewegt. Ich habe viele Stunden damit verbracht, eine E-Mail nach der anderen rauszuschicken. Ich bat Leute darum, über meine Kampagne zu berichten, habe ganze Nachmittage zwischen Hausaufgaben und Lernen mit dem Verfassen von Artikeln verbracht. Öfter, als ich zählen kann, war ich bis tief in die Nacht wach und habe über meine weiteren Schritte nachgedacht, wenn ich wieder einmal am Verzweifeln war, weil es für mein Empfinden zu langsam vorwärtsging.

Sich mit Rückschlägen und Enttäuschungen abzufinden ist nicht einfach. Bleib trotzdem immer auf dein eigentliches Ziel fokussiert, und lass deine Herangehensweise regelmäßig Revue passieren, vielleicht gibt es ja auch noch alternative Wege, die Dinge anzupacken.

Es erfordert großen Mut und Zuversicht, wenn man den Weg der Revolte einschlägt. Doch es erfordert noch mehr Geduld und Durchhaltevermögen, um auf Kurs zu bleiben. Lass nur nicht locker!

Die sozialen Medien

In der Presse haben die sozialen Medien ja nicht gerade das allerbeste Ansehen. Fast täglich wird über deren Schattenseiten berichtet: Frauenfeindliche und rassistische Kommentare, Trollattacken und Hassmails geraten außer Kontrolle. Das Internet ist voll mit herzzerreißenden Geschichten von Teenagern, die sich wegen gnadenlosen Online-Mobbings das Leben nehmen. Dies setzt die Riesen unter den Social-Media-Plattformen – namentlich Twitter, Instagram, Facebook und TikTok – erheblich unter Druck, mehr für den Schutz ihrer User:innen zu tun. Denn so wie jetzt kann es nicht weitergehen. Auf globaler Ebene wirft man Russland vor, in den sozialen Netzwerken gezielt Fake News verbreitet zu haben, um die US-Präsidentschaftswahlen 2016 zu beeinflussen. Soziale Medien werden von terroristischen Gruppierungen wie dem IS missbraucht und müssen sich dem Vorwurf stellen, in Indien tödliche Angriffe von militanten Bürgerwehren provoziert zu haben. Jedenfalls reicht die Liste an schockierenden Vorfällen aus, dass man jede einzelne Plattform am liebsten für immer abschalten würde.

Beschäftigt man sich allerdings etwas intensiver damit, wird deutlich, dass die sozialen Netzwerke auch extrem Gutes bewirkt haben und es nach wie vor tun. Denn jedem einzelnen Negativbeispiel lässt sich ein positives gegenüberstellen, das zeigt, was für eine wahnsinnig mobilisierende und wirkungsvolle Kraft dahintersteckt. Und die birgt eine echte Chance für einen Wandel hin zum Guten. Insbesondere im Zuge der Coronapandemie ist Aktivismus heute wichtiger denn je. Trotz landesweiter Lockdowns und Social Distancing ist es uns gelungen, virtuell in Verbindung zu bleiben, unsere Aktionen voranzutreiben und den Fokus in diesen wahrhaft schwierigen Zeiten auf die schwächsten Glieder der Gesellschaft zu richten.

Hätte man den Suffragetten oder jemandem wie Martin Luther King zu ihrer Zeit erzählt, dass sich auf einer Nachricht von nur 240 Zeichen eine globale Bewegung aufbauen lässt, hätten sie wohl nur lachend abgewinkt.

Die sozialen Medien haben unsere Welt in Bewegung gebracht, alles dreht sich immer schneller. Black Lives Matter ist aus einem einfachen Hashtag entstanden und mittlerweile zu einer globalen Bewegung herangewachsen, die in den sozialen Medien für große Furore sorgt. Sie hat den weltweiten Diskurs über Polizeigewalt und strukturellen Rassismus angestoßen. Während der Hochphase wurde der Hashtag annähernd 1,4 Millionen Mal am Tag verwendet – das ist fünfmal so viel wie die Menge der Leute, die Martin Luther Kings historische »I Have a Dream«-Rede live gehört haben. (Selbstverständlich ist so ein Hashtag eine andere Form von Aktivismus als ein Protestmarsch. 1963 kamen in Washington schätzungsweise 250.000 Menschen zusammen, selbst für heutige Verhältnisse eine beeindruckende Zahl.) Und nicht zu vergessen die #MeToo-Bewegung, die unzählige Frauen dazu veranlasste, die

eigene Erfahrung mit sexueller Belästigung mit der Öffentlichkeit zu teilen und Gerechtigkeit einzufordern. Als der Hashtag
sich wie ein Lauffeuer auszubreiten begann, dauerte es keine 24
Stunden, bis er von mehr als 4,7 Millionen Menschen in zwölf
Millionen Posts verwendet worden war, und das allein auf Facebook. Der ganze Tumult hatte zur Folge, dass Harvey Wein-
stein, der sich der Anklage wiederholter Sexualstraftaten stellen
musste, im Jahr 2018 letztlich schuldig gesprochen wurde. Man
verurteilte ihn zwei Jahre später zu 23 Jahren Gefängnis wegen
Vergewaltigung.

Suhaiymah Manzoor-Khan ist eine außerordentlich talentierte Autorin und Dichterin. Ihre Arbeiten stellen Konzepte
wie Geschichte, Race, Wissen und Macht infrage, außerdem
bietet sie in den sozialen Medien Weiterbildungsmaßnahmen
an und geht gern in den Austausch mit ihren Follower:innen.

Es ist mir zum Glück gelungen, das Bewusstsein für verschiedene Narrative über Muslime zu wecken und mich
gegen einige auch zu wehren, während ich gleichzeitig
auf Islamophobie und Rassismus aufmerksam mache. Wir
dürfen das erzieherische Potenzial der sozialen Medien
nicht unterschätzen. Sicher, es kommt vor, dass Botschaften verwässert werden, und trotzdem konnte ich über
Plattformen wie Instagram und Twitter schon vieles lernen und weitergeben. Dort wird Wissen in vielerlei Form
vermittelt. Ich nutze die sozialen Netzwerke, um mir eine
zentralisierte Datenbank aller meiner Texte und Videos
aufzubauen. Die Menschen können sich auf meinem Profil über »White Supremacy« (weiße Vorherrschaft) und

strukturellen Rassismus informieren, gerade im Zuge von George Floyds Ermordung im Mai 2020. Außerdem habe ich erzieherische »Erklär-Videos« eingestellt, die ich auf sämtlichen Plattformen teile.

Auch Suhaiymahs Aktivismus hat durch die sozialen Medien einen wahren Schub erlebt. Sie nutzt die Macht des Internets, um Druck auf die Politik auszuüben, und konnte so bereits einige wesentliche Veränderungen auf den Weg bringen.

Ich nutze Social-Media-Plattformen, um auf Missstände aufmerksam zu machen, die ansonsten untergehen würden, weil mir dafür die Möglichkeiten beziehungsweise das entsprechende Forum fehlen. Ich teile Statements wie das zu meinem öffentlichen Rückzug von Events und Organisationen, die aus Mitteln des »Counter Extremism Fonds« finanziert werden, da dieser meiner Meinung nach den muslimischen Gemeinschaften nur schadet (siehe mein Boykott des Bradford Literaturfestivals 2019). Und ich übe öffentlich Druck aus, zum Beispiel auf das Foreign Office (Auswärtiges Amt), das ich zu sofortigem Handeln aufforderte, als Tausende von britischen Bürger:innen wegen des coronabedingten Lockdowns in Pakistan festsaßen. Die sozialen Medien demokratisieren die Beteiligung der Bürger:innen und ermöglichen die direkte Mitsprache, sodass der/die Volksvertreter:in als Vermittler:in quasi überflüssig wird. Sich ganz direkt, öffentlich und transparent äußern und unmittelbar an die Entscheidungsträger:innen wenden zu können, deren Aufgabe es ist, Veränderungen in Gang zu bringen, das ist der einzigartige Vorteil der sozialen Netzwerke.

Ich bin aufrichtig überzeugt, dass viele von uns ohne diese Plattformen und die dort entstehenden Communitys nach wie vor zum Schweigen verurteilt wären. Da passiert so vieles in der Welt, worüber wir ohne sie nichts wüssten. Außerdem würde uns ein äußerst wichtiges Hilfsmittel fehlen, das es uns ermöglicht, Forderungen publik zu machen, uns in größeren Gruppen zu organisieren und wesentliche Veränderungen zu koordinieren.

Aranya Johar ist eine indische Dichterin und Feministin, die die sozialen Medien ebenfalls als Plattform zur Verbreitung der Themen nutzt, die ihr besonders am Herzen liegen – Geschlechtergleichheit, seelische Gesundheit und Body Neutrality. Für sie und ihren Aktivismus sind die sozialen Netzwerke unentbehrlich geworden.

Ich persönlich versuche meine Social-Media-Profile zu nutzen, um auf gewisse Probleme aufmerksam zu machen, um zu zeigen, wie ich mich weiterbilde, und um anderen Stimmen bei mir ein Forum zu bieten. Außerdem möchte ich den Menschen vor Augen führen, welch großen Spaß es machen kann, die Welt zu verändern. Das Schöne am Aufwachsen in unserem Tech-Zeitalter (auch wenn man unsere Generation dafür immer wieder der Lächerlichkeit preisgibt) ist die Tatsache, dass wir auf unzählige Werkzeuge zurückgreifen können, mit deren Hilfe wir unser Wissen mit anderen teilen und uns selbst informieren können. Darüber hinaus besitzt das Internet die Macht, allen Stimmen gleich viel Gewicht zu geben. *Wir* selbst sind es, die entscheiden, wen wir zur Heldin oder zum Helden erklären.

Ein weiterer Vorzug der sozialen Medien: Hier werden die Menschen hinter Meinungen sichtbar. Ich lese wahnsinnig gerne die Beiträge von Aktivist:innen, die ihre Sorgen und Nöte teilen, wenn es darum geht, Neues zu lernen, sich von einmal gewonnenen Überzeugungen aber auch wieder zu lösen. Ich halte das für einen wichtigen Aspekt im Aktivismus, der gerne übersehen wird. Nur weil man sich als Feminist:in identifiziert, kann man sich nicht von heute auf Morgen sämtlicher patriarchaler Einflüsse entziehen. Vielmehr begibt man sich auf eine Reise, die im Grunde niemals endet und durch die sozialen Netzwerke erst ermöglicht wird, weil wir hier jeden einzelnen Schritt, den wir gehen, dokumentieren können.

Das Internet hat vielen die Chance eröffnet, zu sich selbst zu finden. Ganz gleich, ob jemand erst im Netz mehr über Geschlecht und Sexualität gelernt hat oder ob er oder sie dort erkannt hat, dass Skinny Shaming *ganz und gar* nicht das Gegenteil von Fat Shaming ist – selbst ich weiß all das und noch viel mehr nur, weil ich Transaktivist:innen, Aktivist:innen für Body Neutrality, Poets of Color und anderen auf den Social-Media-Kanälen folge. Stell dir trotzdem immer die Frage, *woher* du dein Wissen beziehst. Je diverser deine Informationsquellen sind, desto besser. Wer zum Beispiel etwas über das Kastensystem lernen möchte, sollte nicht ausschließlich etwas von

Angehörigen der höheren Kasten lesen, wie ich selbst eine bin, sondern sollte tiefer in die Thematik eintauchen, möglichst breit gestreute Artikel lesen und auch diejenigen ermutigen, sich zu Wort zu melden, die diese Gelegenheit normalerweise nicht erhalten.

In einer Zeit, in der wir alle uns auf alltäglicher Basis in virtuellen Welten bewegen, können die sozialen Medien tatsächlich ein ernst zu nehmendes Druckmittel für Veränderungen sein. Ein einziger Tweet, der viral geht, kann eine Kampagne in astronomische Höhen katapultieren. Mir ist sehr wohl bewusst, dass gerade Hashtag-Aktivismus nicht die beste Presse hat, und trotzdem konnte Free Periods nur aus den sozialen Netzwerken heraus entstehen, und nur dank Facebook, Twitter und Co. konnte ich direkt zu Menschen in allen Ländern rund um den Globus sprechen, und das beinahe in Echtzeit.

Mich erreichen nach wie vor fast täglich E-Mails oder Direktnachrichten von Leuten, die von Free Periods gehört haben und ihre Unterstützung anbieten. Manche von ihnen leben an Orten, von denen ich noch nie gehört habe. Das führt mir immer wieder vor Augen, welch einzigartige Möglichkeiten die sozialen Netzwerke uns bieten: Hier können wir uns zusammentun und Geschlossenheit demonstrieren.

Ich bin nie im Umgang mit den sozialen Medien ausgebildet worden, und ich habe weiß Gott wie viele Fehler gemacht. Aber das gehört zum Dasein als Initiator:in einer Kampagne dazu. Niemand macht auf Anhieb alles richtig. Folgendes habe ich aus meinen gesammelten Erfahrungen und Fehlern über den Tanz auf dem Social-Media-Parkett gelernt:

Leg dir möglichst schnell Profile auf sämtlichen Plattformen zu

Ich hatte vor dem Start meiner Petition mit Twitter nichts am Hut. Ich hatte keinen Schimmer, wie die Plattform funktioniert, und wusste nichts über die geltenden Protokolle und Benimmregeln. Meine beste Freundin Grace und ich hatten an der Schule eine mittägliche Gesprächsrunde mit dem Titel *Women Who Wow* ins Leben gerufen. Dazu luden wir alle möglichen eindrucksvollen Frauen ein, die in ihren Bereichen zu den Besten zählen und Schüler:innen inspirieren sollten, indem sie ihre persönlichen Erfolgsgeschichten erzählten. Eine dieser Frauen, die für uns einen Vortrag hielt, war Cathy Newman, bekannte Nachrichtensprecherin und Journalistin. Gleich in den ersten Tagen nach Start meiner Petition kontaktierte ich sie und bat sie, Free Periods zu unterstützen und die Nachricht von ihrem Engagement auch unter die Leute zu bringen. Daraufhin fragte sie mich nach meinem Twitter-Handle für Free Periods. Ich wäre vor Scham am liebsten im Boden versunken, als ich ihr gestehen musste, dass ich noch keinen hatte.

Innerhalb von wenigen Minuten hatte sie von ihrem Account aus einen Tweet abgesetzt und ihre riesige Followerschaft über Free Periods informiert, inklusive Link zu meiner Petition. Schon bald konnte ich regelrecht dabei zusehen, wie die Zahlen hochkletterten, immer mehr Menschen setzten ihren Namen unter meine Petition, es waren Hunderte. Viele von ihnen wiederum teilten ihre eigenen Erfahrungen mit Periodenarmut in der Kommentarspalte und applaudierten der Kampagne, weil sie die Untätigkeit unserer Regierung anprangerte. Es war ein überwältigendes Gefühl zu sehen, dass ich auf die Unterstützung von allen diesen Leuten da draußen zählen konnte.

Natürlich legte ich mir auch ein Profil an. Wieder verwendete ich das rote Tablett als Logo für Free Periods, das ich als Titelbild für meine Petition entworfen hatte, und postete umgehend einen Tweet mit dem Link zur Petition. Es sollte das Erste sein, was die Besucher sahen, wenn sie auf meiner Seite landeten. Es war alles recht einfach gehalten, aber es erfüllte seinen Zweck. Als Nächstes befasste ich mich mit den Massen von Menschen, die meinen Link retweeteten und den Hashtag benutzten.

Erst jetzt wurde mir mit Schrecken bewusst, dass ich es versäumt hatte, die Zugkraft jener Unterzeichner:innen zu nutzen, die mir auf Twitter gefolgt wären, wenn ich schon ein Profil gehabt hätte. Also mach bitte nicht den gleichen Fehler wie ich – richte dir Profile auf allen Kanälen ein und lege dir einen Hashtag für deine Kampagne zu.

Kontaktiere die, die deinen Hashtag benutzen

Du wirst deine Liste hilfreicher Kontakte um ein ganzes Stück verlängern können, wenn du dir gezielt ansiehst, wer deinen Hashtag verwendet. Alle diese Leute können deine Kampagne ein gutes Stück voranbringen.

Als ich schließlich über ein Twitter-Profil verfügte, checkte ich darüber den Hashtag #FreePeriods, um Kommentare zu lesen und zu sehen, von welchen Personenkreisen die Initiative die meisten Likes bekam und wer sie teilte. Ich erstellte eine Liste mit all denen, die sie in irgendeiner Form unterstützt hatten und mir vielleicht weiterhelfen konnten, und dann schickte ich einem nach dem anderen eine Direktnachricht, sofern der- oder diejenige mir folgte, oder suchte im Netz nach den dazugehörigen Mailadressen, um sie um ihre weitere Unterstützung zu bitten. Ich war total frech und hatte keine Scheu, alle anzusprechen, von denen ich glaubte, sie könnten Beziehungen zum Radio, Fernsehen oder nach Westminster haben und mir dadurch irgendwie von Nutzen sein.

Wenn du auch nur einen Menschen findest, der deine Sache befürwortet und dir aktiv Hilfe anbietet, pack die Gelegenheit unbedingt beim Schopf, erst recht, wenn der- oder diejenige gut vernetzt ist und einen gewissen Einfluss genießt.

Unterstützung für deinen Online-Aktivismus IRL

Tatsächlich geht das eine nicht ohne das andere. Der Sprung aus der relativ reibungsfreien Umgebung der sozialen Medien hinaus in die echte Welt, wo du dir die Hände richtig schmutzig machen kannst, wird dafür sorgen, dass deine Initiative richtig Fahrt aufnimmt. Social-Media-Kampagnen können ganze Communitys mobilisieren, weil die Ideen sich in Windeseile über sämtliche Plattformen verbreiten. Weltweite Protestbewegungen sind inzwischen abhängig von den sozialen Medien, in denen Gedanken in Windeseile die Runde machen und Menschen sich zu Tausenden hinter eine Idee stellen. Es ist fraglich, ob der Women's March, die Klimaproteste oder die Black-Lives-Matter-Demos überhaupt in dieser Größenordnung möglich gewesen wären, ohne dass sich die Teilnehmer:innen online organisiert hätten.

Doch die einflussreichsten Kampagnen sind diejenigen, die von den Machthabenden unmöglich ignoriert werden können, weil die Menschen an der Basis, im echten Leben, in Aktion treten. Letzten Endes lässt sich die breite Öffentlichkeit nicht ohne Offline-Aktivismus zum Umdenken bewegen, nur IRL erreicht man Herz und Verstand der Massen. Bürgerbewegungen, auch Graswurzelbewegungen genannt, blicken auf eine lange Geschichte zurück, von ihnen können wir jede Menge lernen. Sie sind der Beweis dafür, dass große Veränderungen zum Guten möglich sind, wenn sich viele einfache Bürger:innen zusammentun und schrittweise kleinere Veränderungen vornehmen. Man sehe sich nur die Anti-Apartheid-Bewegung, die Menschenrechtsbewegung, die Frauenrechtsbewegung und die Suffragettenbewegung an. Alle diese Strömungen entstanden aus der persönlichen Interaktion heraus, die einen Diskurs in Gang setzte und zu taktischen Verhandlungen führte. Ja, auch die Anführer:innen jener Zeit bedienten sich verschiedener Medien wie Telegramm und Telefon, Fax und natürlich der Presse, aber es waren die lautstarken Massenproteste in den Innenstädten, die das Herzstück ihrer Bewegung ausmachten und die Dinge mächtig ins Rollen brachten.

Wir sollten genauso viel Mühe in unseren Offline- wie in unseren Online-Aktivismus stecken, wenn wir mehr erreichen wollen, als nur ein wenig Aufmerksamkeit auf ein Thema zu lenken. Als ich mit Free Periods loslegte, verbrachte ich meine Mittagspausen in der Schule damit, mich im Internet mit anderen über Periodenarmut auszutauschen, Fakten zu sammeln und die neusten Forschungsergebnisse zu recherchieren, um das Interesse aufrechtzuerhalten und meinen Follower:innen neuen

Input zu geben. Doch sofort nach Schulschluss sprang ich dann in die U-Bahn und fuhr ins Zentrum von London, zum House of Commons. Dort sprach ich mit Abgeordneten und versuchte sie von der Notwendigkeit einer Gesetzesänderung zu überzeugen, oder ich übte Druck auf diejenigen aus, in deren Macht es lag, an den derzeitigen Zuständen etwas zu ändern. An anderen Tagen traf ich mich mit Vertreter:innen von NGOs, Wohltätigkeitsorganisationen oder Thinktanks, die bereits mit der Regierung kooperierten.

Sophie Walker sagte mir zu diesem Thema:

Denk daran: Eine Petition und Infomails an verschiedene Personen machen noch keine erfolgreiche Kampagne. Sicher, das alles sind hilfreiche Maßnahmen, um ein Bewusstsein zu schaffen und Druck auf die Entscheidungsträger:innen auszuüben. Und es hilft dir bei deiner Suche nach Verbündeten. Trotzdem ist es damit nicht getan. Du musst da rausgehen und mit den Menschen reden. Es macht einen Riesenunterschied, wenn man sein Gesicht zeigt und persönlich in Erscheinung tritt. Man stellt eine sehr viel intensivere Beziehung zu den Leuten her, wenn man ihnen von Angesicht zu Angesicht gegenübersteht, und baut eine Verbindung auf, die viel stärker und beständiger ist als bei reinen Internetbekanntschaften.

Es lässt sich nicht vermeiden, dass du denen Dampf machen musst, in deren Macht es steht, durch ihre Entscheidungen den Status quo zu ändern. Leider ziehen genau diese Leute es aber meist vor, tatenlos zuzusehen. Sobald du in dieser Hinsicht aktiv geworden bist, kannst du deine Mitstreiter:innen bitten, es dir gleichzutun und im Netz ähnlich auf ein Handeln zu drängen. Natürlich nicht bei Menschen in einflussreicher Position, die sich bereits leidenschaftlich für deine Sache einsetzen, sonst geht der Schuss unter Umständen sogar nach hinten los. Trotzdem könnte man es auch da mit einem freundlichen Post versuchen, so etwas wie:

> Ich hatte soeben ein sehr produktives Treffen mit
> _____. Wir haben uns über den zeitlichen
> Rahmen einer möglichen Debatte in Westminster unter-
> halten. Lasst uns noch viele weitere Abgeordnete dazu
> auffordern, sich am Diskurs über Periodenarmut zu be-
> teiligen. Schickt einen Tweet oder eine E-Mail an eure
> Abgeordneten!!!

Normalerweise veröffentlichte ich im Netz einen Post oder ein Petitionsupdate mit einem Beispieltext für einen Tweet oder einer E-Mail-Vorlage, die alle nutzen konnten. Eine wunderbare Möglichkeit, um ein wenig freundlichen Druck auf andere Abgeordnete auszuüben und sie zu ihrer Mithilfe zu bewegen.

Ob es in deinem Fall um großangelegte Massenproteste, einen Schulaufmarsch, eine Sitzblockade an der Uni oder nur um das Protesttreffen von einer Handvoll Leuten in einem benachbarten Park geht: Wenn du deine Online-Proteste auf die Straße verlegst, wird deine Kampagne erheblich an Bedeutung gewinnen. Mit dem Thema Demonstrationen werden wir uns an anderer Stelle noch intensiver befassen (siehe Kapitel 4, Seite 281). Jedenfalls erlebte unsere Free-Periods-Kampagne erst in dem

Moment einen spürbaren Aufwind, als wir mit unserem Protestzug bis in die Downing Street zogen.

Protestmärsche sind für die Unterstützer:innen die wahrscheinlich beste Möglichkeit einer direkten Beteiligung an einer von dir organisierten Aktion, aber was noch viel wichtiger ist: Großdemos bleiben auch der Öffentlichkeit nachhaltig im Gedächtnis und berühren die Menschen im Innersten. Sie markieren einen Wendepunkt. Denn von dem Moment an, da der Protest sich auf die Straße verlagert, gehört die Bewegung ihren Unterstützer:innen. Wer emotional stark genug involviert ist, um sich an einer Demonstration zu beteiligen, macht sich die Kampagne zu eigen. Fortan ist es die Mission und der Kampf jedes und jeder Einzelnen, der oder die mitmarschiert.

Wir wurden mit E-Mails von jungen Leuten überschüttet, die an unserem Protestzug teilgenommen hatten und noch viel mehr für Free Periods tun wollten. Viele von ihnen verhalfen der Kampagne zu noch besserer Sichtbarkeit, indem sie in den sozialen Medien Vollgas gaben, Tamponsammelaktionen organisierten oder an ihre Abgeordneten schrieben. Jede einzelne Aktion von jeder einzelnen Person kann nämlich Wirkung zeigen.

Bleib authentisch

Ich bin ziemlich zurückhaltend. Als meine Kampagne richtig auf Touren kam, war ich eigentlich nicht bereit, selbst ins Rampenlicht zu treten. Ich muss zugeben, dass ich das manchmal extrem unangenehm fand und es mir höllisch schwerfiel. Wenn du tatsächlich das große Ziel verfolgst, deiner Kampagne zu möglichst großer Reichweite zu verhelfen, lässt sich das aller Wahr-scheinlichkeit nach nicht ohne ein gewisses Medieninteresse bewerkstelligen. Schon zu Beginn deiner Initiative wirst du die Entscheidung treffen müssen, wie viel von dir selbst du zu zei-gen bereit bist. Möglicherweise hast du keinerlei Problem damit, dein Privatleben vor anderen auszubreiten. Ich selbst habe mein persönliches Instagram-Profil auf privat gesetzt, immerhin teile ich dort Fotos von Familientreffen, von Urlauben mit Freund:in-nen und Ähnliches. Auf keinen Fall möchte ich, dass irgendet-was von meinem Privatleben in die Öffentlichkeit gelangt.

Mein Twitter-Profil dagegen ist öffentlich, denn ich habe schon früh gelernt, dass die Posts, die am meisten Reaktionen hervorrufen, diejenigen sind, in denen ich mich völlig unge-zwungen gebe und meinen ganz persönlichen Gedanken Aus-druck verleihe. Das wird bei dir nicht anders sein. Social-Media-Postings, in denen du dein Innenleben ausbreitest oder deine größten Ängste teilst, in denen du deine Abscheu über etwas so Unerfreuliches wie Hasskommentare kundtust oder deine Freude über die Unterstützung von jemandem zeigst, der oder die mit Leib und Seele hinter deiner Sache steht, bekommen am meisten Aufmerksamkeit. Nur in einem Punkt sei vorsichtig: Halte dich zurück mit persönlicher Kritik oder Angriffen auf namentlich genannte Individuen, und vergiss nicht, immer die Netiquette zu beachten. Bevor du etwas postest, überleg dir ge-nau, ob man das auch noch in fünf, zehn oder fünfzehn Jahren lesen kann, ohne dass du dich dafür schämen müsstest, oder ob es ein Problem wäre, wenn ein:e mögliche:r Arbeitgeber:in da-rauf stoßen würde. Damit keine Missverständnisse entstehen: Natürlich darfst du deinem Ärger Luft machen und brauchst mit deinen Gefühlen nicht hinter dem Berg zu halten, aber tu bitte nichts Unüberlegtes, was du später bereuen könntest.

Sei einfach du selbst. Leg dir kein Alter Ego zu, hinter dem du dich im Netz versteckst, das bedeutet für dich nur unnötigen Stress. Und überhaupt, wer will das schon? Sei immer ehrlich, wenn du etwas auf Instagram teilst, und bemühe dich bei allen Texten darum, deine Worte von Herzen kommen zu lassen. Schließlich wünschen sich auch deine Follower:innen, ob es nun Hunderte sind oder Tausende, dass du authentisch bist.

Verwende Bilder

Sicher kennst du den Spruch: »Ein Bild sagt mehr als tausend Worte.« Nun, da ist wirklich was dran. Leider ist unsere Aufmerksamkeitsspanne verschwindend klein. Aber wen wundert es, wo wir doch tagtäglich eine schier grenzenlose Fülle an Informationen zu verarbeiten haben. Wo wir auch gehen und stehen, stürmen sie von allen Seiten auf uns ein, und das im Sekundentakt. Besonders die sozialen Netzwerke werden von unzähligen Menschen genutzt, es herrscht ein reger Austausch, und alle haben etwas (mit-) zu teilen. Studien haben gezeigt, dass ein Tweet, der von einem Foto oder Bild begleitet ist, mit einer 150 Prozent höheren Wahrscheinlichkeit einen Retweet erhält als einer ohne. Wenn jemand auf den einschlägigen Plattformen einen ellenlangen Text verbreitet, erinnern sich die Leser:innen bereits nach drei Tagen nur noch an 10 Prozent des Inhalts. Kombiniert man einen umfangreicheren Textblock allerdings mit einem Bild, sind es durchschnittlich schon um die 65 Prozent.

Fotos von Binden und Tampons hätten in meinem Fall zwar durchaus die Botschaft der Kampagne klar auf den Punkt gebracht, aber ich war mir sicher, dass es nur einen Abstumpfungseffekt zur Folge hätte, wenn die User:innen tagaus, tagein dieselben Bilder zu sehen bekämen. Es empfiehlt sich, die Social-Media-Inhalte abwechslungsreich zu gestalten, statt immer nur das ewig Gleiche zu posten. Eine sehr gute Möglichkeit, mehr Variation und Spannung in die Postings zu bringen, ist es, Freund:innen und Follower:innen zu bitten, eigene Designs beizutragen. In einem Google-Drive-Ordner lässt sich beispielsweise prima ein Bildarchiv aufbauen. Wende dich doch an eine örtliche Schule oder eine Kunsthochschule und bitte um Entwürfe. Ich selbst habe im Sekretariat meiner Schule nachgefragt, ob ich vielleicht einen kleinen Vortrag über Periodenarmut halten dürfte, und konnte im Zuge dessen meinen Kunstlehrer dazu überreden, sich in seinem Unterricht mit dem Thema zu befassen. Die Schüler:innen, die mitgemacht haben, waren so freundlich, mich ihre Kunstwerke auf meinen Internetprofilen verwenden zu lassen. (In diesem Zusammenhang sollte man unbedingt darauf achten, dass man auf Wunsch den/die Urheber:in namentlich nennt.) Ich hatte also großes Glück. Denn gleichzeitig lernten diese jungen Menschen etwas über Periodenarmut, brachen im gemeinsamen Gespräch Tabus und waren im Anschluss an das Projekt zum Großteil auch bereit, Free Periods auf jede erdenkliche Weise zu unterstützen. Besser hätte es kaum laufen können.

Alice Aedy ist eine wirklich geniale Dokumentarfilmerin, Fotografin und Aktivistin. Auf meine Frage, in welcher Weise sie die sozialen Netzwerke und den Fotojournalismus nutzt, um ein Bewusstsein für die für sie relevanten Themen zu schaffen, insbesondere Zwangsmigration, Umweltschutz und Frauenthemen, antwortete sie Folgendes:

> Ich glaube an die Macht von Geschichten und betrachte meine Kamera als ein Werkzeug, das durch einen Perspektivenwechsel Veränderungen bewirkt. Die sozialen Netzwerke ermöglichen es mir, Storys von der vordersten Front, ob es nun um die Klima- oder die Flüchtlingskrise geht, direkt mit einem jungen, engagierten Publikum zu teilen. So bin ich hinsichtlich der Publikation meiner Arbeiten nicht auf die traditionellen Informationskanäle und Gatekeeper angewiesen, ich kann eigenmächtig handeln und bin frei in dem, was ich tue, was wahrlich nicht selbstverständlich ist. Die Social-Media-Kanäle sind darüber hinaus ein machtvolles Instrument, auf das ich jederzeit und überall Zugriff habe, ein Ort, an dem ich meine Zukunftsängste in hoffnungsvolles und entschlossenes Handeln umwandeln kann.

Kooperation statt Konkurrenz

Als Aktivist:innen sollten wir uns sowohl IRL als auch online gegenseitig viel mehr unterstützen und stärkere Präsenz bei Aktionen von anderen zeigen. Der Aktivismus ist ein so hartes und (ich betone es immer wieder gern) bisweilen sehr einsames Pflaster. Bekommt man öffentlich Zuspruch von Mitaktivist:innen, ist das ein bisschen so, als würde man ganz unerwartet in den Arm genommen werden, wenn man es gerade am dringendsten nötig hat.

Wenn du dich für die Aktionen von anderen Aktivist:innen aussprichst, was insbesondere dann hilfreich ist, wenn du eine größere Anhängerschaft hast als sie, werden sie wiederum auf deine Kampagne aufmerksam. Und vielleicht sind sie irgendwann in der Position, sich bei dir zu revanchieren. Selbst wenn es um völlig verschiedene Themen geht, ist es ein tolles Gefühl zu sehen, dass andere Menschen, die sich ebenfalls darum bemühen, die Welt zu einem besseren Ort zu machen, hinter einem stehen. Jede:r von euch leistet Unglaubliches, und wenn ihr euch nicht gegenseitig in den Himmel lobt, wer soll es dann tun?

Ermuntere Betroffene, ihre eigenen Erfahrungen aufzuschreiben, damit du ihre Storys in deinem Feed teilen kannst. Maya und Gemma Tuttons Our-Streets-Now-Kampagne, die sich für die Einstufung von Upskirting als rechtswidrig einsetzte, hat Hunderte von jungen Mädchen dazu ermutigt, ihre persönlichen Erlebnisse im Netz zu teilen. Dies wiederum kam der Botschaft zugute, weil dadurch der dringende Handlungsbedarf sichtbar wurde und die Kampagne umso mehr Berechtigung erhielt.

Echtes, authentisches Engagement für deine Sache im Netz kann zum Herzstück deiner Kampagne werden. Denk nur an Fridays for Future und ihre von Schulkindern rund um den Erdball organisierten Klimastreiks. Jeder einzelne Post zu den wöchentlichen Demos wird begleitet von Fotografien, auf denen junge Aktivist:innen zu sehen sind, die bei Wind und Wetter, ob in der Gluthitze oder bei Regen, selbst gebastelte Schilder und Transparente hochhalten und ein sofortiges Handeln einfordern.

Als ich noch auf die Grundschule ging, war das Konkur-renzdenken innerhalb der Schülerschaft stark ausgeprägt. Wir schrieben alle zwei Wochen Tests in Mathe und Englisch und bekamen unsere Platzierung innerhalb des Klassenrankings mitgeteilt, nachdem wir mit schweißnassen Händen draußen vor dem Büro der Direktorin Schlange stehen mussten. Die bes-ten drei erhielten Anstecker, die sie voller Stolz zu tragen hatten, und jedes Mal schärfte man uns ein, wir sollten das nächste Mal denjenigen auf dem Platz vor uns vom Sockel stoßen. Ich habe dieses Wettbewerbsdenken gehasst.

Schon von früher Kindheit an bekommt ein Großteil von uns eingetrichtert, wir sollen uns mit anderen messen, verglei-chen, in den Wettstreit treten und alles dafür tun, um der oder die Beste zu sein. Wir werden dazu ermuntert, einander als Ri-val:innen zu sehen, uns gegenseitig zu übertrumpfen, Sieger:in-nen zu sein, nicht Verlierer:innen. Das erzeugt ein Klima der Angst, und diese Angst bringt uns dazu, noch aggressiver gegen unsere Konkurrent:innen vorzugehen. Im Kontext des Aktivis-mus (und nicht nur da) halte ich dieses Denken für absolutes Gift.

Da draußen gibt es keine begrenzte Menge an Erfolg oder Unterstützung, um die man konkurrieren müsste, niemand er-leidet durch den Triumph der anderen irgendwelche Einbußen. Wenn jemand anderes erfolgreich ist, bedeutet das nicht, dass die eigenen Chancen, ans Ziel zu gelangen, schrumpfen. In der Welt des Aktivismus lautet die Devise: Kooperation statt Kon-kurrenz. Ich selbst habe gelernt, wie unheimlich wertvoll dieses Miteinander ist, um ein positives Licht auf die eigene Kampag-ne zu werfen. Denn Tatsache ist doch: Je mehr Menschen sich für den Wandel einsetzen, desto mehr rückt der Aktivismus ins Zentrum und wird zur Normalität. Je mehr von uns sich zusammenraufen und eine globale Armee von selbstständig handelnden Aktivist:innen bilden, desto größer ist die Chance, dass sich die politischen Entscheidungsträger:innen letztlich unseren kollektiven Forderungen beugen.

Öffentlichkeitswirksame Reden

Mein erstes Mal auf einer Bühne war ein Erlebnis, das ich am liebsten vergessen würde. Ich habe die Erinnerung daran in eine Kiste gepackt und diese im hintersten Regalfach meines Gedächtnisses verstaut. Es war grauenvoll. Grauenvoll, weil ich im entscheidenden Moment absolut kein Wort herausbrachte.

Ich war damals acht und noch an der Grundschule. Wir mussten uns paarweise zusammentun und sollten ein Gedicht schreiben. Und dann hatten wir eine Woche Zeit, bis wir es live auf der Bühne vor der versammelten Schülerschaft aufsagen mussten. Ich bildete ein Team mit einem Jungen, der nur Unfug im Kopf hatte. Nennen wir ihn der Einfachheit halber Tom.

Drei Tage vor unserer Deadline, er hatte bereits pflichtschuldig ein Gedicht verfasst und es auswendig gelernt, ging Tom zu unserer Lehrerin und teilte ihr mit, wir beide wären bereit, es vorzutragen. Das wäre an sich ja schön und gut gewesen, aber es gab da ein Problem: *Ich* war keineswegs so weit. Ich konnte das Gedicht nicht auswendig vortragen, und das wusste er ganz genau. Ich war erst am Vorabend endgültig damit fertig geworden, und in meinem Kopf war es nichts als ein kunterbunter Haufen Worte und Sätze, die ungeordnet durcheinanderkullerten. Was dem Ganzen aber die Krone aufsetzte, war die Tatsache, dass ich keine Ahnung davon hatte, dass er zu unserer Lehrerin gegangen war, bis wir auf die Bühne gerufen wurden. Mir zog es den Boden unter den Füßen weg. Spätestens als Tom dann auch noch breit grinsend vorschlug, er würde mir den Vortritt lassen, hätte ich ihr gestehen sollen, dass ich alles andere als bereit war. Stattdessen schlurfte ich mit hängenden Schultern auf die Bühne, redete mir selbst ein, ich würde das schon irgendwie schaffen, ergab mich der Illusion, die Worte würden mir im entscheidenden Moment wieder einfallen, alles würde glattgehen. Nur dass ich dann zu allem Überfluss den kompletten Blackout hatte. Heiße Tränen liefen mir über die Wangen, und ich murmelte ein paar unverständliche Worte, versuchte noch mal von vorn anzufangen, und rannte schließlich heulend von der Bühne. Ich schämte mich zutiefst, am liebsten wäre ich im Boden versunken.

Meine erste Rede im Rahmen von Free Periods hielt ich mit siebzehn, einige Wochen nach Start der Petition. Man hatte mich zu einem Event mit dem Thema Menstruationsgerechtigkeit ins Zentrum von London eingeladen mit der Bitte, meine Kampagne im Rahmen eines kleinen Vortrags vorzustellen. Das Ganze sollte in der wunderschönen historischen Kapelle im House of St. Barnabas stattfinden, zu einer Seite flankiert von einem schmalen Grünstreifen, auf dem Angestellte in Anzügen sich mit einem Glas kühlen Weißwein in der Sonne entspannten. Ich steckte mitten in meinen AS-Level-Examen. Diese erstreckten sich über mehrere Wochen, und weil ich zwischen zwei Prüfungen drei Tage Pause hatte, entschied ich, die Abwechslung würde mir guttun, und sagte zu.

Beim Betreten der Bühne merkte ich, wie mir das Herz bis zum Hals schlug. Ich war mir sicher, dass jede:r es hören musste. Als ich zu sprechen anfing, hallte meine Stimme durch den gesamten Raum, echote von den Betonwänden wider und schallte überlaut zurück ins Publikum. Ich fühlte mich so winzig und war eingeschüchtert von der Größe der sakralen Halle. Ich glaube, ich sagte damals alles, was ich sagen wollte, aber jedes einzelne Wort fühlte sich falsch an, viel zu schrill und gekünstelt. Ich hatte nicht den Eindruck, dass es mir gelang, dem Publikum meine Gefühle zu vermitteln. Für einen kurzen Moment hatte ich überlegt, es ganz anders zu machen und mir einfach alles von der Seele zu reden, was mir gerade in den Sinn kam, aber ich befürchtete, ich könnte mich in meinen eigenen Gedanken verstricken und nicht mehr weiterwissen. Ich denke, meine Rede war ganz passabel, aber wenn ich ehrlich sein soll, habe ich nur sehr vage Erinnerungen daran.

Ich erinnere mich, einmal irgendwo gelesen zu haben, dass manche lieber sterben würden, als vor Publikum zu reden. Viele von uns kriegen Schweißausbrüche, zittern vor Angst und fangen schon bei der Vorstellung, sich ins Rampenlicht zu stellen und vor einer Menschenmenge zu sprechen, an zu stottern. Nach meiner ersten, unvergesslich blamablen Erfahrung allein auf einer Bühne hätte ich nie im Leben gedacht, dass Reden einmal ganz selbstverständlich zu meinem Alltag gehören würden.

Ich habe schon überall auf der Welt auf Podien gestanden, habe an TEDx-Talks teilgenommen, vor den Vereinten Nationen gesprochen, bin an Schulen, auf Konferenzen und vor Promis und Staatsoberhäuptern aufgetreten. Was ich damit sagen will, ist Folgendes: Lass dich nicht von irgendwelchen früheren Erfahrungen beeinflussen, und mögen sie auch noch so peinlich gewesen sein. Lass das, was war, hinter dir, denn wenn ich es geschafft habe, schaffst du das auch, versprochen!

Suhaiymah Manzoor-Khan meistert Auftritte auf nationalem wie internationalem Parkett, seit ihr Gedicht *This is Not a Humanising Poem* im Jahr 2017 viral ging und ganze zwei Millionen Mal angeklickt wurde. Über ihre eigene lähmende Angst vor öffentlichen Auftritten hat sie Folgendes zu sagen:

Ich habe bei öffentlichen Reden die meiste Angst davor, von anderen beurteilt und missverstanden zu werden, etwas Falsches zu sagen oder nicht die richtigen Worte zu finden. Doch unsere Furcht vor struktureller Gewalt, Ausgrenzung, Mangel an Ressourcen, Verfolgung und Tyrannei ist schwerwiegender, deshalb darf uns global betrachtet unsere Angst vor dem öffentlichen Auftritt nicht davon abhalten, auf noch viel schlimmere, begründetere Ängste hinzuweisen.

Öffentliches Sprechen ist reine Übungssache. Kein Mensch wacht eines Morgens auf und hält fantastische Reden. Jede:r fängt klein an und gibt irgendwann sein oder ihr Debüt am Rednerpult. Nur wenn du dranbleibst und übst und weitere Vorträge hältst, bekommst du mit der Zeit eine gewisse Routine. Du sammelst Erfahrungen, hörst anderen Redner:innen zu, machst Fehler, wegen denen du vor Scham am liebsten im Boden versinken möchtest, ziehst deine Lehren daraus, siehst die Reaktion des Publikums oder merkst, was für eine Wirkung du hast – aus alldem lernst du. Ich habe vor allem einen Ratschlag: Stell dich deiner Angst und fang einfach an.

Aranya Johar trug bereits mit zwölf Jahren ihre kraftvollen Gedichte öffentlich vor. Seither spricht sie regelmäßig vor Berühmtheiten wie Malala Yousafzai und Emma Watson, ist aber ebenfalls nicht immun gegen die Angst.

Ich habe selbst nach zehn Jahren Bühnenerfahrung immer noch Lampenfieber, und trotzdem hat man als Aktivistin und Entertainerin eine gewisse Verantwortung. Ich versuche mir das Bewusstsein meiner Bühnenangst zunutze zu machen und umso mehr zu üben. Eine Sache, die mir hilft, bei einer Rede nicht ins Straucheln zu geraten, ist das Wissen, dass ich fest an das glaube, was ich sage.

Wenn du dich dem Aktivismus verschreibst, sind die Chancen, dass du vor mehr als nur ein paar Leuten sprechen musst, relativ groß. Falls du das geborene Redetalent bist, mag das eine großartige Neuigkeit sein. Vielleicht ist es das erste Mal, dass deine Stimme einen ganzen Raum beschallt, das einzige Geräusch in der Stille. Vielleicht ist es das erste Mal, dass du mit leidenschaftlichen Worten über ein Thema sprichst, von dem du andere überzeugen möchtest. Werden die Leute begreifen, was du ihnen mitzuteilen versuchst? Wirst du dem Thema gerecht werden? Werden sie dir genau zuhören und das, was du sagst, verstehen, oder denken sie vielleicht erst im Nachhinein genauer darüber nach?

Ein Vortrag vor einer größeren Menschenmenge ist für dich die optimale Gelegenheit, um in die Köpfe und Herzen dieser Leute vorzudringen. Es ist die Gelegenheit, ihnen näherzubringen, warum dir deine Mission so wichtig ist. Du kannst deinen Zuhörer:innen erläutern, warum dein Anliegen eine so große Rolle spielt, für dich und für die Zukunft vieler anderer.

Je öfter du es tust, desto seltener wird dir deine Angst in die Quere kommen. Kann gut sein, dass das Reden vor Publikum nie zu deiner Lieblingsbeschäftigung wird, aber es ist schon ein kleiner Teilerfolg, wenn du vor lauter Panik keine Schweißausbrüche mehr bekommst. Ich habe hier ein paar Tipps für dich, wie ich die gefürchteten Vorträge meistere:

Sprich frei von der Leber weg, statt hölzern von einem Skript abzulesen. Die überzeugendsten Reden sind in der Regel diejenigen, die ganz ohne Skript vorgetragen werden. Das klingt verrückt, ich weiß. Ich will damit auch nicht sagen, dass du dich völlig unvorbereitet darauf einlassen sollst, aber versuch doch mal, mit nur wenigen Stichworten und Notizen auf einer Karteikarte zu sprechen.

Natürlich ist das nicht jedermanns/jederfraus Sache – es gibt Leute, für die ist es undenkbar, einen Vortrag zu halten, ohne ihn vorab Wort für Wort auswendig gelernt zu haben. Wenn das für dich der beste Weg ist, dann ist das toll. Ich habe allerdings festgestellt, dass es mir in der Regel reicht, wenn ich die wichtigsten Stichpunkte auf einem Zettel stehen habe, um gut durchzukommen. Selbstverständlich bereite auch ich mich vor und übe, sodass ich eine klare Vorstellung von dem habe, was ich unbedingt erwähnen will und wie ich meine zentrale Botschaft rüberbringe.

Wenn man wirklich für ein Thema brennt, kann man normalerweise sein Herz sprechen lassen und braucht kein ausgearbeitetes Manuskript, um sich sicher zu fühlen. Schließlich wollen die Menschen dein authentisches Ich sehen, deine menschliche Seite, auch wenn du damit Schwächen oder Fehler zeigen musst.

Untermauere deine Aussagen mit klaren Fakten. Tatsachen lassen sich nicht bestreiten. Sie sprechen für sich. Lässt du während deiner Rede immer wieder knallharte Fakten einfließen, erinnert das deine Zuhörer:innen daran, dass es hier um ein reales, ernst zu nehmendes Thema geht. Ist deine Rede sehr gefühlsbetont, so triffst du dein Publikum damit normalerweise mitten ins Herz, und das zeigt Wirkung. Damit die Botschaft aber auch in ihren Köpfen ankommt, brauchst du ein paar unbestreitbare Daten. Übertreibe es aber bitte nicht mit Statistiken, sonst wird dein Vortrag schnell zu einer sehr trockenen Angelegenheit!

Kenne dein Publikum. Informiere dich vorab durch Recherchen über deine Zuhörer:innen. Das wird dir helfen, in deiner Rede die richtigen Schwerpunkte zu setzen. Bei einem meiner ersten Vorträge bestand mein Publikum in erster Linie aus Frauen über fünfzig, vielleicht etwas jünger. Ich spielte in meiner Rede auf einen Song von Kanye West an. Die verständnislosen Mienen dieser Frauen verfolgen mich bis heute. Wenn du keinerlei Vorstellung hast, wie deine Zuhörer:innen demografisch zusammengesetzt sind, erkundige dich bei dem/bei der Organisator:in. Und wenn du dir nicht sicher bist, erwähne keinesfalls Kanye.

Locke dein Publikum aus der Komfortzone. Nutze deine Chance, einen Vortrag zu halten, der den Leuten einen kalten Schauer über den Rücken jagt. Du musst den gesamten Raum für dich einnehmen. Wenn du wirklich Eindruck hinterlassen willst, musst du dein Publikum zum Umdenken zwingen. Welches auch immer dein Thema ist, konfrontiere die Leute mit der nackten, teils unbequemen Wahrheit. Meine Erfahrung ist, dass man sie nur so auf die eigene Seite bringt. Erkläre den Zuhörer:innen, was dein Anliegen so brisant macht, achte aber zugleich darauf, dass du klipp und klar sagst, was du von ihnen erwartest und welchen Beitrag sie leisten können, um das Problem aus der Welt zu schaffen. Welche Gedanken sollen sie mit nach Hause nehmen? Welche Punkte aus deiner Rede sollen sie im Idealfall hinterher posten oder ins Gespräch bringen? Sehr hilfreich in diesem Zusammenhang ist es, wenn du dir einige Schlagworte oder kurze Sätze überlegst, die du während des Vortrags immer wieder einstreust, Wörter und Sätze, die garantiert bei allen hängen bleiben! Überleg, ob du vielleicht ein kleines Flugblatt oder Magazin austeilen könntest, mit den wichtigsten Fakten, Fragestellungen und Kontaktdaten, damit die Leute sich hinterher mit dir in Verbindung setzen können.

Nervosität muss nichts Schlechtes sein. Erinnerst du dich noch an Oprahs #MeToo-Rede bei den Golden Globes? Sie wurde damals dafür gefeiert, weil ihre Worte so eindringlich waren, ein richtiger Weckruf. Aber die für sie untypische Nervosität hätte sie beinahe aus der Bahn geworfen. Oprah sagte hinterher, ihre Rede sei so wirkungsvoll gewesen, gerade *weil* sie so nervös war. Sie habe einen extrem trockenen Mund gehabt, ihre

Lippen hätten sich angefühlt wie geschwollen, deshalb habe sie jede einzelne Silbe betont, um die Worte überhaupt herauszubringen. Warum nimmst du dir also nicht ein Beispiel an Oprah und sprichst möglichst langsam? So bleibt dir mehr Zeit zum Überlegen, und du vermeidest dieses unangenehme Gefühl, als würden Gehirn und Mund nicht synchron arbeiten, wie ich es oft erlebt habe. Wenn deine Nerven blank liegen, heißt das nicht automatisch, dass du deinen Vortrag nur noch verpatzen kannst. Vielmehr zeigt es deinem Publikum, wie viel dir das Thema bedeutet – und das ist etwas, das man dir in keinem Kurs der Welt beibringen kann!

Erzähle eine Geschichte. Im Sommer 2019 hatte ich das große Glück, in Johannesburg an einem Storytelling-Workshop teilzunehmen, organisiert von The Moth, einem in New York ansässigen Verein, der die Kunst des Storytelling fördert. Für mich war diese Fortbildung eine Offenbarung. Es war eigentlich so was wie ein Bootcamp fürs Geschichtenerzählen, eins der besten Seminare, die ich je mitgemacht habe. Wir waren dreizehn Teilnehmer:innen, und ich war die Einzige, die nicht vom afrikanischen Kontinent stammte.

Was die The-Moth-Methode so außergewöhnlich macht, ist die Tatsache, dass man dabei gezwungen wird, eine Geschichte ganz ohne Notizen oder andere Hilfsmittel zu erzählen. Sie verlangt, dass man sich verletzlich zeigt, dass man sich absolut menschlich gibt und die Worte aus der Tiefe des Herzens kommen. Jede:r von uns hatte fünfzehn Minuten Zeit, und ich war kurz davor, die Nerven zu verlieren bei dem Gedanken, dass ich mich vor dieses Mikro stelle und vor den anderen einen

Seelenstriptease hinlegen sollte. Im Rahmen dieses Workshops habe ich Storys zu hören bekommen, die mich auf immer und ewig verfolgen werden – Geschichten von Vergewaltigung, von Missbrauch, von Kindern, die verlassen wurden, von verlorener Liebe.

Dem Publikum die eigene Geschichte zu erzählen, bringt einen Raum vor Energie zum Vibrieren, denn dein Antrieb und deine persönliche Mission – beides essenzielle Bestandteile deines Aktivist:innendaseins – sind einzigartig. Deshalb halte bitte nicht mit der Wahrheit hinter dem Berg. Es verleiht deiner Sache ein menschliches Antlitz und liefert die Erklärung, warum ausgerechnet *du* beschlossen hast, für diese eine Sache zu kämpfen.

Auch Humor kann ein sehr wirkungsvolles Mittel sein, um das Publikum für sich einzunehmen und ihm die eigene Kampagne schmackhaft zu machen. Wenn du ein eigentlich »schweres« Thema in leicht verdauliche Kost verwandelst, kann das für die Zuhörer:innen sehr lehrreich sein und die Einzelnen zum Umdenken bewegen, falls sie ursprünglich anderer Meinung waren als du. Grace Campbell hat mir verraten, wie sie mit Humor ihrem Aktivismus zu neuem Schwung verholfen und damit die traditionelle Vorstellung, Politik müsste in erster Linie aus staubtrockenen Vorträgen und drögen Debatten bestehen, einfach mal so auf den Kopf gestellt hat.

Wenn man die Zuhörer:innen gleichzeitig zum Lachen und zum Nachdenken bringt, kann das einen nachhaltigen Effekt haben. Im Rahmen meiner Arbeit konnte ich dies jedenfalls wiederholt feststellen, weil ich politische Stand-up-Comedy mit recht rüpelhaftem Feminismus kombiniere. Mein Publikum ist in der Regel eine kunterbunte Mischung aus jungen Frauen und älteren Leuten. Ich persönlich halte Humor für die optimale Strategie, eine Art Trojanisches Pferd, um Themen wie weibliche Masturbation und die Menstruation auch älteren Menschen zugänglich zu machen. Auch sie müssen davon hören.

Stell dich hin und liefere ab. Du musst dich nicht auf der Bühne präsentieren wie Beyoncé oder Wonder Woman, um ein Gefühl von Macht zu spüren, und doch fördert die Haltung ein selbstsicheres Auftreten. Sobald ich eine Bühne betrete und mich umsehe, meldet sich mein Instinkt, und dann schrumpfe ich schlagartig in mich zusammen: Ich ziehe die Schultern nach vorn und lasse die Arme hängen. Jedes Mal wieder. Als Erstes ermahne ich mich in diesen Fällen, gleichmäßig zu atmen und eine aufrechtere Haltung anzunehmen. Und was auch wichtig ist: lächeln. Im Nu habe ich so das beruhigende Gefühl, alles unter Kontrolle zu haben, als gehörte die Bühne mir.

Das alternative Universum. Zeichne in deiner Rede ein düsteres Bild davon, wie die Welt aussehen wird, sofern nicht bald jemand etwas unternimmt. Im Kontext der Periodenarmut wies ich auf die bittere Realität hin, dass viele Kinder und Jugendliche weiterhin die Schule versäumen und dadurch ihrer Chancen und ihres Potenzials beraubt würden, das zu sein, was sie sein wollen. Indem wir tatenlos zusähen, würde sich die Kluft zwischen den Geschlechtern immer weiter auftun, und alle diese Mädchen, Transjungen und nichtbinären Schüler:innen wären möglicherweise zu ewiger Armut und Entbehrung verurteilt. Fordere dein Publikum auf, sich auszumalen, was passieren würde, wenn wir den Dingen ihren Lauf lassen und keinen Finger rühren. Ob das die Welt ist, in der sie leben wollen?

Stell dir vor, du hast deine Rede bereits hinter dir, und sie war ein voller Erfolg. Psychologen raten gerne zu dem Trick, sich vor dem entscheidenden Tag hinzusetzen, die Augen zu schließen und sich vorzustellen, wie man den Vortrag hält. Denn was uns in der Regel am meisten zu schaffen macht, ist die Angst vor dem Ungewissen und davor, im Zentrum der Aufmerksamkeit zu stehen. Ihr weiser Rat? Einfach das eigene Gehirn überlisten, indem man es glauben lässt, die morgige Präsentation würde glänzend laufen. So gut, dass der mentale Probedurchlauf all die positiven, beglückenden Gefühle auslöst, die ein tatsächlicher gelungener Vortrag hervorrufen würde. Lausche auf das, was du sagen wirst, stelle dir vor, wie du im Scheinwerferlicht stehst, und beobachte, wie glänzend es dir gelingt, die Aufmerksamkeit deines Publikums zu fesseln. Und nun übertöne diese leise Stimme in deinem Hinterkopf, die dir einreden will, du hättest Angst zu versagen!

Bereite dich auf eine mögliche Fragerunde vor. Ich empfehle dir wärmstens, dich zu erkundigen, ob es im Anschluss an deinen Vortrag die Möglichkeit für Fragen geben wird. Sehr häufig wird am Ende zu einer offenen Diskussion aufgerufen, was mich leider regelmäßig ins Schwitzen bringt – es ist das Unvorhersehbare, die Panik, wegen einer kniffligen Frage ins Straucheln zu geraten, eine Fragestellung vielleicht gar nicht zu verstehen. All diese Ängste können dir während einer Rede im Nacken sitzen und dich nicht zur Ruhe kommen lassen.

Wichtig ist, dass du unumwunden zugibst, die Antwort auf eine Frage nicht zu kennen, wenn du sie tatsächlich nicht weißt; das ist überhaupt kein Beinbruch. Du kannst unmöglich die Antwort auf alles wissen. Erkläre einfach, das sei eine sehr gute Frage, du würdest die Antwort darauf gerne recherchieren und dann auf deinen Social-Media-Profilen posten. Alternativ bietest du der Person an, eine private Nachricht zu schicken, sofern er oder sie bereit sei, entsprechende Kontaktdaten zu hinterlassen. Mach dich nur um Himmels willen nicht verrückt deswegen! Kein Mensch erwartet von dir, dass du über alles Bescheid weißt. Versuche eine Frage zumindest teilweise zu beantworten, wenn du nicht alle erforderlichen Fakten zur Hand hast. Falls du eine Frage mal wirklich partout nicht verstehen solltest, gib auch das offen zu. Ich habe es schon viele Male getan, es ist wirklich kein Weltuntergang. Viel schlimmer ist es, wenn man um die Antwort herumeiert und dann nur zu hören bekommt: »Nein, so war das nicht gemeint.« Bitte lieber um eine präzisere Formulierung oder um eine Klarstellung, denn das zeigt zumindest, dass du willens bist, die Frage gebührend zu beantworten.

Bring eine:n Freund:in mit. Bei einem wichtigen Vortrag jemand Vertrauten an der Seite zu haben ist das beste Mittel, um erst gar keinen Stress aufkommen zu lassen. Ich erinnere mich gut, wie ich 2018 bei einer Veranstaltung unter der Schirmherrschaft des Bürgermeisters von London zum Weltfrauentag die Bühne der City Hall betrat. Ich war unheimlich nervös deswegen und weiß noch genau, wie staubtrocken meine Kehle war.

Vor Beginn der Veranstaltung stürzte ich ein Glas Wasser nach dem anderen hinunter, bis meine größte Sorge irgendwann der Suche nach der nächsten Toilette galt. Ich war schrecklich angespannt, als ich schließlich das Podium betrat, fühlte mich aber schlagartig besser, sobald ich sieben von meinen besten Freundinnen im Publikum entdeckte. Das gab mir genau das Selbstvertrauen, das ich in dem Moment so dringend brauchte. Sie winkten mir zu und jubelten, und ich merkte, wie sich meine Nerven sofort beruhigten.

Wenn du eine:n Freund:in mitbringst, kannst du sie oder ihn bitten, dich bei deiner Rede zu filmen. Und auch wenn es noch so peinlich ist, sieh dir die Aufnahme hinterher an und überlege, was du beim nächsten Mal besser machen kannst. Ich finde es grauenvoll, mich selbst zu beobachten, aber in meiner Anfangszeit als Rednerin merkte ich auf diese Weise sofort, dass ich viel zu hektisch sprach und nicht genug Blickkontakt zum Publikum hatte.

Interviews

Ein Interview ist die perfekte Gelegenheit, um nicht nur das Ziel deiner Kampagne darzulegen, sondern auch deine ganz persönlichen Beweggründe. Je nach Medium steht einmal mehr das Thema, ein andermal vor allem deine Person im Mittelpunkt.

Interviews per E-Mail

E-Mail-Interviews sind ideal, weil sie dir die Option lassen, zunächst zu Hause im stillen Kämmerlein oder während einer Fahrt mit dem Bus über deine Antwort nachzudenken. Sie bieten dir allerhöchste Flexibilität. Du hast die Möglichkeit, deine Antwort (virtuell) zu polieren, sie immer wieder zu verfeinern oder abzuändern, zwischendurch eine Pause zu machen, Tee zu trinken, von Neuem zu beginnen.

Der Nachteil von E-Mail-Interviews dagegen ist, dass man schnell den Eindruck gewinnt, sie liefen immer gleich: Kennst du eines, kennst du alle. Alles wiederholt sich, jede Frage ist nur eine leichte Variation von allen anderen. Oft weiß man genau, was als Nächstes kommt, und das ist auf die Dauer wirklich gähnend langweilig. Und wenn man hundertmal den gleichen Text verschickt hat, ertappt man sich dabei, dass man die Antworten längst nicht mehr mit derselben Begeisterung wie früher tippt. Ein weiterer Wermutstropfen ist, dass E-Mail-Interviews vergleichsweise zeitraubend sein können. Ein Telefon-Interview von durchschnittlich zehn Minuten wächst sich in schriftlicher Form gerne zu einem dreiseitigen Interview aus, manchmal sogar mehr.

Du brauchst dich überhaupt nicht mies zu fühlen, wenn du dir für E-Mail-Anfragen Standardantworten zurechtlegst. Das spart Zeit und noch mehr Energie. Allerdings solltest du im Einzelfall strategisch denken und die vorgefertigten Texte nur verwenden, wenn es sich um neue Interviewpartner handelt. Alternativ kannst du die Antworten auch direkt in Form von Sprachnotizen an den oder die Journalist:in schicken. Solche Sprachaufnahmen lassen sich vorab aufzeichnen, was zwar seine Zeit in Anspruch nimmt, aber immer noch schneller geht, als eine Antwort zu tippen. So kann man die einzelnen Fragen unabhängig voneinander angehen, sobald man zwischendurch die Zeit dafür findet. Außerdem lassen sich mithilfe der Stimme etwaige Emotionen und die Begeisterung für ein Thema viel besser transportieren als mit einer E-Mail.

Face-to-Face-Interviews

Am liebsten sind mir persönliche Interviews, für die man sich bei einer Tasse Kaffee und einem Stück Kuchen zusammensetzt und ungezwungen plaudert. Früher war das die einzige Möglichkeit, Interviews zu führen, doch heute scheint diese Form dank der Möglichkeiten, die E-Mail und Telefon bieten, mehr und mehr aus der Mode zu kommen, was ich persönlich wirklich sehr bedauerlich finde.

Falls es dich nervös macht, nicht zu wissen, welche Fragen auf dich zukommen, bitte deine:n Interviewpartner:in, sie dir vorab zu schicken, damit du dir die Antworten gut überlegen kannst. Ein:e gute:r Journalist:in wird genau wissen, wie er oder sie dir die Nervosität während des Gesprächs nehmen kann und ein Gefühl von Sicherheit vermittelt. Er oder sie wird Fragen so geschickt und unauffällig ins Gespräch einflechten, dass du das Gefühl hast, dich mit einem/einer guten Freund:in zu unterhalten. Wenn du dir in einem Punkt unsicher bist, teile deinem/ deiner Interviewpartner:in mit, dass du einen kurzen Moment zum Nachdenken benötigst. Und falls du erst im Nachhinein merkst, dass du etwas gesagt hast, was du sehr viel treffender hättest formulieren können, sag das einfach. Schließlich liegt es auch im Interesse des Magazins, der Zeitung oder welcher Plattform auch immer von dir das bestmögliche Interview zu bekommen. Wenn das bedeutet, dass du deine Antworten nachträglich abwandeln musst, dann ist das eben so. Trotzdem solltest du im Hinterkopf behalten, dass Journalist:innen nur in sehr seltenen Fällen deine Zustimmung einholen, ehe sie den Interviewtext veröffentlichen.

Radio- und TV-Interviews

Radio- und Fernseh-Interviews sind aus meiner Sicht ein zweischneidiges Schwert: Das Gute ist, dass du damit Tausende von möglichen neuen Unterstützer:innen für deine Kampagne erreichen kannst. Der Nachteil ist, dass du damit Tausende von möglichen neuen Unterstützer:innen für deine Kampagne erreichen kannst. Die Reichweite ist wirklich enorm, löst aber bei manch einem Panik aus, wenn man sich überlegt, wie viele Menschen zuhören werden.

Meine Tipps für ein Live-Interview sind folgende:

▶ Vertraue auf deine Fähigkeiten: Kaum jemand kennt sich auf deinem Gebiet besser aus als du.

▶ Informiere dich vorab genau, wie viel Zeit dir zur Verfügung steht.

▶ Wer ist dein:e Interviewpartner:in? Höre dir einige von dieser Person geführte Interviews an, um ein Gespür für ihre Tonalität und Ansichten zu bekommen.

▶ Auch wenn du den Menschen da draußen am liebsten alles erzählen würdest, was du zu deiner Kampagne zu sagen hast, solltest du dich etwas zügeln. Leg dir ein paar zentrale Punkte zurecht, die du den Zuhörer:innen unbedingt vermitteln willst, und eine Bitte, die du an sie richtest. Es ist besser, ein paar wenige Aspekte möglichst detailliert darzulegen, da dies dein Publikum besser von deinem Fachwissen, deiner Expertise und deinem Engagement überzeugen wird, als wenn du eine Vielzahl von zum Teil altbekannten Argumenten nur oberflächlich streifst. Außerdem solltest du ein paar griffige Schlagworte parat haben, die du zwischendurch einfließen lässt, um dein Ziel zu verdeutlichen.

Ich habe schon in belebten Bahnhöfen gesessen und ins Telefon gebrüllt, um die Durchsagen aus den Lautsprechern zu übertönen. Ich habe im Urlaub Radio-Interviews gegeben, weil ich mir so eine einzigartige Chance nicht entgehen lassen wollte (einmal ist mir kurz danach sogar das Handy in den Pool gefallen). Ich habe zwischen zwei Unterrichtsstunden Interviews bestritten, im Bus von der Schule nach Hause und im Zug auf Interrailtour quer durch Europa mit meinen besten Freundinnen.

Einmal habe ich sogar nur knapp fünf Minuten nach dem Aufwachen ein kurzes Interview gegeben, noch im Bett liegend und mit belegter Stimme. Ich habe so gut wie nichts ausgelassen. Gerade in der Anfangszeit ist es wichtig ist, vollen Einsatz zu zeigen, um Aufmerksamkeit auf die eigene Kampagne zu lenken. Trotzdem darfst du dein eigenes Wohlbefinden nicht aus den Augen verlieren und dir zu viel abverlangen. Hiermit werden wir uns in Kapitel 5 (Seite 318) genauer beschäftigen.

Du wirst sofort spüren, wenn du es übertrieben hast. In dem Fall schalte bitte unbedingt einen Gang zurück und werde dir deiner Gefühle bewusst. Wie stehst du zu dem, was bislang passiert ist? Ich selbst fing irgendwann an, richtig Spaß an Interviews zu haben, und genoss es, andere (insbesondere Männer) über die Periode und ihre große Macht aufzuklären. Mit Freude stellte ich mich der Herausforderung, mein zentrales Anliegen und die wichtigsten Argumente innerhalb eines begrenzten Zeitfensters darzulegen. Ich fand großen Gefallen an Elevator Pitches, die ich immer besser beherrschte und die mich die entsprechenden Interviews mit Bravour meistern ließen. Allerdings gelangte ich irgendwann an einen Punkt, wo mir bewusst wurde, dass ich mir viel zu viel zumutete. Eins stand fest: Meine seelische Gesundheit durfte ich nicht so leichtfertig aufs Spiel setzen. Also fing ich an, nicht mehr ganz so viele Zusagen zu Interviews zu machen, und auch wenn ich an nichts anderes mehr dachte als an die Wahnsinnsgelegenheiten, die ich mir deshalb durch die Lappen gehen ließ, wusste ich ohne jeden Zweifel, dass ich das nicht alles unter einen Hut bekommen konnte. Immer wieder schwirrte mir der Kopf, ich kam gar nicht mehr zur Ruhe. Achte bitte gut auf dein seelisches Wohlbefinden – es sollte wirklich an oberster Stelle stehen, denn wenn es dir nicht gut geht, gibt es auch keine Kampagne, so einfach ist das. In mental angeschlagenem Zustand wirst du nicht weitermachen können.

Mittlerweile mache ich nur noch die Interviews, auf die ich Lust habe. Nein zu sagen mag dir anfangs undenkbar erscheinen. Aber je öfter es dir gelingt, desto leichter wird es dir über die Lippen kommen. Es ist dein persönlicher Notfallknopf gegen Burn-out, damit schützt du dein Selbstvertrauen und räumst deinen eigenen Bedürfnissen oberste Priorität ein. Und wer sollte besser über deine Bedürfnisse Bescheid wissen als du selbst? Es geht um Selbstfürsorge und das Vertrauen in deine persönliche Fähigkeit, zu wissen, wann das Maß voll ist. Und mit diesem Wissen und dem gewonnenen Selbstvertrauen stellt sich automatisch eine stille Zuversicht ein, weil man das Gefühl hat, alles unter Kontrolle zu haben, ein Gefühl, das wir in unserem hektischen Alltag leider allzu oft vermissen.

Radio-Interviews

Radio-Interviews bekommt man definitiv leichter als Fernseh-Interviews. Am besten wendest du dich zuallererst an einen Lokalsender in deiner Nähe. Kleinere Rundfunkanstalten unterstützen bestimmt voller Begeisterung Basisaktivist:innen wie dich, umso mehr, wenn sie aus der unmittelbaren Nachbarschaft kommen und das Thema der Kampagne vielleicht sogar die eigene Gemeinde betrifft. Ruf bei dem/der Produzent:in einer Sendung an, ganz gleich, ob bei einem lokalen oder nationalen Sender, und erläutere ihm oder ihr in einem kurzen Pitch, warum man dir und deinem Anliegen Sendezeit gewähren sollte.

Falls du zu einer Debatte eingeladen wirst, musst du dich darauf einstellen, dass der/die Moderator:in dir provokante Fragen stellt oder Gegenargumente vorbringt. Einmal wurde ich gebeten, über Live-Schaltung auf einem landesweiten Radiosender meine Beurteilung eines Beschlusses des NHS (National Health Service) darzulegen. Der Gesundheitsdienst hatte sich dazu verpflichtet, sämtliche Krankenhäuser im gesamten Land mit kostenlosen Periodenprodukten auszustatten. Leider hatte ich keinerlei Recherchen zum Moderator der Sendung angestellt.

Er war ein Mann mittleren Alters, berühmt-berüchtigt für seine alles andere als liberalen Ansichten und weithin bekannt dafür, dass er seine Gäste gerne gegeneinander aufwiegelte.

Deshalb war ich überhaupt nicht auf das vorbereitet, was mich dort erwartete. Völlig ahnungslos stand ich in meinem Schlafzimmer, lässig gegen das Fenster gelehnt. Als ich dann live auf Sendung war, bestürmte er mich sofort mit einigen Aussagen, mit denen er mich offenkundig provozieren wollte. Sein strittiger Standpunkt lautete: Wenn Krankenhauspatientinnen mit kostenlosen Periodenprodukten versorgt wurden, sollten Männer dann nicht ihrerseits kostenlos Rasierzeug zur Verfügung gestellt bekommen? Er wusste genau, welche Register er ziehen musste, um eine Kontroverse auszulösen.

Ich erinnerte ihn daran, dass dies ja längst der Fall sei, und genau das sei ja auch der Punkt. Außerdem sei es eine Notwendigkeit, ja ein menschliches Grundbedürfnis, Hygieneprodukte zur freien Verfügung zu haben. Es könne ja wohl kein Mensch ernsthaftes Interesse daran haben, dass eine Patientin die blütenweiße Wäsche des NHS vollblutete, erklärte ich völlig ungerührt.

Er aber wollte es nicht dabei bewenden lassen. »Nun gut«, sagte er. »Aber warum bitten Patientinnen nicht ihren Besuch, ihnen Hygieneartikel mitzubringen? Warum soll ausgerechnet der NHS dafür aufkommen? Warum soll ich akzeptieren, dass ihre Binden von meinen Steuergeldern bezahlt werden?«

Ich war fest entschlossen, *nicht* die Nerven zu verlieren, auch wenn sich allmählich ein dichter roter Nebel um mich herum zusammenbraute. Ich versuchte, ruhig Blut zu bewahren, merkte aber, wie ich kaum hörbar vor mich hin fluchte. Auf keinen

Fall wollte ich die Zuhörer:innen vor den Kopf stoßen, indem ich mich ebenso angriffslustig zeigte wie er, deshalb brachte ich meine Argumente möglichst ruhig und beherrscht vor, ohne mir meine Wut anmerken zu lassen. Du darfst nicht vergessen, dass es dem Sender bei dieser Art Diskussionsrunde darum geht, möglichst gute Schlagzeilen zu bekommen. Dein Ziel hingegen ist es, die Menschen auf einen Missstand aufmerksam zu machen und möglichst viele von ihnen davon zu überzeugen, deine Initiative zu unterstützen. Wenn ein:e Journalist:in Spannungen erzeugt, wenn er oder sie dich vielleicht sogar zu einigen ausfallenden Äußerungen bringt, ist das gut für sie oder ihn. Dir selbst allerdings schadet das nur. Ich weiß, es ist leichter gesagt als getan, aber behalte bitte die Nerven. Ich verspreche dir, mit der Zeit bekommst du darin Routine. Früher oder später entwickelst du ein sicheres Gespür dafür, welche Art von Fragen du zu erwarten hast, und dann wirst du diejenigen spielerisch abschmettern, die deiner Kampagne nicht zuträglich wären. Du wirst aus deinen Fehlern lernen, das ist der ganz normale Gang. Je mehr gelungene und auch weniger gelungene Radio-Interviews ich hinter mich brachte, umso selbstbewusster wurde ich. Und ich lernte, nicht zu verzagen, wenn ich eine Antwort mal verpatzte. Das passiert und ist absolut kein Drama. Es gibt schlimmere Probleme auf dieser Welt.

Anders als im Fernsehen hast du im Radio den Vorteil, dass man dich nicht sieht. Trotzdem solltest du für eine möglichst entspannte Atmosphäre sorgen. Am besten ziehst du dich in ein Zimmer zurück, in dem du absolut ungestört bist, und sieh zu, dass du mindestens zehn Minuten vor Interviewbeginn bereit bist, nur für den Fall, dass man dich doch ein wenig früher drannimmt. Stell dein Telefon nicht auf Lautsprecher, so verhinderst du, dass störende Hintergrundgeräusche zu hören sind. Ich habe außerdem festgestellt, dass ich mich viel frischer und wacher fühle und auch so klinge, wenn ich während des Interviews aufrecht stehe.

TV-Interviews

Fernseh-Interviews fallen in eine völlig andere Kategorie, denn sofern du kein ausgesprochenes Talent hast, allen etwas vorzumachen, wird es schwer sein, vor der Kamera irgendetwas zu verbergen.

Mein erster Gastauftritt fand live im Nachmittagsfernsehen statt. Allein als ich dieses Wort mit den vier Buchstaben hörte, »live«, rutschte mir ein ganz anderes Wort mit vier Buchstaben heraus. »Live«, das klingt so groß, so einschüchternd. »Live« bedeutet, dass man dich alles fragen kann und du vielleicht um eine Antwort verlegen bist. »Live« bedeutet, dass du einen einmal begangenen Patzer nicht wieder ausbügeln, geschweige denn ihn herausschneiden lassen kannst. Es gibt nicht die Möglichkeit, eine Einstellung zu wiederholen. Zu meiner Überraschung waren alle Anwesenden total nett und vor allem echte Profis; sie waren sich sehr wohl bewusst, dass sie da eine Siebzehnjährige zu Gast hatten, die aussah, als würde sie vor lauter Nervenflattern jeden Moment einen Panikanfall kriegen. Das Moderatorenteam unterhielt sich im lockeren Plauderton mit mir, sodass ich mich schon bald beruhigte. Was erstaunlich war, denn unter den Scheinwerfern war mir schrecklich heiß geworden. Überall um mich herum waren Kameras, und meine Mum, die lächelnd im Publikum saß, konnte ich gegen das grelle Licht kaum erkennen.

Das Interview lief gut, und trotzdem lernte ich eine wichtige Lektion. Vor einem solchen Interview solltest du dich bei deiner Kontaktperson beim Sender unbedingt nach den zu erwartenden Fragen erkundigen. Das hilft, etwaige Ängste zu beschwichtigen. Man wird dir dort bereitwillig verraten, worauf du dich einstellen musst, schließlich ist ein gelungener Auftritt deinerseits auch für den Sender wünschenswert. Man wird alles tun, um dir Hilfestellung zu leisten. Irgendwann bist du dann eine alte Häsin im Interviewgeschäft, sodass du von selbst weißt, worauf du vorbereitet sein musst. Und solange du noch ein Neuling bist, keine Scheu, frag einfach!

Abgesehen von meinem Panikanfall gibt es noch einen weiteren Grund, weshalb mir dieses spezielle Interview so lebhaft im Gedächtnis geblieben ist: Ich habe mich an diesem Tag überhaupt nicht wie ich selbst gefühlt, weil ich für meine Verhältnisse viel zu stark geschminkt war. Die Maskenbildner:innen hatten nur ihre Arbeit getan, aber als ich das Ergebnis sah und mir diese Person aus dem Spiegel entgegenstarrte, erkannte ich mich selbst nicht wieder. Normalerweise trage ich so gut wie keine Schminke. Dummerweise war ich viel zu höflich und zu verlegen, um sie zu bitten, doch etwas nachzubessern und mein Gesicht ein wenig natürlicher wirken zu lassen. Ich bin nach wie vor überzeugt, dass ich deshalb während des Interviews viel weniger selbstbewusst auftrat. Heute würde ich keine Sekunde zögern, ich würde den Mund aufmachen! Schließlich sollte man doch selbst darüber bestimmen dürfen, wie man aussieht. Niemand anderes hat das für dich zu entscheiden. Es ist wirklich wichtig, dass du die Oberhand darüber behältst, welches Erscheinungsbild du vor der Kamera abgibst. Du musst dich schließlich mit deinem Äußeren wohlfühlen. Nur dann wird dein Auftritt überzeugend sein.

Einmal war ich auf Sky News zu Gast, und ich sah einfach lächerlich aus. Daran war niemand im Speziellen schuld, obwohl ich dieses Desaster gerne jemandem in die Schuhe schieben würde. Ich habe es mir höchstens selbst zuzuschreiben, weil ich mich zeitlich völlig verkalkuliert hatte.

Ich war zuvor bei einem Fotoshooting für das *i-D-Magazin* gewesen. Das Ganze fand in einer alten Lagerhalle im Londoner Osten statt, mit einem ziemlich bekannten Fotografen. Weil sich das Shooting in die Länge zog, hatte ich im Anschluss daran nicht mehr genügend Zeit, mich abzuschminken, sondern rannte direkt zur U-Bahn, um wegen dieser Nachrichtensendung zum Sky-Studio zu fahren. Mit einem Feuchttuch, das ich zufällig in der Tasche hatte, versuchte ich die dicke Schicht grünen Lidschatten abzuwischen, leider ohne Erfolg. Dafür reagierten meine Augen gereizt auf das Make-up und tränten wie verrückt. Ich sah fürchterlich verheult aus! Die Visagist:innen werden das schon richten, sobald ich im Studio bin, dachte ich mir. Aber wie das oft so läuft, wenn man ohnehin zu spät dran ist, kam es zu einer Signalstörung, weshalb die U-Bahn länger brauchte. Bei meiner Ankunft flitzte ich ins Studio und bekam zu hören, dass wegen meines Zuspätkommens leider keine Zeit mehr für Haare und Make-up blieb. Beim Anblick meiner geschwollenen Augen und der tränennassen Wangen fing das Make-up-Team zwar wie wild zu rubbeln an, um wenigstens den Lidschatten zu entfernen, aber er wollte einfach nicht abgehen. Schließlich war ich gezwungen, mit dicken, blutunterlaufenen und tränenden Augen ein TV-Interview von internationaler Tragweite zu geben. Ich verbuche dieses Erlebnis mittlerweile unter der Rubrik »schlechte Erfahrungen«.

Einige Make-up-Katastrophen und TV-Erfahrungen später weiß ich, wie ich mir die wichtigsten Fakten, Zitate und Kernthesen am besten merke. Indem ich sie auswendig lerne, schaffe ich mir ein gewisses Sicherheitspolster für den Fall, dass mein Gehirn einen Totalaussetzer hat. Daten und Statistiken sind immer hilfreich, um die eigenen Argumente zu untermauern, und wie bereits erwähnt sind knallharte Tatsachen schwer zu bestreiten. Oft stelle ich mich vor den Spiegel, um meine Kernargumente einzustudieren, oder ich wiederhole sie auf dem Weg zum Bus im Kopf, damit ich gegen die ewigen Neinsager:innen unschlagbare Beweise in der Hand habe, um im Bedarfsfall damit zu kontern.

Fernseh-Interviews sind meist im Nullkommanichts vorbei, und dann sitzt man da und hat das Gefühl, als hätte man bei Weitem nicht alles gesagt, was man unbedingt sagen wollte. Der oder die Moderator:in wird dir ins Wort fallen, bevor du deinen Satz zu Ende gesprochen hast, oder heftig mit dem Kopf schütteln, um dir zu signalisieren, dass du auf dem Holzweg bist und besser nicht weitersprechen solltest. Ich habe gelernt, damit umzugehen, auch wenn es einen ziemlich aus dem Konzept bringen kann. Auch du wirst dich daran gewöhnen. Lass dich nicht irritieren und führe deine Gedanken ruhig zu Ende. Hinterher kannst du um eine Aufzeichnung des Interviews bitten. Sieh es dir zu Hause an und ziehe deine Lehren daraus! Du wirst feststellen, dass du einiges hättest besser machen, einiges anders formulieren können, du wirst aber auch erkennen, was du besonders gut gemacht hast, worauf du stolz sein kannst. Nimm dir alle diese Punkte, die positiven wie die negativen, zu Herzen, und mache es nächstes Mal besser oder konzentriere dich auf das, was gut gelaufen ist.

Falls möglich solltest du von Interview zu Interview deine Formulierungen leicht abwandeln, damit du nicht klingst wie eine Schallplatte mit Sprung. Das ist nicht so einfach, wie es klingt. Ich weiß noch gut, wie ich im heißen Licht der Studioscheinwerfer saß und mich selbst am liebsten in den Hintern getreten hätte, weil ich zum hundertsten Mal dieselben Sätze und Formulierungen verwendete. Ich stellte mir ernsthaft die Frage, ob ich die Zuschauer:innen nicht allmählich langweilte mit meiner immer gleichen Litanei. Trotzdem solltest du dir keinen allzu großen Kopf machen, du könntest dich wiederholen. Die durchschnittlichen Fernsehzuschauer:innen bekommen wohl kaum mehr als eins deiner Interviews zu sehen, der Großteil hört dich also zum ersten Mal sprechen.

Mit zunehmender Erfahrung bereitete ich mich immer weniger auf die Termine vor, ich dachte nicht mehr allzu viel darüber nach und plante auch kaum noch. Ich versuchte, einfach nur ich selbst zu sein. Mir war es ein Anliegen, möglichst authentisch rüberzukommen und dafür zu sorgen, dass meine Worte von Herzen kamen, selbst wenn das für mich hieß, dass meine Sätze weniger perfekt, weniger geschliffen klangen. Der große Vorteil war, dass ich eine sehr viel stärkere Verbundenheit zu meinem Publikum fühlte. Versuch es selbst, du wirst sehen. Wenn du erst einmal genügend Interviews hinter dich gebracht hast, wirst du lernen, zu improvisieren und dir spontan Dinge von der Seele zu reden. Und genau mit solchen ungeplanten, leidenschaftlichen Reden ziehst du die Menschen auf deine Seite. Sie werden deine Gefühle viel besser nachempfinden können und stellen sich dadurch sehr viel wahrscheinlicher hinter dich und deine Mission. Versuche also, offen zu bleiben, und hab keine Scheu, Emotionen mit ins Spiel zu bringen – und verleihe deinen Argumenten gerne auch mit einer guten Portion Ernsthaftigkeit Nachdruck.

An Tagen, an denen dein Selbstvertrauen auf eher wackeligen Beinen steht und dein Kopf voller Selbstzweifel ist (und mal ehrlich, wer erlebt sie nicht, diese Tage?), halte dir vor Augen, dass du dir deinen Platz auf diesem Podium verdient hast. Du sitzt hier in diesem Studio, weil du eingeladen wurdest, auf diesem Stuhl steht dein Name. Niemand könnte besser dafür Sorge tragen, dass der Wandel, den du dir so sehr wünschst, in Gang kommt, als du. Und wenn du ausnahmsweise ein Interview in den Sand setzt, dann vertrau mir, wenn ich sage: Es ist nicht das Ende der Welt. Ich könnte ein ganzes Buch füllen allein mit den Fehlern, die ich gemacht habe, und mit den Dingen, die ich zu meinem Bedauern gesagt oder nicht gesagt habe. Aber ich bin ja auch nicht geschult in diesen Dingen, und ich lerne aus allem, was ich tue, egal ob gut oder schlecht. Ich habe keine:n Pressesprecher:in, keine:n Manager:in, die mich beraten, die mich vor Fauxpas bewahren, die mir beibringen, mich selbst zu zensieren, meine Argumente richtig vorzubringen, die an meinen Sätzen herumfeilen und meinen wirren Gedanken Struktur verleihen. Ich kann mit Stolz sagen, dass ich mir selbst immer treu geblieben bin, und ich bin überzeugt, dass ich mir noch sehr viele Schnitzer erlauben werde, aber damit finde ich mich ab.

Jetzt ist der richtige Zeitpunkt, um die Zukunft zu gestalten, auf die wir alle unsere Hoffnungen setzen. Wir wollen uns nicht kampflos der düsteren Perspektive ausliefern, der wir mit Bangen entgegenblicken. Immer das Ziel einer besseren Zukunft vor Augen werden wir mutig voranschreiten – unvollkommen und voller Fehler und Schwächen, wie wir sind –, mit unseren Visionen, unseren Plänen, unseren Hoffnungen und Träumen von einer neuen, besseren Welt.

4. KAPITEL

DEMONSTRATIONEN

Bis heute erzähle ich jedem, dass der Tag der Demo der beste Tag meines Lebens war.

Der Free-Periods-Protestmarsch, den wir an einem bitterkalten Dezemberabend unweit der Downing Street, quasi in Rufweite des Premierministers, abhielten, war für mich ein deutliches Signal, dass jeder erlittene Rückschlag, jeder Tweet eines Trolls, jedes total aus dem Ruder gelaufene Interview, jede ignorierte E-Mail all die Mühen wert gewesen waren. Nachdem ich gefühlt neun Monate lang jede freie Minute an meinem Schreibtisch verbracht hatte, um auf die leeren Versprechungen der Regierung hinzuweisen, stand ich jetzt hier und blickte über ein Meer von roten Transparenten und Schildern, die trotzig in den tiefschwarzen Himmel gereckt wurden. Wenn ich die Augen schließe, spüre ich sie immer noch, diese wahnsinnige Energie, die von der Menge der Demonstrant:innen ausging. Wir alle froren uns die Finger ab, aber in uns brannte die Wut wie ein loderndes Feuer. Alle diese Menschen, die ihren Zorn und ihre Enttäuschung hinaus auf die Straße trugen, waren nicht länger bereit, sich mit falschen Versprechungen und leeren Worten an der Nase herumführen zu lassen. Man gewann mehr und mehr den Eindruck, als würden die aktuellen Entwicklungen sehr viel Potenzial für die junge Generation bereithalten: Es schien, als gerate allmählich Bewegung in ein ehemals starres System, als könne man in der Politik etwas bewegen, mitbestimmen und mit vereinten Kräften etwas aufbauen, wir alle, die wir aufgestanden und auf die Straße gegangen waren, schätzungsweise an die 2.000 Leute, jung wie alt. Uns alle durchströmte das Gefühl, dass wir gemeinsam etwas ins Rollen bringen konnten.

Das Recht auf friedlichen Protest ist in Artikel 11 der Europäischen Menschenrechtskonvention festgelegt. Dieser sichert unser demokratisches Recht, uns mit anderen friedlich zu versammeln und geschlossen unsere Ansichten kundzutun. Mit Protesten IRL sendet man eine Botschaft hinaus in die Welt, die weitaus stärker wirkt als über die sozialen Netzwerke. Aus Demonstrationen gehen ganze Bewegungen hervor. Sie erzielen sichtbare Ergebnisse. Sie haben eine Macht, vor der Politiker:innen sich fürchten. Sie lassen sie aufhorchen, Notiz nehmen. Die Machthabenden erzählen uns, dass über Veränderungen einzig und allein in Westminster, im Weißen Haus, im Reichstag, in den riesigen Bürokomplexen, die die Skylines unserer Städte beherrschen, entschieden wird. Sie wollen uns einreden, wir sollen es ihnen überlassen, sie hätten alles im Griff, man müsse sie nur bitten, dann würde man schon für die nötigen Anpassungen sorgen. Aber sie machen uns nur etwas vor. Der Wandel kommt erst, wenn wir auf die Straßen gehen und uns Gehör verschaffen. Wir haben es in der Hand und können als Individuen, die sich im Protest zusammenschließen, echte, radikale Veränderungen bewirken.

»Berauschend. Absolut erhebend. Inspirierend. Ein voller Erfolg.« Mit diesen Worten hätte man das Gefühl beschreiben können, das mich angesichts meiner zentralen Rolle bei dieser Demonstration überkam. Alle diese Menschen, die Seite an Seite standen, vereint im Protest und getrieben von einer gemeinsamen Vision. Dr. Shola Mos-Shogbamimu ist Anwältin sowie politische und Frauenrechtsaktivistin. Sie war eine der Mitorganisatorinnen des Women's March, eine der einflussreichsten und empowerndsten Bewegungen, die in jüngster Zeit aus der Mitte der Gesellschaft heraus entstanden ist. Die Proteste fanden in London in den Jahren 2018 und 2019 statt. Shola glaubt von ganzem Herzen an die Macht des Protests:

Protestmärsche sind ein Symbol der Geschlossenheit und Solidarität in einer ganz konkreten Sache. In ihnen zeigt sich die kollektive Macht des Volks, das gegenüber den Machthabenden für die Wahrheit einsteht. Denn das ist absolut notwendig, will man politische und soziale Ungerechtigkeiten an der Wurzel packen. Der geeinte Protest bemächtigt die bislang zum Schweigen Verurteilten dazu, über ihre Erfahrungen zu sprechen, damit darauf aufbauend auf bestehende Probleme reagiert und Lösungen gesucht werden können. Es erfüllt mich mit Ehrfurcht zu sehen, was wir alles erreichen können, wenn wir geschlossen Seite an Seite stehen, ungeachtet der Unterschiede zwischen uns.

Sophie Walker ist überzeugt, dass sich das traditionelle Verhältnis zwischen Aktivismus und Politik stark verändert hat, seit wir Gesicht zeigen und im Protest unsere geballte Energie offen zur Schau stellen. Unser gemeinsamer Ruf nach Veränderung kann nicht länger ignoriert werden.

> Viel zu viele Politiker:innen verfolgen eine Strategie der Spaltung – die sogenannten Populist:innen (die alles andere als populär sind). Sie bauen darauf, Misstrauen zu schüren und Lügen zu verbreiten, nur um ihre eigene Macht und die einer kleinen Gruppe Privilegierter zu zementieren. Der Aktivismus hingegen ist ein relativ neues, junges Phänomen und drängt auf politische und gesellschaftliche Veränderungen – von den Massendemonstrationen junger Menschen im Zeichen des Klimawandels über Frauenaufmärsche bis hin zum gemeinschaftlichen Protest verschiedenster Communitys, die geeint für Black Lives Matter einstehen. Man hat das Gefühl, als würde die Politik angesichts der verheerenden Zustände rund um den Erdball der breiten Öffentlichkeit hinterherhinken und einfach nicht begreifen, wie wenig Zeit uns noch bleibt, um das Ruder herumzureißen.

Seit die in den Anfangsmonaten des Jahres 2020 ausgebrochene Coronapandemie die Welt fest im Griff hat und Social Distancing zum Gebot der Stunde wurde, hat die Protestkultur definitiv einen Dämpfer erlebt. Abstandsregeln müssen beachtet werden, Teilnehmendenzahlen sind begrenzt, Masken müssen getragen und am besten noch Desinfektionsmittel zur Verfügung gestellt werden. Wenn dann noch dazu Freund:innen oder Familienmitglieder zu einer Risikogruppe zählen, überlegt man es sich selbstverständlich zweimal, ob man sich überhaupt unter Menschen begibt. Zum gegenwärtigen Zeitpunkt ist nichts mehr, wie es war, und trotzdem sind Demonstrationen nach wie vor ein mächtiges Instrument – die Protestkultur ist noch lange nicht zum Erliegen gekommen.

Für mich persönlich wurde die Free-Periods-Demonstration zu so etwas wie einer schusssicheren Weste für meine Kampagne. Sie hat definitiv an Kraft gewonnen, ist unangreifbarer. Sie ist aufsässiger geworden, hartnäckiger, gewappnet für so ziemlich alles. Für mich ist das der Beweis, dass die wirkliche Macht einer Kampagne IRL liegt und nicht im Netz. Sieh dir nur an, was sich rund um den Globus tut. Kinder treten in den Schulstreik und demonstrieren friedlich im Park, auf den Straßen, vor den Parlamenten. Schüler:innen aus aller Welt schreiben Geschichte. Sie sind redegewandt und sagen furchtlos, was Sache ist, und ihre Leidenschaft ist ansteckend. Sie stehen dort, wo es darauf ankommt, füreinander ein, von Ghana bis Indonesien, von Taiwan bis Russland. Als Greta Thunberg den Mächtigen dieser Welt beim UN-Klimagipfel an den Kopf warf: »Ihr seid noch immer nicht reif und verantwortungsbewusst genug, um die Dinge beim Namen zu nennen. Ihr lasst uns im Stich«, da war dies ein deutliches Signal dafür, dass das Gleichgewicht der Macht ins Wanken geraten ist, und zwar in einem nie dagewesenen Ausmaß.

Die brutale Ermordung von George Floyd hat im Mai 2020 weltweite Massenproteste ausgelöst, wie ein Lauffeuer ging es um die Welt. Trotz der Pandemie machten sich rund um den

Erdball viele Tausende für die Gleichbehandlung aller Ethnien stark, protestierten gegen Polizeigewalt und machten auf den allgegenwärtigen systemischen Rassismus aufmerksam. Statuen von Sklavenhaltern wurden zu Sturz gebracht, Regierungen dazu gezwungen, sich mit der hässlichen Realität ihrer nationalen Vergangenheit auseinanderzusetzen, mit dem immer noch sichtbaren Vermächtnis der Sklaverei und der verzerrten Darstellung ihrer kolonialen Geschichte im öffentlichen Gedächtnis. Diese Proteste stellten sich mit physischer Präsenz gegen die jahrhundertelange Unterdrückung; der geballte Aufschrei all dieser Menschen lärmte gegen die schweigende Mittäterschaft jener an, die seit vielen Jahren den Rassismus aufrechterhalten. Gerade unter diesen Umständen erinnerten uns diese Proteste an die Macht des Zusammenhalts und an die Kraft des kollektiven Aktivismus.

Während die sozialen Medien den pulsierenden Mittelpunkt, das Herzstück so gut wie jeder Kampagne bilden, ist es der persönliche Protest – indem man sich hinaus auf die Straßen begibt und sein Gesicht zeigt –, der eine Initiative buchstäblich in Bewegung bringt und auf eine neue Stufe hebt. Mithilfe von Logos und Hashtags kann sich eine Kampagne im Netz in Windeseile rund um den Erdball verbreiten. Und trotzdem fiel mir auf, dass die Aufmerksamkeit der Medien nie größer war als an diesem Dezemberabend, an dem wir Richtung Westminster zogen, um ein klares Zeichen zu setzen.

Scarlett Curtis lobt die Begeisterung unserer Generation für den Protest und findet, dass der Online-Aktivismus von Versammlungen im öffentlichen Raum nur profitiert. Damit widerspricht sie denjenigen, die behaupten, die sozialen Netzwerke könnten im Bereich des Politischen nichts bewirken. In ihren Augen sind beide Protestformen vereint ein Werkzeug mit großer Hebelwirkung:

> Man sollte unser Handeln im Netz nicht leichtfertig als reinen »Klicktivismus« abtun, wir haben es vielmehr mit einem kraftvollen Instrument zu tun. Dass sich Massen von Menschen zum friedlichen Protest vereinen, nachdem sie einen Tweet gelesen oder eine Petition unterzeichnet haben, zeigt, wie einflussreich unsere Generation ist. Wir verbinden Online-Aktivismus mit gewaltigen, unübersehbaren und weithin hörbaren Demonstrationszügen und nutzen jede Form des Widerstands, im Netz wie IRL, um unglaublich mächtige Bewegungen in Gang zu setzen. Wir alle wünschen uns nicht nur einen weiteren Aufmarsch von vielen, sondern einen echten Wendepunkt, der die Regierung zum Handeln zwingt.

Die Organisation der Demo war anstrengend, ich war angespannt und ständig kurz davor, die Nerven zu verlieren, aber das Ganze war die viele harte Arbeit wert. Weder Scarlett, Grace Campbell oder ich hatten je zuvor eine vergleichbare Massenkundgebung organisiert, wir hatten keinen Plan, wie und wo wir beginnen sollten. Eines aber war uns klar: Wir wollten den Menschen die Möglichkeit geben, ihrem Ärger Luft zu machen, und trotzdem sollte das Ganze als etwas Positives wahrgenommen werden, als empowernd und inspirierend. Wir wollten, dass je-de:r einzelne Teilnehmer:in sich ermutigt und beflügelt fühlt. Es war deutlich zu spüren, dass die jungen Leute allmählich aufwachten und die Notwendigkeit erkannten, sich mit den Problemen auseinanderzusetzen, die uns alle angehen. Aufgrund der vielen E-Mails, die mich schon seit Monaten erreichten, stets begleitet von der Frage: »Was kann *ich* tun, wie kann *ich* helfen?«, wusste ich, dass viele von meinen Supporter:innen bereit waren, noch mehr zu tun, als nur E-Mails an Parlamentsmitglieder zu schreiben – ich müsse ihnen nur ein Signal geben. Sie wollten nicht länger tatenlos zusehen und zum Schweigen verdammt sein. Acht Monate nach Start meiner Kampagne war der Zeitpunkt gekommen: Wir wollten einen kollektiven Aufschrei verursachen, den die Politik nicht länger ignorieren konnte.

Falls du selbst einen Demonstrationszug oder Vergleichbares planst, habe ich im Folgenden einige Tipps für dich, die dir die Vorbereitungen erleichtern sollen.

Das Datum festlegen

Es mag dir wie eine Selbstverständlichkeit vorkommen, aber ich sage es zur Sicherheit trotzdem: Wähle das Datum in Absprache mit deinen wichtigsten Unterstützer:innen. Das ist gar nicht mal so leicht, wie es klingt, weil es nämlich zu jedem Termin welche geben wird, die keine Zeit haben. Überprüfe außerdem, dass das gewählte Datum nicht mit anderen Demonstrationen, Streiks oder Kundgebungen kollidiert. Außerdem solltest du darauf achten, dass es an diesem Tag zu keinen Einschränkungen im öffentlichen Nahverkehr oder Behinderungen auf irgendwelchen Straßen kommt. Tabu sind Feiertage, Tage, an denen große

Sportevents (wie Fußballspiele oder ein Marathon) stattfinden oder überregionale Kulturveranstaltungen geplant sind (so etwas wie Musikfestivals zum Beispiel). Mach lange genug im Voraus eine entsprechende Ankündigung, damit Interessierte sich deine Demo rechtzeitig in ihre Terminplaner eintragen können.

Wir legten uns für die Free-Periods-Demonstration auf den Abend des letzten Schultages vor den Weihnachtsferien fest, den 20. Dezember. Uns war bewusst, dass diese Entscheidung sich entweder als absoluter Glückstreffer oder als kompletter Griff ins Klo entpuppen konnte, abhängig davon, ob die Schüler:innen nach den langen, anstrengenden Wochen Unterricht und harten Prüfungen noch bereit waren für ein wenig vorweihnachtlichen Protest. Wir waren uns auch darüber im Klaren, dass viele sehr wahrscheinlich Besseres zu tun hatten, als in der Kälte zu stehen und lautstark Parolen zu skandieren – schließlich war Vorweihnachtszeit. Es war quasi ein Glücksspiel, doch für uns zahlte es sich am Ende aus: Wie wir nämlich feststellten, kann nichts einen Haufen Aktivist:innen aufhalten, die es wirklich ernst meinen mit ihrem Vorhaben, die Welt zum Guten zu verändern. Kein Weihnachten, keine kostenlosen Drinks – nicht einmal eine wichtige Brexit-Debatte im Parlament.

Ja, du hast richtig gelesen. Denn wie es der Zufall wollte, stand genau an diesem Tag eine entscheidende Sitzung an, für die sämtliche Parlamentsmitglieder nach Westminster kommen sollten. Das war für uns eine glänzende Gelegenheit, gleich reihenweise Abgeordnete aufzufordern, sich vor oder nach der Parlamentsversammlung unserem Protest anzuschließen. Wir mussten es nur klug anstellen. Einige Wochen zuvor hatten wir bereits an einige ausgewählte Parlamentsvertreter:innen geschrieben, von denen wir glaubten, dass sie unsere Forderung nach kostenlosen Periodenprodukten an Schulen unterstützen würden. Wir baten sie, ein kurzes Statement abzugeben und zu erklären, warum sie es als eine Notwendigkeit betrachteten, der Periodenarmut in unserem Land ein Ende zu setzen. So ergab es sich, dass ein paar von denen, die wir vorab kontaktiert hatten, sich tatsächlich ein, zwei Tage vor dem geplanten Aufmarsch mit uns in Verbindung setzten und sich erkundigten, ob wir noch einen kleinen Slot für sie frei hätten, um ein paar Worte zu sagen. Letztlich war ihnen wohl das Medieninteresse nicht entgangen, das kurz vor dem großen Tag enorm an Fahrt aufgenommen hatte.

Die Reden der anwesenden Politiker:innen – unter anderem von Jess Phillips, Paula Sherriff, Rosie Duffield und Baroness Shami Chakrabarti – waren schlichtweg genial. Einige von den Parlamentarier:innen, denen wir keinen Redeslot mehr hatten anbieten können, kamen trotzdem vorbei, um ihre Solidarität zu demonstrieren, mit dicken Wollmützen und vor Kälte geröteten Gesichtern.

Organisatorisches

Es tut mir schrecklich leid, aber dieser Abschnitt ist genauso dröge, wie die Überschrift bereits erahnen lässt. Sich mit den geltenden Bestimmungen auseinanderzusetzen, ist wohl niemandes Sache, aber mit ihnen steht und fällt die Organisation einer Demonstration. Versuche zunächst, dich online über die aktuellen Regelungen und Einschränkungen zu informieren, die es bei der Planung eines solchen Events zu berücksichtigen gilt. Unser Protestzug sollte uns nach Westminster führen. Eine rasche Google-Suche lotste uns zur Website der City of Westminster, wo wir ein Antragsformular fanden, das man bei der Metropolitan Police zur Genehmigung vorlegen sollte. Es ist wirklich wichtig, die Polizei vorab über eine geplante Demonstration zu informieren, damit man dort die entsprechenden Vorkehrungen treffen kann. Ratsam ist es außerdem, sich mit der örtlichen Gemeinde oder Lokalbehörde in Verbindung zu setzen (in unserem Fall war das die Greater London Authority), denn dort kann man dir am zuverlässigsten darüber Auskunft geben, ob für denselben Tag bereits andere Veranstaltungen geplant sind. Zudem bekommst du dort die wichtigsten Infos zu den Sicherheitsbestimmungen.

Wir hatten vor, unseren Protestzug am Parliament Square abzuhalten. Auf sämtlichen Social-Media-Plattformen, in der Presse und in unseren E-Mail-Signaturen wiesen wir in Großbuchstaben mit folgenden Worten auf das Ereignis hin: »Come to a Period Protest in Parliament Square!!« Nur dass wir das Ganze dann einen Tag vor dem großen Ereignis abändern mussten zu: »Come to a Period Protest in Richmond Square!!!« Das hatte nicht ganz dieselbe Wirkung wie die ursprüngliche Alliteration, aber uns blieb nichts anderes übrig. Hätten wir die Location nicht verlegt, hätten wir entweder einen Platzverweis kassiert oder wären vielleicht sogar verhaftet worden. Grace hatte nämlich die Info bekommen, dass man uns die Genehmigung für den Parliament Square kurzfristig entzogen hatte. Es folgten hektische Bemühungen, das Event komplett umzuorganisieren und alle Interessierten rechtzeitig über die Verlegung in Kenntnis zu setzen. Das war unsagbar stressig. Wende dich also bitte möglichst lange im Voraus an die zuständige Behörde und hole dir unmittelbar vor der Demonstration noch einmal die Rückversicherung, dass alles wie geplant steht. Lass dir die Genehmigung unbedingt auch schriftlich geben, so vermeidest du böse Überraschungen!

Hilfe für den großen Tag

Eine entschlossene Armee von Freiwilligen, die hinter dir steht, ist von unschätzbarem Wert. Scarlett, Grace und ich hatten das große Glück, eine Truppe von mehr als 50 ehrenamtlichen Helfer:innen in Form einer WhatsApp-Gruppe aufgebaut zu haben, deren Mitglieder zum Großteil Freund:innen und Familienangehörige waren. Jede:r Einzelne hatte seine Aufgabe, jede:r wusste genau, wo sein oder ihr Platz war, und jede:r von ihnen konnte es kaum erwarten, sich endlich nützlich zu machen! Ob es darum ging, die Sprecher:innen zum Wartebereich (in einem Pub) zu führen oder sich um Essen und Getränke zu kümmern, die WhatsApp-Gruppenmitglieder waren diejenigen, die an diesem Abend dafür sorgten, dass alles wie am Schnürchen lief.

Stelle für den großen Tag am besten eine Telefonliste zusammen, die du an alle verteilst. Darauf listest du die Nummern sämtlicher Helfer:innen auf, mit einem Hinweis darauf, wer in welchen Fällen zu kontaktieren ist, zum Beispiel, wenn jemand sich unwohl fühlt oder sich verirrt hat.

Einen Protestmarsch zu organisieren, ist eine wahre Mammutaufgabe, deshalb brauchst du dringend ein zuverlässiges Team an deiner Seite! Shola pflichtet mir da aus vollem Herzen bei:

Niemand kann diese Aufgabe alleine stemmen, es geht unmöglich ohne Unterstützung. Jede:r einzelne Helfer:in bringt seine/ihre eigenen Fähigkeiten mit, und genau wie die einzelnen Teile deines Körpers ist jede:r von ihnen unentbehrlich, ganz gleich, wie klein sein oder ihr Beitrag sein mag. Man darf nicht vergessen, dass die Organisation von Protestmärschen und Demonstrationen in der Regel von Freiwilligen übernommen wird. Das bedeutet, dass die Beteiligten es aus purem Idealismus und voller Überzeugung tun, im Einsatz für eine gute Sache, sie werden nicht dafür bezahlt. Manch eine:r wird sich zusätzlich zu seinem/ihrem Brotjob in seiner/ihrer Freizeit einbringen und muss deshalb sehen, wie er oder sie alles unter einen Hut bringt. Zeit ist heutzutage ein knappes Gut, das sollte man respektieren. Man muss dankbar für die angebotene Hilfe sein und nicht erwarten, dass man noch größeren Einsatz verlangen kann. Jede:r gibt, was er oder sie geben kann.

Redner:innen

Ein Demonstrationszug sollte viel mehr sein als nur eine größere Menschenmenge, die geschlossen marschiert und lautstark ihren Wunsch nach Veränderung kundtut. Zur Inspiration und Mobilisierung der Anwesenden empfiehlt es sich, eine diverse und inklusive Auswahl an Redner:innen einzuladen, die der demografischen Zusammensetzung der Protestierenden angemessen ist. So gewinnt das Event eine ganz neue Dimension. Für den Free-Periods-Marsch konnten wir eine recht eindrucksvolle Liste von Leuten für uns gewinnen, die sich bereit erklärten, sich solidarisch zu zeigen und ein Statement darüber abzugeben, warum ein Wandel zwingend notwendig ist. Dafür hatten wir wochenlang hartnäckig gearbeitet, waren auf Promis, Influencer:innen und Entscheidungsträger:innen zugegangen. Wir hatten wirklich jeden einzelnen unserer Kontakte aktiviert, und sei die Verbindung auch noch so lose. Letzten Endes traten unter anderen die Models Adwoa Aboah, Suki Waterhouse und Daisy Lowe auf, ebenso die Comediennes Aisling Bea und Deborah Frances-White sowie viele weitere Aktivist:innen, namentlich Gabby Edlin, Tina Leslie, GRL PWR Gang, Chella Quint und Tanya Burr. Selbst die Rapperin Girli erklärte sich für eine musikalische Einlage bereit.

Ich kann dir versichern, dass das alles nicht eben ein Spaziergang war. Scarlett und Grace kontaktierten jede einzelne Person, die sie kannten, und wir bettelten Leute an, was das Zeug hielt. Wir warfen wirklich sämtliche Hemmungen über Bord, um möglichst viele zur Teilnahme zu mobilisieren. Personen des öffentlichen Lebens verpflichten sich meiner Erfahrung nach sehr viel bereitwilliger, wenn mindestens noch ein weiterer bekannter Name auf der Gästeliste steht, deshalb solltest du dafür sorgen, dass du schon zu einem frühen Zeitpunkt ein oder zwei namhafte Persönlichkeiten für deine Sache gewinnen kannst. Selbst wenn die von dir geplante Demonstration von etwas bescheidenerer Größenordnung ist, lohnt es sich, Redner:innen zu finden, die sich mit Begeisterung und Leidenschaft für dein Anliegen aussprechen und damit die Anwesenden innerlich bewegen. Unsere Gäste erwiesen sich allesamt als unerschrockene Sprecher:innen und nahmen kein Blatt vor den Mund. Eine ansteckende Begeisterung erfasste die Menge und breitete sich immer weiter aus, man gewann zunehmend den Eindruck, als wären wir an einem wichtigen Wendepunkt angelangt: Unser Ziel schien in greifbare Nähe zu rücken. Wir hatten uns hier versammelt, um der Welt mitzuteilen, dass wir nicht länger bereit waren zu schweigen.

Schilder und Transparente

Was wäre ein Protestmarsch ohne Transparente? Es würde definitiv etwas Entscheidendes fehlen, so viel steht fest.

»Make Love Not CO_2« und »Raise Your Voice, Not The Sea Level« stand auf einigen der durchweg genialen Schilder, die bei einem der jüngsten Klimastreiks in London von wütenden Student:innen und Schüler:innen hochgehalten wurden. Eine riesige Bandbreite von Plakaten und Transparenten bekam man auch bei einer großen Anti-Trump-Kundgebung während einer seiner Besuche in UK zu sehen, die Zehntausende auf die Straße trieb und Richtung Parlament ziehen ließ. »Get your tiny hands off our NHS« (»Lass deine kleinen Hände von unserem Nationalen Gesundheitsdienst«) war auf einem zu lesen, während eine Gruppe von Frauen »Free Melania«-Tafeln vor sich hertrug. Bei den Black-Lives-Matter-Demonstrationen, die ungefähr zur gleichen Zeit rund um den Erdball stattfanden, gaben die Teilnehmer:innen ihre geballte Wut auf Schildern mit sehr klugen, treffenden Sprüchen kund, die trotzig in den Himmel gereckt wurden. Sie alle ließen durchblicken, dass der jahrzehntewährende Kampf um Gleichheit längst nicht vorüber war: »Silence breeds violence«, »Respect existence or expect resistance« und natürlich »I can't breathe«, George Floyds letzte Worte vor seinem Tod – alle diese Sätze gingen unter die Haut.

Wenn in den sozialen Netzwerken Bilder und Videos von Protestmärschen gepostet und geteilt werden, stehen in der Regel die Transparente im Mittelpunkt und erregen mit ihren geistreichen und kämpferischen Slogans, die ins Schwarze treffen, am meisten Aufmerksamkeit.

Vor der Free-Periods-Demo luden wir unsere Unterstützer:innen zu einem Plakatmalwettbewerb ein und fragten, wer daran Interesse hätte. Wir fanden das eine sehr schöne Möglichkeit, um vor dem eigentlichen Protestmarsch für ein wenig Wirbel zu sorgen. Der Vorteil war, dass wir die dabei entstandenen Werke im Netz zeigen und so das Event vielleicht einigen zusätzlichen Leuten schmackhaft machen konnten. Selbst wenn du dich nur mit ein paar Freund:innen triffst, um gemeinsam mit ihnen Transparente und Schilder zu malen, solltest du die

Ergebnisse unbedingt auf allen Plattformen zeigen. Bemühe dich außerdem um weitere Publicity für die Veranstaltung, indem du bei Lokalzeitungen und Lokalsendern anfragst, ob man vielleicht über eine solche Aktion berichten würde. Ich kann es nicht oft genug betonen, du wirst überrascht sein, wie positiv die Resonanz auf solche Anfragen oft ist!

Bei der Demo fand vor allem der Spruch meiner besten Freundin Grace sehr großen Anklang, »We are not ovary-acting« stand auf ihrem Schild. Und wenn wir einen Preis für das beste Transparent ausgeschrieben hätten, wären die folgenden beiden definitiv in den Top Five gelandet: »Don't discriminate against those who menstruate« und »Girls just wanna have FUNdamental sanitary care«.

Wende dich an Designbüros und frage dort nach, ob man dir bei der Erstellung von Postern helfen könnte, im Optimalfall natürlich kostenlos. Oder hör dich um, vielleicht hast du ja talentierte Freund:innen oder Familienangehörige, die du dafür einspannen könntest. Wir veröffentlichten einen Post auf Instagram, in dem wir fragten, ob vielleicht jemand bereit wäre, Poster für uns zu machen. Gleichzeitig schickten wir PNs an ein paar richtig gute Designer:innen und Künstler:innen, deren Bildsprache uns gefiel, und erkundigten uns auch bei ihnen, ob sie bereit wären uns zu helfen.

Musik

Überleg dir vorab ein paar Gesänge oder Sprechchöre, die ihr bei eurem Protestzug laut singen oder skandieren könnt. Außerdem brauchst du dringend einen Organisationsplan, auf dem genau festgelegt ist, wann welche Musik läuft. Schließlich willst du nicht, dass zwischen Reden oder Auftritten betretenes Schweigen herrscht oder leises Geraune zu hören ist. Bei unserem Protestmarsch rief Grace vorneweg: »What do we want?«, und die Menge antwortete mit: »Tampons!!!« Dann rief Grace wieder: »When do we want them?«, und wir alle schrien im Chor: »SOMETIME THIS MONTH!!!!!« Es haben sogar ein paar von den erschienenen Abgeordneten mitgemacht.

Lass Musik laufen, tanze, singe. Richte die Frage, welche Songs sie gerne bei der Demo hören möchten, über die sozialen Medien direkt an deine Supporter:innen. Unsere Playlist bildete die Hintergrundkulisse zu den Protesten. Wer hätte gedacht, dass es da draußen tatsächlich eine ganze Reihe von Songs über die Menstruation gibt? Hier einige Titel von (möglicherweise unbeabsichtigt) periodenbegeisterten Musiker:innen:

- ▶ *Bleeding Love* von Leona Lewis
- ▶ *Bad blood* von Bastille
- ▶ *Stain* von Nirvana

Werbung

Eine weitere Instanz, an die du dich wenden kannst, sind
PR-Agenturen, die sich auf die Eventorganisation spezialisiert
haben. Vielleicht findest du eine, die so von deiner Sache überzeugt ist, dass sie kostenlos für dich arbeitet. Dort kann man für
deine Kampagne die Werbetrommel rühren und an Presse und
Medien herantreten. Es lohnt sich in jedem Fall, sich anzusehen,
welche Kund:innen eine Agentur vertritt. Falls du zum Beispiel
das Glück hast, eine zu finden, die vor allem für Klient:innen
mit feministischem Hintergrund oder Organisationen arbeitet,
die ähnliche Anliegen haben wie du, ist das vielleicht genau die
richtige Adresse für dich.

In Vorbereitung auf das Telefonat solltest du dir alle Punkte
notieren, die du klären möchtest. Und skizziere einen kurzen
Pitch. Aus welchem Grund organisierst du diesen Protestzug?
Worin besteht die Dringlichkeit deines Anliegens? Was hast du
bislang getan, um die Öffentlichkeit für das Thema zu sensibilisieren? Wie viele Teilnehmer:innen erwartest du? (Die letzte
Frage ist besonders knifflig, aber wage ruhig eine optimistische
Schätzung. Schließlich willst du doch, dass möglichst viele Menschen auftauchen!) Welche Form von Publicity schwebt dir vor?
Ich rate dazu, in den Agenturen direkt anzurufen, denn der persönliche telefonische Kontakt macht sich meist eher bezahlt als
eine E-Mail, die sich sehr leicht ignorieren lässt. Lass dich nicht
verunsichern, wenn die Person am anderen Ende der Leitung
noch nie etwas von deiner Initiative gehört hat. Setze sie einfach
ins Bild! Sei möglichst überzeugend, und lass sie ruhig deinen

Tatendrang und deinen Enthusiasmus spüren. Ich weiß, wie schwer es ist, hartnäckig zu bleiben, wenn man den Eindruck hat, der oder die andere würde am liebsten sofort wieder auflegen. Das kommt leider gar nicht so selten vor, aber halte dich an deinen Plan und versuche deine:n Gesprächspartner:in für deine Sache zu gewinnen. Falls es nicht klappt, mach dir keine Gedanken! Es gibt viele weitere Möglichkeiten, Reklame zu machen.

In Vorbereitung auf die Demo kontaktierten wir jede einzelne Zeitung, jedes Magazin, jeden Fernsehsender und jede Radiostation, die uns in den Sinn kamen. Wir baten alle, zu kommen und über das Event zu berichten. Auf unser beharrliches Nachfragen und Drängen hin erschienen in den Wochen vor dem Ereignis einige Artikel und Meinungsbeiträge in Druckerzeugnissen wie dem *Guardian*, der britischen *Vogue*, in der *Glamour*, der *gal-dem* und der *Metro*. Sie alle riefen ihre Leser:innen zur Teilnahme auf. Auch in diversen Podcasts wurde auf unser Vorhaben hingewiesen, und wir bestritten im Akkord Fernseh- und Radio-Interviews, um möglichst viele Menschen zum Kommen zu bewegen. An dem großen Tag selbst verbrachte ich den gesamten Vormittag im Sendezentrum der BBC, um bei neun verschiedenen Sendern und Radiostationen Live-Interviews zu geben!

In Vorbereitung auf das Event musst du unheimlich viel Überzeugungsarbeit bei Journalist:innen und Medienbetrieben leisten. Man wird dir Unmengen an Fragen stellen, also bereite dich entsprechend vor und versuche, dich möglichst gut zu verkaufen! Am besten entwirfst du im Voraus eine E-Mail-Vorlage. Im Folgenden mein Text als Beispiel:

Liebe:r _____ ,

anbei sende ich Ihnen Infomaterial zu dem von mir geplanten #FreePeriods-Protestmarsch. Ich setze große Erwartungen in dieses Ereignis und möchte Sie um Ihre Unterstützung bitten, indem Sie in [Name der Publikation]
darauf hinweisen.

Wie Sie vielleicht wissen, setzt meine Kampagne sich
dafür ein, sämtliche britische Schulen mit kostenlosen
Periodenprodukten auszustatten. Alle Schüler:innen
sollen im Bedarfsfall Zugriff darauf haben. Wir haben
im Laufe der letzten Monate zahlreiche Gespräche mit
Politiker:innen und politischen Berater:innen geführt
und wurden darauf hingewiesen, dass diese Demo einen
Wendepunkt darstellen und den entscheidenden Beitrag
zur Billigung im Parlament leisten könnte, WENN wir nur
laut genug sind!

Der Protestmarsch findet am **20. Dezember von 17–20 Uhr**
statt. Wir haben die polizeiliche Erlaubnis, unsere Bühne
an der **Richmond Terrace, direkt gegenüber von Downing
Street 10** aufzubauen. Wir konnten einige großartige
Redner:innen für uns gewinnen (und schon bald werden
wir noch weitere Namen bekannt geben, das wird richtig
spannend!). Wir planen darüber hinaus eine Spenden-An-
nahmestelle, an der man Tampons und Binden für Ob-
dachlosenunterkünfte abgeben kann, und es wird eine
kleine Auswahl an Snacks geben (sehr wichtig!).

Unsere Website finden Sie unter:

www.freeperiods.org/

Der Link zu unserer Petition auf change.org lautet:
www.change.org/p/theresa-may-mp-free-menstrual-pro-
ducts-for-all-children-on-free-school-meals-freeperiods
Zu unserem Instagram-Profil geht es hier lang:
www.instagram.com/freeperiods/
Unser Twitter-Account ist unter folgender Adresse zu erreichen: twitter.com/AmikaGeorge
Die Ankündigung zur Demo auf Facebook:
www.facebook.com/events/1736074106702152/
Weiterführende Infos zu unserem Protestmarsch erhalten Sie hier: www.freeperiods.org/free-periods-protest
Es wäre einfach großartig, wenn Sie die Info in den sozialen Netzwerken teilen und an dem Tag vor Ort sein
könnten. Falls Sie darüber hinaus jemanden kennen, der
möglicherweise Interesse haben könnte, sei es als Red-
ner:in oder um die Info weiterzugeben, wäre das ganz
wunderbar. Wir brauchen die Unterstützung jedes und
jeder Einzelnen. Gemeinsam können wir es schaffen. Ich
denke, Sie könnten mit Ihrer Stimme sehr viel bewirken!
Im Anhang senden wir Ihnen eine Auswahl an Instagram-
tauglichen Bildern und Plakaten, weitere finden Sie auf
Google Drive.
Lassen Sie es mich wissen, falls Sie noch weitere Infos von
uns benötigen!

Ein herzliches Dankeschön!

Ihre Ami xx

Denk bitte bei jedem Gespräch daran, dich bei deinem Gegenüber zu erkundigen, ob er oder sie noch jemanden kennt, der interessiert sein könnte, auch wenn der- oder diejenige selbst nur wenig Begeisterung erkennen lässt. Wenn du dich mit Lokalredaktionen in Verbindung setzt, frag nach, ob man dir einen Kontakt bei den überregionalen Zeitungen nennen kann, auch wenn du denkst, dass sich kaum ein:e Journalist:in für eine kleine Graswurzelkampagne wie deine begeistern wird. Sieh dir nur an, über wie viele kleinere örtliche Initiativen in weitreichenstarken nationalen Zeitungen berichtet wird. Sie alle sind auf Material angewiesen, womit sie ihre Online-Angebote anreichern können, und vielleicht bist du mit deiner Initiative genau das, worauf man in einer Redaktion gewartet hat.

Setze dich unbedingt mit den örtlichen Stadtmagazinen in Verbindung, sie geben Veranstaltungstipps, veröffentlichen tagesaktuelle Hinweise auf verschiedene Events und verfügen meist sogar über einen redaktionellen Teil, in dem man über deinen Protestmarsch berichten könnte. Deine Community vor Ort kann zu deinem stärksten Verbündeten werden, also sorge dafür, dass jede:r in deiner Nachbarschaft und näheren Umgebung Bescheid weiß. Hänge Poster in Cafés und Buchläden auf. Tritt an sämtliche Schulen und Bildungseinrichtungen heran, vielleicht kann man dort einen Aushang am Schwarzen Brett machen, oder noch besser, man lässt dich in einer der Pausen einen kurzen Vortrag halten. Dann hast du die Möglichkeit zu erklären, warum du die Kampagne ins Leben gerufen hast – und wenn du schon dabei bist, weise auch auf die geplante Demonstration hin! Auch in einem Gemeindezentrum, der Stadtbücherei oder im Rathaus lohnt es sich nachzufragen.

Nachdem wir ordentlich die Werbetrommel gerührt hatten, kamen viele von den Journalist:innen, Radiosprecher:innen und Fernsehmoderator:innen, die in den Wochen zuvor über uns berichtet hatten, um sich die Kundgebung mit eigenen Augen anzusehen! An dem Abend selbst und an den darauffolgenden Tagen machte das Ereignis überall Schlagzeilen und schaffte es sogar in die Nachrichten auf BBC, ITV, Channel 4 und vielen weiteren Sendern. Scarlett, Grace und ich wurden während der Veranstaltung unzählige Male interviewt, und viele von den Journalist:innen mischten sich unter die Menge und baten auch vereinzelt Demonstrierende um ein Statement. In den darauffolgenden Tagen erschienen zahlreiche Artikel über uns und unsere Kampagne, weil sie eingeschlagen hatte wie eine Bombe, und alle stellten sich die Frage, wie es nun weitergehen würde. Es war der helle Wahnsinn, alle diese begeisterten Beiträge über unsere Demo und ihren triumphalen Erfolg zu lesen, schließlich wussten wir genau, dass wir damit noch Tausende weitere Menschen erreichen konnten und die Berichterstattung weit über die Grenzen unserer Stadt hinaus wirken würde.

Soziale Medien nutzen

Ich danke dir vielmals, WhatsApp! Was wären wir nur ohne dich. Wenn du nicht gewesen wärst, hätten wir das alles nie gestemmt. Danke auch Facebook, Twitter und Instagram. Die sozialen Medien sind ein wahrer Segen für internetaffine Protestierende, denn hier können wir uns vernetzen und viele weitere Menschen zum Mitmachen motivieren. Ihre Reichweite ist wirklich enorm und darf keinesfalls unterschätzt werden. Es wurden schon Streiks, Kundgebungen und Sitzblockaden organisiert, die ganze Regierungen zu Fall gebracht haben, mit nur einem Smartphone, einem Netzwerk von User:innen, die geholfen haben, eine Nachricht zu verbreiten, und einem Sturm der Entrüstung, der die Menschen zu Tausenden auf die Straßen getrieben hat. Unsere Mobiltelefone sind zu so etwas wie digitalen Megaphonen geworden. Es gibt Länder, in denen wurden Revolutionen und Rebellionen ausgelöst, allein durch simple Ankündigungen auf den sozialen Plattformen. Regelrechte Aufstände wurden angezettelt, einfach nur, indem man den User:innen genaue Anweisungen gab, wo sie sich hinbegeben und was sie dort tun sollten. Demos und Protestkundgebungen werden schon lange nicht mehr in irgendwelchen zwielichtigen Hinterzimmern oder Kellerräumen geplant oder bei Parteiversammlungen ausgetüftelt, stattdessen werden sie in den sozialen Medien vorbereitet, wo wir uns über Smartphones vernetzen und von Hashtags mitreißen lassen.

Für Scarlett ist das Internet unerlässlich, um die Massen für den Protest auf den Straßen zu mobilisieren:

> Wir dachten alle, die sozialen Medien kämen an erster Stelle, erst dann die Demo. Klar, der Protestmarsch war wichtig, um der Regierung zu zeigen, dass wir es wirklich ernst meinten, aber die Social-Media-Kampagne war nötig, um möglichst viele Menschen da draußen mit unserem Anliegen zu erreichen. Ich persönlich halte visuelle Elemente für einen sehr wichtigen Bestand-

teil vieler Initiativen. Aus diesem Grund haben wir uns mit einigen richtig starken Grafikdesigner:innen (unter anderen Duzi Studio) und Illustrator:innen (wie Alice Skinner) zusammengetan, die uns eine ansprechende Optik verpassen sollten. Zielgruppe waren vor allem junge Mädchen. Ich orientiere mich an einer Art Drei-Treffer-Prinzip – durchschnittliche Internet-User:innen müssen von einer Sache drei Mal lesen, bevor sie komplett begreifen, worum es geht, und sich engagieren. Wir steckten also unsere ganze Energie in die Öffentlichkeitsarbeit und sorgten dafür, dass auf sämtlichen Kanälen – in den sozialen Netzwerken, in den Medien, auf Podcasts und auf Twitter – darüber berichtet wurde. Sehr viele unserer Unterstützer:innen schafften es leider nicht zur Demo. Deshalb boten wir alternativ noch weitere Möglichkeiten der Beteiligung an. So konnten sich diese Leute einbringen, ohne dafür persönlich erscheinen zu müssen.

Man sollte niemals unterschätzen, welche Reichweite man mit einem Post in den Feeds der sozialen Netzwerke erzielen kann. Wir haben jedes einzelne Detail zu unserer Free-Periods-Demo geteilt, um auch die letzten noch unentschlossenen Unterstützer:innen vom Sofa aufzuscheuchen und auf die Straße zu locken. Unser Enthusiasmus muss ansteckend gewesen sein, wenn man sich das Ergebnis ansieht. Wir veröffentlichten am laufenden Band kleine Teaser, häppchenweise Infos darüber, was die Teilnehmer:innen erwartete, welche Gäste sich angekündigt hatten, und wir stellten die provokante Frage: »Wollt ihr Teil von etwas richtig Großem sein?« Diese Details wurden zigfach geteilt, selbst von Leuten, die nicht vorhatten zu kommen, und verbreiteten sich rund um den Globus. Letzten Endes kamen die Demonstrationsteilnehmer:innen aus Ecken, so weit entfernt wie Cornwall oder die Isle of Wight, und eine Gruppe war sogar eigens aus Nordirland hergeflogen! Jede:r einzelne Demonstrant:in war gekommen, weil er oder sie einen Post auf Twitter, Instagram oder Facebook gesehen hatte, in dem für die Veranstaltung geworben wurde – das ist doch der beste Beweis, welche *Macht* die sozialen Medien haben!

Ein Großteil der Teilnehmer:innen wird erst sehr kurzfristig, nämlich am Tag der Demo selbst, beschlossen haben zu kommen, und genau diese Leute gilt es, mit ein wenig freundlichem, aber bestimmtem Druck auf die Sprünge zu helfen. Dies funktioniert sehr gut, wenn man am Tag davor oder am selben Tag noch einmal richtig für Wirbel sorgt und das Event zum Stadtgespräch werden lässt. Wir selbst hatten die Idee, eine Liste von 40 Freund:innen und Familienangehörigen zusammenzustellen, die allesamt gut vernetzt sind, und zwar auf den unterschiedlichsten Social-Media-Plattformen. Diese Leute baten wir, einen Werbeflyer für die Demo zu posten, zusammen mit dem Hashtag #FreePeriods und der Überschrift »Bist du dabei?« oder »Ich gehe hin. Was ist mit dir?« Sie alle kontaktierten jeweils zehn ihrer Freund:innen und forderten diese wiederum auf, das Gleiche zu tun. Der Flyer wurde unzählige Male geteilt, wieder und wieder. Am Tag der Demo war der Hashtag »#FreePeriods« Nummer eins auf Twitter in der Rubrik »Trending Hashtags«. Ja, tatsächlich! Das hatten wir allein dieser genialen Aktion zu verdanken, weil alle es gepostet, geteilt, getwittert und retweetet hatten und dann noch einmal von vorne. Und das öfter, als ich es mir je erträumt hätte.

Du solltest unbedingt dafür Sorge tragen, dass du für den Protestzug Leute organisierst, die unter deinem Hashtag Fotos und Videos teilen. Mach spontane Interviews mit Teilnehmer:innen und fang ihren Widerstandsgeist in Wort und Bild ein!

Nach dem Protest

Für unsere Kampagne erstellten wir ein kleines Magazin, das wir im Anschluss an die Demo verteilten, damit unsere Mitaktivist:innen etwas mit nach Hause nehmen konnten. Darin erläuterten wir, was jede:r Einzelne als Nächstes noch alles tun konnte (zum Beispiel an Abgeordnete schreiben, die Menstruation im Allgemeinen offen und ungeniert thematisieren, über Periodenarmut schreiben, Vorträge an Schulen und Bildungseinrichtungen halten und so weiter). Es ist wichtig, dass man den Teilnehmer:innen einer Demo sowie denen, die nicht kommen können, etwas anbietet, eine Art weiterführenden Aktionsplan. Schließlich soll euer Protest nicht folgenlos verhallen und nur ein netter kleiner Ausflug an die frische Luft gewesen sein. Er muss spürbare Konsequenzen haben. Im Folgenden teile ich das Schreiben mit euch, das ich am Tag nach unserer Demo an die Staatssekretärin für Bildungsfragen geschickt habe. Darin bat ich sie um ein persönliches Treffen:

Sehr geehrte Justine Greening,

ich heiße Amika George, bin achtzehn Jahre alt, stehe kurz vor meinen A-Level-Prüfungen und bin Gründerin der #FreePeriods-Initiative. Diese fordert die kostenlose Bereitstellung von Periodenprodukten in sämtlichen Bildungseinrichtungen unseres Landes.

Ich bin Mitorganisatorin des #FreePeriods-Protestmarschs direkt gegenüber der Downing Street gestern Abend. Hunderte haben sich dort versammelt, um Ihnen als Staatssekretärin für Bildungsfragen die Botschaft zu überbringen, dass kein Kind die Schule versäumen sollte, nur weil es sich keine Hygieneprodukte leisten kann. Ich hoffe sehr, die umfangreiche Berichterstattung in den Medien ist Ihnen nicht entgangen und Sie haben den geschlossenen Ruf nach Veränderung vernommen. Ich und alle diese leidenschaftlichen Verfechter:innen der Kampagne fordern Sie hiermit auf, für einen Wechsel in der Politik einzutreten.

Die #FreePeriods-Bewegung nimmt immer mehr an Fahrt auf.

Ich wäre Ihnen deshalb überaus dankbar, wenn wir uns bei einem persönlichen Treffen darüber austauschen könnten, wie wir diese Veränderungen gemeinsam auf den Weg bringen wollen. Ich habe bereits einige Kostenkalkulationen angestellt und würde es sehr zu schätzen wissen, wenn Sie trotz voller Terminpläne ein wenig von Ihrer kostbaren Zeit für mich erübrigen könnten. Ich werde meine Petition in Kürze persönlich in der Downing

Street abliefern und hoffe, dass wir schon bald mit vereinten Kräften dafür sorgen, dass kein Kind auf eine un-
beschwerte Schulzeit und auf gleiche Bildungschancen
verzichten muss. Sorgen wir dafür, dass Periodenarmut
an Schulen im Vereinigten Königreich schon bald ein für
alle Mal der Vergangenheit angehört.

Mit freundlichen Grüßen
Ihre Amika George

Die Staatssekretärin für Bildung hat zwar nie auf meinen Brief
geantwortet, was eine herbe Enttäuschung war, aber der Protestzug war dafür ein Riesenerfolg. Die Parlamentsmitglieder
Jess Phillips und Paula Sherriff gehörten zu den vielen Spre-
cher:innen des Abends, mit denen wir uns in der darauffolgenden Woche in Westminster trafen, um die weiteren Schritte zu
besprechen. Innerhalb von nur drei Monaten hatten sie sich
mit Tracey Crouch, Ministerin für Sport und Zivilgesellschaft,
zusammengesetzt, die uns half, Mittel aus den Einkünften der
Tamponsteuer zu sichern. Diese sollten an eine Wohltätigkeitsorganisation gehen, die sich ein Jahr lang um das Problem Periodenarmut kümmern sollte. Das war ein erster großer Schritt
in die richtige Richtung!

Dank der Demo reifte Free Periods zu einer globalen Bewegung heran und verbreitete sich über Grenzen hinaus in den
verschiedensten Ländern, etwas, das ich mir nie auch nur erträumt hätte. Aus diesem Grund zog die Berichterstattung zum
Thema Periodenarmut in den Mainstream-Medien deutlich
an. Wenn Menschen jeden Alters und jeden Geschlechts, mit

den verschiedensten Hintergründen und aus den unterschiedlichsten Gegenden nach einer bestimmten Sache verlangen, ist
das so etwas wie eine Initialzündung für noch Größeres. Wir
Bürger:innen können sehr wohl über das Schicksal dieser Welt
bestimmen, wenn wir nur entschlossen genug sind und uns zusammentun, wenn wir uns in der Öffentlichkeit zeigen, ange-
feuert vom Funken der Solidarität. Denn wenn wir *gemeinsam*
kämpfen, ist die Chance, dass wir gewinnen, umso größer.

5. KAPITEL

DU STEHST AN ERSTER STELLE

Am Abend vor meiner A-Level-Prüfung in Französisch steigerte ich mich in einen Zustand wachsender Panik hinein. Ich hatte Wochen, ja sogar Monate damit verbracht, mir Notizen zu sämtlichen Themenbereichen zu machen, die wir im Unterricht durchgenommen hatten, hatte aber immer noch einen Berg von A4-Mappen mit Vokabeln, Mitschriften und Konjugationen zu lernen. Ich wollte mich möglichst intensiv auf die Prüfung vorbereiten, hatte mir allerdings nicht genügend Zeit genommen. Der größte und dümmste Fehler aber war, dass ich in dieser Nacht erst um 3 Uhr morgens zu Bett ging und dann nicht einschlafen konnte. Vor lauter Aufregung wälzte ich mich von einer Seite auf die andere. Am nächsten Morgen war ich das reinste Nervenbündel. Ich war bereits gegen 5 Uhr früh wieder aus dem Bett gekrochen, um weiterzubüffeln, ohne ein Auge zugetan zu haben.

Bei dieser Prüfung ging natürlich so ziemlich alles schief, was schiefgehen konnte – ich hatte mir sogar den Zeitpunkt des

Prüfungsendes falsch gemerkt und dachte, ich müsste eine halbe Stunde früher fertig sein, weshalb ich jede einzelne Frage viel zu hektisch beantwortete. Ein folgenschwerer Fehler. Ich bekam keinen klaren Gedanken mehr zustande. Als ich mir die Prüfungsfragen hinterher noch einmal durch den Kopf gehen ließ, war ich überzeugt, dass ich die Essayfrage in meinem aufgelösten Zustand völlig missverstanden und obendrein einen ganzen Absatz im falschen Tempus verfasst hatte.

Nur keine Hektik

Du kannst nicht alles auf einmal erledigen, lautet die schmerzhafte Lehre, die ich nach und nach ziehen musste. In der Anfangszeit meiner Free-Periods-Kampagne setzte ich mich selbst extrem stark unter Druck. Ich wollte das Beste daraus machen, wollte möglichst viel Aufmerksamkeit auf die Initiative lenken, wollte etwas bewegen. Ich konnte es kaum erwarten, das Thema Periodenarmut an die Öffentlichkeit zu bringen. Und als mir das zu gelingen schien, war ich in ständiger Sorge, wie ich die entstandene Dynamik beibehalten sollte. Ich hatte das Gefühl, alles möglichst sofort erledigen zu müssen, keine Zeit zu verlieren. Ich rieb mich selbst auf zwischen Kampagnenarbeit, Hausaufgaben, Terminen, Projektabgaben, Universitätsbewerbungen und dem alltäglichen Leben eines ganz normalen Teenagers. Oft blieb ich bis tief in die Nacht wach, um an Abgeordnete zu schreiben, Interviewfragen per E-Mail zu beantworten oder mich an Zeitungen und andere Medien zu wenden. Meine Mom kam regelmäßig zu mir ins Zimmer und sah mich mit sorgenvoller Miene an. Sie fand, dass ich mir selbst zu viel abverlangte. Aber ich wollte nichts davon hören. Ich empfand es als meine Pflicht weiterzumachen, als müsste ich die Ziellinie in Rekordzeit überqueren.

Adwoa Aboah hat mir in diesem Zusammenhang den folgenden Rat gegeben:

> Es gibt Zeiten, da habe ich keinerlei Kraft mehr, weil ich mich bis zur Erschöpfung verausgabt habe. Und ich bin überzeugt, dass alle, die sich dem Aktivismus verschreiben, früher oder später an diesen Punkt kommen – wir treiben uns selbst zum Äußersten, bis unsere Reserven aufgebraucht sind. Eine Strategie, die mir bei meiner Arbeit hilft, insbesondere, wenn ich für Gurls Talk persönlich irgendwo erscheinen soll, ist, ehrlich zu sagen, wie es mir aktuell geht. Ich gaukle niemandem vor, alles wäre eitel Sonnenschein, sondern gebe offen zu, wie es in mir drin aussieht. Vor jedem Gurls-Talk-Event versuche ich mir eine kleine Auszeit zu nehmen, schließlich will ich bei einer Begegnung mit der Community alles geben können.

Die Kampagnenarbeit ist in der Regel eine zähe Angelegenheit. Es geht darum, die althergebrachten Strukturen Stein für Stein abzutragen, und das erfordert viel Geduld und Entschlossenheit. Für mich persönlich waren es drei anstrengende Jahre, aber gleich zu Beginn erwartete ich in meiner Naivität, alles müsste innerhalb kürzester Zeit passieren. Ich holte das Letzte aus mir heraus, als wäre ich allein dafür verantwortlich, dass wir Fortschritte machten. Ich kann das noch besser. Ich kann noch viel mehr tun. Ich könnte es anders versuchen, kritisierte ich fortwährend an mir herum.

Erst rückblickend erkenne ich die winzigen Veränderungen, die sich fast unbemerkt vollzogen. Ich war so auf die größeren, offenkundigeren Entwicklungen fixiert, dass ich die kleinen Fortschritte gar nicht wahrnahm. Es waren winzige Trippelschritte, aber ich kam voran. Nur sehnte ich mit solcher Macht einen Systemwechsel herbei, dass ich mich völlig im Tunnelblick verlor. Es fiel mir verdammt schwer, die kleineren Veränderungen zu registrieren, geschweige denn, sie anzuerkennen, wenn sie sich nicht auf mein eigentliches Ziel bezogen. Ich bekam nicht mit, dass die Menschen sich zunehmend leichter taten, über ihre eigenen Erfahrungen zu sprechen, je umfangreicher die Berichterstattung zum Thema Periodenarmut wurde und je offener man es an den Schulen thematisierte. Ich wurde mit E-Mails regelrecht bombardiert, von Unterstützer:innen, die mir ihre Hilfe anboten. Das war eine einschneidende Veränderung, und es waren riesige Fortschritte, aber das konnte ich nicht sehen.

Kleine Etappensiege feiern

Mach dir bitte bewusst, dass jeder noch so kleine Sieg wichtig ist, und feiere diese Erfolge entsprechend. Manchmal kommt so eine Kampagne trotz größtmöglichen Einsatzes nur sehr langsam und schleppend voran, deshalb solltest du dich über die kleinen Etappensiege ebenso freuen wie über die großen. Denn sobald du denkst, du hättest ein gutes Stück geschafft, tun sich schon wieder neue Hindernisse auf. Erst als ich anfing, Tagebuch zu führen und mir sämtliche positiven Punkte zu notieren, die Tag für Tag so passierten, begann ich, das alles mit anderen Augen zu sehen. Ob es eine Liste von Leuten ist, die dir ihre Hilfe angeboten haben, ob du den Eindruck hast, du hättest an einer Schule einen überzeugenden Vortrag über deine Initiative gehalten, oder ob du generell ein gutes Gefühl hast bei dem, was du tust, und große Hoffnungen in deine Mühen setzt – all diese Erfolgserlebnisse solltest du zu Papier bringen und dir die Notizen an solchen Tagen durchlesen, an denen du wieder einmal den Kopf hängen lässt oder zu streng mit dir selbst ins Gericht gehst.

Dieses Prinzip solltest du übrigens nicht nur im Rahmen des Aktivismus beherzigen, du kannst es auf dein gesamtes Leben übertragen. Schreib all die guten Dinge auf, die dir Tag für Tag begegnen. Es mag total kitschig klingen, lässt sich aber sogar wissenschaftlich untermauern: Unzählige Studien bestätigen den sicheren Zusammenhang zwischen Dankbarkeit und psychischem Wohlbefinden und attestieren in diesem Kontext selteneren Stress und Depressionen, einen besseren Schlaf und höhere Belastbarkeit. Ich kann gut nachvollziehen, wenn du denkst, diese Aufgabe sei inmitten des alltäglichen Kampfs unmöglich zu bewältigen. Kein Sieg scheint je groß genug. Versuch trotzdem, die kleinen Erfolge als Meilensteine zu sehen, und rufe dir regelmäßig in Erinnerung, was du auf deinem Weg bereits alles erreicht hast. Das wird dir einen ordentlichen Motivationskick geben.

Sei gut zu dir selbst

Mach es dir zur Lebensaufgabe, gut zu dir selbst zu sein und in dieser übervernetzten Welt im Gleichgewicht zu bleiben. Wir alle empfinden Schuldgefühle, wenn wir uns selbst zu wichtig nehmen, doch sollte man niemals dem Irrglauben verfallen, es sei verwerflich, gar selbstsüchtig, gut auf sich zu achten. Es ist so wichtig, die Balance zwischen Aktivismusarbeit und Selbstfürsorge zu finden. Wenn du dich nämlich bis zur restlosen Erschöpfung verausgabst, wie willst du dann noch anderen helfen können? Ich bin zum Beispiel zu nichts zu gebrauchen, wenn ich unausgeschlafen bin. Dann überkommen mich heftigste Selbstzweifel, und ich stelle so ziemlich alles infrage. Ich fühle mich von allem überfordert, und selbst die kleinste Kleinigkeit baut sich wie ein riesiger Berg vor mir auf, der mir unüberwindlich erscheint.

Als Aktivist:in übernimmt man eine sehr wichtige und kräftezehrende Aufgabe, das geht an niemandem spurlos vorüber. Aus diesem Grund müssen wir uns zwischendurch dringend regelmäßige Auszeiten gönnen. Vielleicht reichen ein paar Tage Erholungspause, vielleicht brauchst du länger, um deine Batterien wieder aufzuladen. Ich habe derartige Erschöpfungszustände am eigenen Leib erlebt. Immer wieder musste ich mich komplett aus allem ausklinken, um aufzutanken, nur so fand ich die Kraft weiterzumachen.

Denk nicht einen Augenblick, es könnte ein Zeichen von Schwäche sein, wenn du eine Pause brauchst. Du beweist damit Stärke. Denn du kümmerst dich rechtzeitig um dein seelisches Gleichgewicht und deine körperliche Gesundheit – nur so kannst du neue Reserven schaffen, damit du frisch gestärkt weitermachen kannst.

Gönne dir Ruhe und widme dich hin und wieder einer Beschäftigung, die du gerne machst, die aber rein gar nichts mit deiner Kampagne zu tun hat. Ich lese gern, koche mit Freund:innen, gehe aus oder sehe mir einen Film an. Und während ich mich entspanne, versuche ich ganz in der Gegenwart zu bleiben und hindere meine grauen Zellen daran, abzuschweifen und doch wieder an die Arbeit zu denken. Ich lasse mich weder von Deadlines, Terminen noch von irgendetwas sonst ablenken. Verbringe Zeit mit deinen Lieben. Geh nach draußen an die frische Luft. Ruf dir selbst ins Gedächtnis, dass du nur ein kleines Rädchen in einem sehr viel größeren System bist. Überleg dir, was du alles leistest, um anderen Menschen zu helfen – genauso hingebungsvoll solltest du dich um dich selbst kümmern. Falls nötig lass auch mal den Tränen freien Lauf, lass einfach alles raus, sämtliche aufgestauten Emotionen. Ich schäme mich nicht zuzugeben, dass ich eine richtige Heulsuse bin. Weinen ist meiner Ansicht nach ein Zeichen der emotionalen Reinigung. Und für mich eine gute Möglichkeit, die Ereignisse des Tages zu verarbeiten. Ich tue es aus einem inneren Drang heraus, ganz gleich, ob ich traurig, gestresst oder voller Freude bin.

Nicola Mendelsohn beendet jeden Tag mit einem heißen Schaumbad, ganz gleich, wo auf der Welt sie sich gerade aufhält. Für sie ist das ein wesentlicher Bestandteil ihrer täglichen Wohlfühlroutine, und das lässt sie sich nicht nehmen. Oft ist es für sie die einzige Möglichkeit, um zwischendurch abzuschalten und zur Abwechslung einmal nur an sich selbst zu denken.

Versuche, die Zeit allein mit dir und deinen Gedanken zu genießen. Manchmal habe ich den Eindruck, dass wir alle uns viel zu sehr vor dem Alleinsein fürchten, insbesondere davor, in uns selbst hineinzuhorchen. Auch in meinem Leben sind solche Momente der Ruhe und Selbstbesinnung rar. Wenn ich nicht gerade mit meinen Freundinnen telefoniere, läuft im Hintergrund irgendein Podcast, oder ich binge Serien auf Netflix und kann mich nicht mehr vom Fernseher losreißen. Ständig bin ich mit den Leben und Gedanken anderer beschäftigt, dabei vernachlässige ich mein eigenes Befinden sträflich. Versteh mich bitte nicht falsch, ich kann durchaus einen ganzen Tag mit einem *Friends*-Serienmarathon verplempern. Aber ich versuche, zumindest die Viertelstunde Fußmarsch bis zum Hörsaal zu nutzen, um Ruhe und Klarheit in meine wirren Gedanken zu bringen. Wir alle neigen dazu, uns ablenken zu lassen – das Alleinsein kommt uns manchmal unerträglich vor, weil es uns dazu zwingt, uns mit uns selbst und dem, was in uns vorgeht, zu befassen. Und trotzdem ist es wahnsinnig wichtig für das seelische Wohlbefinden.

Scarlett Curtis hat im Gegensatz dazu für sich festgestellt, dass es gerade der Aktivismus ist, der sie psychisch ins Gleichgewicht bringt, mehr als irgendeine von den vielen Entspannungstechniken, die sie ausprobiert hat. Als sie den feministischen Aktivismus für sich entdeckte, war sie gerade mal neunzehn, zutiefst einsam und deprimiert und lebte ganz allein in New York City, während sie dort die Universität besuchte. Der Aktivismus hat sie tatsächlich aus einem tiefen schwarzen Loch herausgeholt.

Plötzlich war da diese wunderbare Community, der ich mich zugehörig fühlte. Das hat mir – ohne Übertreibung – den Lebenssinn zurückgegeben. Es wird viel von den Risiken und Kehrseiten des Aktivismus gesprochen, und das ist ohne Zweifel wichtig. Trotzdem überwiegen in meinen Augen die positiven Aspekte. Im feministischen Aktivismus habe ich meine Bestimmung und eine herrlich freundschaftliche Community gefunden – vor allen Dingen aber etwas, wofür es sich lohnt, jeden Morgen aufzustehen. Zu einem Zeitpunkt, da mir für alles die Kraft fehlte und ich nicht einmal mehr um mein eigenes Leben kämpfen wollte, gab mir der Aktivismus einen Grund zum Weitermachen: Ich empfand es als meine Pflicht, mich für die Rechte von anderen Frauen stark zu machen!

Auf meine Frage hin, wie sie es als Aktivistin mit der Selbstfürsorge hält, lachte sie nur:

Im Grunde ziehe ich nie richtig den Stecker! Aber ich sehe oft fern, lese viel und spiele regelmäßig Candy Crush. Yoga und das Fitnessstudio haben mir sehr gutgetan, was ich selbst *nie* für möglich gehalten hätte. Als Aktivist:innen müssen wir geistig und emotional ständig präsent sein. Ich achte darauf, dass ich mir mindestens einmal am Tag eine Auszeit genehmige und einen Gang runterschalte, das hat bei mir im Laufe der letzten Jahre für einen gesunden Ausgleich gesorgt. Ich denke, eine Sache, die mir mehr als alles andere geholfen hat, ist die

Einsicht, dass jede Form von Aktivismus einen langwierigen Wandel darstellt und kein Kampf ist, der schnell gewonnen werden kann. Deshalb müssen wir Strategien entwickeln, die verhindern, dass wir uns selbst zu sehr verausgaben und einen Burn-out riskieren. Wenn ich mich total aufarbeite, verliere ich die Lust am Weitermachen. Die Veränderungen, die ich auf den Weg bringen möchte, sind keine Sache von wenigen Jahren, sondern werden sich über mehrere Jahrzehnte hinziehen. Wenn ich also bewusst eine Gelegenheit auslasse oder mir eine Woche frei nehme, sorge ich damit nur dafür, dass ich auch auf lange Sicht noch fit genug bin, um am Ball zu bleiben.

Caroline Criado Perez musste zu Beginn ihrer letztlich erfolgreichen Banknoten-Kampagne Unmengen an Hass, Beschimpfungen und Trollattacken über sich ergehen lassen. Die ewigen Anfeindungen hätten auch die erfahrensten Aktivist:innen auf eine harte Probe gestellt, deshalb wollte ich von ihr wissen, wie sie diesen Feindseligkeiten Tag für Tag aufs Neue standhalten konnte.

Ich kuschle oft mit meinem Hund, mache Yoga, wann immer ich es unterbringen kann, und verbringe viel Zeit mit meinen Freund:innen. Außerdem bemühe ich mich, nicht allzu viele Gedanken daran zu verschwenden. Wenn man sich zu weit aus der Deckung herauswagt, muss man mit Gegenwind rechnen, das ist nun mal die harte Realität. Menschen, die dich nicht im Geringsten kennen, werden eine dezidierte Meinung über dich haben und diese kundtun. Und es gibt nichts, was du dagegen tun könntest. Stattdessen machst du einfach mit dem weiter, was du für das Richtige hältst. Man sollte sich für seinen Aktivismus also etwas aussuchen, für oder gegen das man einfach kämpfen *muss*, weil man nicht anders kann.

Als sie sich nach dem erfolgreichen Abschluss ihrer Banknoten-Kampagne brutalsten Vergewaltigungs- und Todesdrohungen ausgesetzt sah, stellte man ihr wiederholt die Frage, ob sie das alles mit dem Wissen von heute noch einmal durchziehen würde. Ihre Antwort ist jedes Mal ein überzeugtes: »Ja – und zwar nicht, weil ich besonders mutig wäre, sondern weil ich damals einfach nicht anders konnte und ich nicht glaube, dass das jetzt anders wäre.«

Ent-followen

Wusstest du, dass weder Adele, Beyoncé noch Rupi Kaur auf Instagram irgendjemandem folgen? Und obwohl allseits bekannt ist, dass der Großteil der User:innen sehr selektiv vorgeht und sich genau überlegt, was er oder sie mit der Welt teilt und was nicht, drücken wir unsere Nasen an den Bildschirmen platt und verfolgen gebannt die virtuellen Leben von Hunderten von Leuten. Das Problem beispielsweise bei einer Plattform wie Instagram ist, dass wir gefilterte, gezielt ausgewählte Fotos zu sehen bekommen, die einen völlig falschen Eindruck vermitteln: Uns werden Menschen morgens nach dem Aufwachen präsentiert, perfekt gestylt und frisch wie das blühende Leben. Sie spiegeln uns eine Realität vor, die wir in unserer Naivität als die Norm betrachten. Wenn wir Normalsterblichen morgens aufwachen, sehen wir aus, als wären wir in einen Tornado geraten. Alle diese irreführenden Bilder beeinflussen unser Selbstwertgefühl. Denn mal ehrlich, wie viele von uns haben die Möglichkeit, den Sommer in einer Hängematte an einem Traumstrand irgendwo auf den Bahamas zu verbringen oder eisgekühlten Champagner zu schlürfen, während wir uns auf einer Superjacht vor der Küste Südfrankreichs die Sonne ins Gesicht scheinen lassen? Es ist die schlimmste Form der Prahlerei, und doch haben wir uns mittlerweile an den Anblick dieser Menschen gewöhnt, die diesem glänzenden Lifestyle frönen. Unsere Gehirne gaukeln uns vor, das sei die Norm und wir selbst hätten versagt, weil unser Leben bei Weitem nicht so glamourös ist.

Warum lassen wir uns eigentlich immer noch nach den Likes bewerten, die unsere Fotos erhalten? Warum bestimmt die Anerkennung (beziehungsweise deren Verweigerung) über unser Selbstwertgefühl? Viele Teenager geben zu, sie würden von ihnen selbst im Netz gepostete Fotos wieder löschen, wenn sie nicht genügend Likes bekommen.

Eine wachsende Anzahl von Expert:innen vertritt die These, Instagram würde die seelische Gesundheit junger Leute massiv gefährden. Speziell auf dieser Social-Media-Plattform herrscht ein erbitterter Wettbewerb, die User:innen stellen hier ihr Leben gefiltert zur Schau, um ein vermeintliches Ideal zu präsentieren. Dabei vergisst man leicht: Es gibt da draußen garantiert nicht einen Menschen, der immer und überall makellos aussieht, niemand kann stets gut gelaunt und glücklich sein und ein rundum perfektes Leben führen. Die sozialen Netzwerke beherrschen es beispielhaft, den Druck, der ohnehin auf uns lastet, noch um ein Vielfaches zu verstärken.

Wenn man bedenkt, dass der durchschnittliche Mensch etwa 2,5 Stunden täglich in den sozialen Netzwerken verbringt, sollte man den eigenen Feed am besten nur mit Accounts füllen, die ein gutes Gefühl vermitteln, sowohl was einen selbst betrifft als auch in Bezug auf das Weltgeschehen. Ich nehme mir zwischendurch immer wieder mal die Zeit und säubere meinen Feed, indem ich jeden einzelnen Account, den ich nicht als authentisch, lebensbejahend und echt empfinde, ent-followe. Stattdessen suche ich mir gezielt Profile von Leuten, die einfach nur unglaublich tolle Dinge tun.

Die sozialen Netzwerke sind so konzipiert, dass sie dich in ihren Bann ziehen, bis du nicht mehr auf ihren Input verzichten kannst. Instagram und Facebook werden von Algorithmen gesteuert, die regeln, was in deinem Feed erscheint, basierend auf dem, was dir gefällt, wem du folgst und welchen Aktivitäten du dort nachgehst. Ich finde es beängstigend, dass dieser Algorithmus so gut wie *alles* über mich weiß. Auch wenn du denkst, du hättest selbst die Kontrolle darüber, was du zu sehen bekommst, ist es im Wesentlichen er, der darüber bestimmt. Wenn du also Likes für negative Meldungen vergibst und Beiträge teilst, deren Inhalte dir Unbehagen bereiten, wird dir dein Feed weitere vergleichbare Postings präsentieren. Sobald du aber anfängst, dich aktiv mit inspirierenden Persönlichkeiten, Hashtags und Konten zu befassen, die für eine positive Botschaft stehen, wird dein Feed auch das widerspiegeln. Lass dich also von Menschen, die Unglaubliches leisten, inspirieren, ermutigen und bestätigen!

Wähle deine Worte weise

2019 war ich zu Gast bei Adwoas Gurls-Talk-Podcast, um über die Tücken des Teenagerlebens zu sprechen. Ich wollte vor allem darauf eingehen, dass man als junger Mensch unbedingt das Selbstvertrauen haben sollte, für sich selbst einzustehen und sich nicht darum zu scheren, was andere von einem denken. Nachdem Adwoa und ich uns eine ganze Weile unterhalten hatten, entspannte ich mich so sehr, dass ich unvorsichtig wurde und einen Kommentar über meine Schulfreundinnen abließ, der offenbar ganz anders rüberkam als beabsichtigt. Erst als meine Freundinnen mich später darauf ansprachen, wurde mir bewusst, wie sehr ich sie mit meiner flapsigen Bemerkung verletzt hatte. Mich plagten schreckliche Gewissensbisse. Der Gedanke, dass ich ihnen das Gefühl gegeben hatte, sie spielten in meinem Leben keine wesentliche Rolle, war für mich unerträglich, denn sie *sind* mir wichtig, sehr sogar. Dieser Vorfall war mir eine Lehre, genauer auf das zu achten, was ich sage. Ob in kleiner Runde oder vor Tausenden von Zuhörer:innen, spielt dabei keine Rolle – Worte können Konsequenzen haben, die auf den ersten Blick oft nicht erkennbar sind.

Setze bewusst Grenzen

Grenzen sind ein Thema, das mich schon mein ganzes Leben lang beschäftigt. Ich habe nämlich ernsthafte Probleme damit, Nein zu sagen. Zum Großteil mag das vielleicht noch meinem Alter geschuldet sein, es könnte aber auch an meinem mangelnden Selbstvertrauen liegen. Die Sache ist die: Ich schaffe es einfach nicht, ehrlich mir selbst gegenüber zu sein, und habe nicht den Mumm, in erster Linie an mein eigenes Wohl zu denken, auch wenn ich mittlerweile schon deutliche Fortschritte gemacht habe. Klare Grenzen zu ziehen fällt wohl niemandem richtig leicht, und daran festzuhalten, ist noch viel schwerer. Trotzdem sollte »Nein« zu deinem festen Vokabular gehören.

Inzwischen habe ich gelernt, dass es ein Zeichen der Selbstachtung und der Wertschätzung ist, wenn man Nein sagt – und dass die Mitmenschen einen dafür umso mehr respektieren.

Leider neigen viele von uns dazu, es immer allen recht machen zu wollen. Das Problem dabei ist, dass wir unsere eigenen Bedürfnisse oft völlig aus dem Blick verlieren. Das kann unter Umständen sogar so weit gehen, dass wir sie irgendwann nicht mehr von denen anderer unterscheiden können. Wir zermartern uns den Kopf, welche Konsequenzen so ein Nein haben könnte, dabei sollten wir die Energie, die wir für Dinge aufwenden, auf die wir im Grunde gar keine Lust haben, dafür nutzen, möglichst authentisch zu bleiben und endlich anzuerkennen, dass auch unsere eigenen Wünsche zählen.

Ich habe für mich festgestellt, dass es durchaus Wege gibt, Nein zu sagen, ohne dass man Gefahr läuft, als undankbar oder unhöflich abgestempelt zu werden. Einige Standardsätze sind zum Beispiel: »Ich würde ja gern, aber ich stecke knietief in der Arbeit. Können wir vielleicht in einigen Wochen/Monaten darauf zurückkommen?« Oder versuch es mal mit: »Vielen Dank, dass du an mich gedacht hast. Leider kann ich gerade gar keine Zusagen machen, aber vielleicht könnte XY das übernehmen, der/die ist ein:e geniale:r Aktivist:in!« Nutze die Tatsache, dass du selbst gerade keine Zeit erübrigen kannst, dafür, andere Aktivist:innen ins Gespräch zu bringen oder auf kleinere Organisationen hinzuweisen, die ein wenig Publicity gut gebrauchen können und die vor allem nicht so beschäftigt sind wie du. Ein Nein muss nicht zwangsläufig eine grobe Zurückweisung sein; stattdessen kann es auch zum Ausgangspunkt für eine neue fruchtbare Zusammenarbeit oder strategische Partnerschaft werden, indem du eine zukünftige Kooperation in Aussicht stellst.

Wo wir schon beim Thema sind: Nein hätte ich auch zu der Kleidung sagen sollen, die ich bei einem Fotoshooting für ein Magazin tragen musste. Ich fühlte mich schrecklich unwohl darin. Es war Hochsommer, als ich in dieses Studio in London kam und man mir sagte, ich solle dieses Kleid anziehen, das mir überhaupt nicht gefiel. Aber dummerweise bekam ich meinen Mund nicht auf. Stattdessen zwang ich mir ein Lächeln ins Gesicht, nickte mechanisch und zog es ohne Protest an. So ließ ich mich fotografieren. Als ich wieder ging, fühlte ich mich richtig mies. Ich hatte das Gefühl, gegen meinen eigenen Willen gehandelt zu haben, und war zutiefst enttäuscht von mir selbst. Heute weiß ich, dass ich meine Meinung hätte sagen sollen, aber ich war besessen davon, es allen recht zu machen.

Früher habe ich jede einzelne Presseanfrage sofort zugesagt, ohne lange nachzudenken, ganz egal, wie viel ich gerade anderweitig um die Ohren hatte. In der Anfangszeit mag das ja noch sinnvoll gewesen sein, da konnten wir jede Publicity für die Kampagne gebrauchen, und vielleicht geht es dir mit deiner genauso. Überleg dir trotzdem gut, wie viel du dir selbst zumuten willst. Wichtig ist, dass du selbst entscheidest, was richtig für dich ist. Und mach dir bewusst, dass es absolut in Ordnung ist, Nein zu Dingen zu sagen, die dich nicht interessieren. Ob du es glaubst oder nicht, die meisten Leute kommen mit einem Nein ganz gut klar.

Wenn du dir nicht sicher bist, schlaf noch mal eine Nacht darüber, bevor du deine Entscheidung triffst. Erkläre dich nicht vorschnell mit etwas einverstanden, weil es nämlich sehr viel schwerer ist, Nein zu sagen, wenn man schon mal Ja gesagt hat (vertrau mir, ich weiß, wovon ich rede)!

Ich habe mich mit Gina Martin über Grenzen unterhalten sowie darüber, wie man während einer Kampagne bei allem Stress gut auf sich selbst achtet. Das war ihre Antwort:

> Wenn man den Antrieb hat, mit seinem Einsatz anderen zu helfen, ist der innere Gefühlskonflikt, wenn es darum geht, die eigenen Grenzen zu respektieren, umso heftiger. Ich war erst neulich an einem Punkt, wo mein Partner mir vor Augen hielt, wie sehr mir dieser Stress zusetzt. Ich schlief oft total unruhig, weil ich bis spät in die Nacht private Nachrichten beantwortete. Wenn ich mitten am Tag eine Mail bekam, in der es um irgendein Problem ging, kümmerte ich mich sofort darum und hat-

te deshalb kaum noch Zeit für meinen Partner und meine Familie. Oder wenn mich jemand um Rat zu einem speziellen, besonders tragischen Fall bat, überkamen mich sofort Schuldgefühle, wenn ich nicht wusste, was ich antworten sollte. Das zog mich extrem herunter. Jeden Tag werde ich gebeten, Hinweise auf Kampagnen, Texte, Bilder, Tondateien, Umfrageergebnisse, Ideen, Produktwerbung und so weiter zu teilen, aber irgendwo muss ich die Grenze ziehen, sonst geht es für mich irgendwann nur noch um die Frage »Was von alldem ist jetzt wichtiger?«, um zu entscheiden, wofür ich meine knapp bemessene Zeit verwende. Und das wäre doch absolut unfair. Außerdem bin ich gar nicht ausgebildet darin, anderen Menschen Ratschläge zu erteilen.

Adwoa Aboah hat wie ich erkannt, wie unheimlich wichtig es im Aktivismus in allen seinen Formen ist, ab und an in sich hineinzuhorchen, um sich selbst nicht aus dem Blick zu verlieren:

Generell achte ich schon darauf, mich zwischendurch ganz auf mich selbst zu besinnen. Dann treibe ich Sport und verschreibe mir eine Weile Digital Detox, stattdessen verbringe ich die Zeit mit meiner Familie und mit meinen Freund:innen und versuche zu praktizieren, was ich anderen ständig predige: nämlich allen meinen Mitmenschen gegenüber offen und ehrlich zu sein. Am allerwichtigsten aber ist, dass ich mir nie etwas vormache, was mein eigenes Befinden betrifft. Ich versuche stets freundlich, umsichtig und mitfühlend im Umgang mit mir selbst zu sein. Außerdem setze ich mich gelegentlich hin und ziehe Bilanz, was ich alles erreicht habe. Manch einem mag es ausreichen, wenn nach außen hin alles einen gelungenen Eindruck macht, aber ich will den Erfolg auch wirklich spüren und mit mir selbst zufrieden sein können. Im Laufe der Zeit konnte ich mir ein Netzwerk von lauter wunderbaren Leuten aufbauen, auf die ich zählen kann. Besonders die Menschen, mit denen ich eng zusammenarbeite, sind für mich unentbehrlich geworden. Sie machen mir nichts vor, sondern sagen immer schonungslos, was Sache ist. Und gleichzeitig sind sie total rücksichtsvoll, sie setzen mich nie unnötig unter Druck, sehen mich als Menschen, nicht als Handelsware, und sorgen dafür, dass ich am Boden bleibe. Manchmal setzen mir die viele Kritik und die ständigen Vergleiche mit anderen in den sozialen Netzwerken ziemlich zu. Und auch wenn ich wahnsinnig dankbar bin für das, was ich mit meiner Arbeit erreicht habe, gibt es trotzdem Zeiten, da will ich einfach nicht fotografiert werden, zu irgendeinem Event erscheinen oder meine Meinung zu irgendeinem tagesaktuellen Thema abgeben müssen. Wenn ich von negativen Gefühlen überwältigt werde, konzentriere ich mich voll und ganz auf das Positive in meinem Leben und lasse mich nicht runterziehen. Die Gurls-Talk-Community ist mir dabei eine gewaltige Hilfe. Alle diese tollen Frauen erinnern mich daran, was wirklich zählt – nicht die materiellen Dinge, nicht Instagram oder mein Äußeres, sondern anderen zu helfen, für eine gute Sache einzustehen und mit sich selbst als Mensch im Reinen zu sein.

Umgang mit Trollen

Ich habe schon die unmöglichsten Dinge zu hören bekommen. Menschen schreiben fiese Sachen über mich, über mein Aussehen, meine Ansichten, meine Hautfarbe, sogar meine Familie bleibt nicht verschont. Es sind Aussagen voller Geringschätzung, verletzend, einfach schrecklich. Das ist die hässliche Seite des Aktivismus, und es ist tatsächlich einer der Aspekte, die am schwersten zu handeln sind. Bedauerlicherweise gehört es aber nun mal zum Gesamtpaket dazu, ob wir es nun akzeptieren oder nicht. Wenn man allerdings weiß, wie man damit umzugehen hat, gelingt es ganz gut, giftige Bemerkungen einfach abperlen zu lassen und unbeirrt seinen Weg zu gehen, statt sich davon verrückt machen zu lassen.

Wenn du beschließt, aufzustehen und lautstark auf einen Missstand aufmerksam zu machen, musst du zwangsläufig damit rechnen, dass du gesehen wirst. Du hast dich entschieden, aktiv zu werden. Damit tust du dich automatisch aus der Masse hervor. Vielleicht bist du der/die Einzige in deiner Gemeinde, der/die aufspringt und sagt: »Es reicht – bis hierhin und nicht weiter!« Oder hast du mit deiner Kampagne Größeres vor? Dann ist dein Gesicht vielleicht bald überall in der Presse zu sehen, und du bietest die ideale Angriffsfläche. Falls du ein Tabuthema anzupacken gedenkst, solltest du unbedingt darauf vorbereitet sein, dass aus irgendwelchen finsteren Schlupflöchern im Internet Leute gekrochen kommen werden, um dich mit Drohungen und Beschimpfungen zum Schweigen zu bringen. Vorausgesetzt, du lässt das zu.

In vielerlei Hinsicht wird die Unterdrückung von marginalisierten Personen und Randgruppen im echten Leben eins zu eins auf die sozialen Medien und andere Orte im Netz übertragen, wo Trolle sich hinter Hashtags oder anonymisierten Accounts verstecken können. Hier haben sie leichtes Spiel.

Auf die Frage, wie sie mit der Negativität in der virtuellen Welt umgeht und ob sie auf diejenigen, die ihre Arbeit schlechtmachen wollen, überhaupt reagiert, gibt Suhaiymah folgende Antwort:

Ich befürchte, in diesem Punkt habe ich noch keine Patentlösung parat. Nach wie vor brauche ich gelegentliche Pausen von den sozialen Medien, um mir selbst in Erinnerung zu rufen, dass ich keineswegs verpflichtet bin, Rechenschaft abzulegen, wenn andere Leute mich missverstehen oder mir bewusst schaden oder mich verletzen wollen. Ich denke, sehr viel von dem Hass, der mir entgegenschlägt, bezieht sich nicht auf das, was ich denke oder tue, sondern auf meine Identität und mein Dasein als muslimische Frau. Aus diesem Grund sehe ich keinen gesteigerten Wert darin, auf diese Anfeindungen zu reagieren, weil ohnehin kein Argument anschlagen und keine Diskussion zu etwas führen würde. Diesen Leuten geht es schlicht und ergreifend darum, Front gegen mich als Person zu machen. Außerdem habe ich festgestellt, dass es Internettrollen sofort den Wind aus den Segeln nimmt, wenn man auf ihre Verbalattacken und Boshaftigkeiten nicht weiter eingeht. Die meisten geben recht schnell auf, wenn sie nicht den erhofften Effekt erzielen (nämlich dich mundtot zu machen). Die wenigen richtig hartnäckigen Trolle schalte ich einfach auf stumm. Und dann gehe ich seelenruhig meiner Beschäftigung nach, während sie weiter ihre Zeit und Energie auf ihre Beschimpfungen verplempern.

Letztlich überwiegen trotz allem die Vorzüge der sozialen Plattformen: Meine Community gibt mir im Netz und auch offline derart viel Liebe und Rückhalt, dass es den dort verbreiteten Hass jederzeit aufwiegt. Ich konzentriere mich also darauf, mich um meine Community zu kümmern, und nutze meine Kraft für Veränderungen, nicht dafür, meine Würde als Mensch zu verteidigen. Manchmal ergibt es sich, dass beides sich miteinander vermischt und diejenigen, die dich in deiner Sache unterstützen, sich um den/die Rassist:innen in deiner Timeline kümmern! Ich habe diesen Typen nichts zu sagen oder zu beweisen, sondern schließe sie in mein Gebet ein.

Die extrem persönlichen Bemerkungen bleiben allerdings hängen, das kann ich dir versprechen. Wie oft kochte ich innerlich vor Wut, nachdem ich wieder einen von diesen widerlichen gegen mich gerichteten Kommentaren gelesen hatte. Das *Centre for Countering Digital Hate* (Zentralstelle zur Bekämpfung von Hass im Netz) hat hierzu folgenden Ratschlag: *Don't Feed the Trolls!* – »Kein Futter für den Troll!« In diesem Zusammenhang liegen Berichte vor, dass Gruppen, die im Netz gezielt Hass und Hetze verbreiten, tatsächlich auf die Reaktion der Opfer angewiesen sind, weil erst das ihre Profile aufwertet. Als der Abgeordnete David Lammy nach rassistischen Beleidigungen auf einer der Social-Media-Plattformen einen Retweet absetzte, stieg die Popularität des Accounts seines Angreifers um ganze 14 Prozent! Den Troll aushungern zu lassen, indem man ihn eiskalt ignoriert, ist auch meine Strategie, wenn mir eine Woge des Hasses entgegenschlägt. Das ist für mich die einzig wahre Art, mit Trollen umzugehen. Es kostet Überwindung, aber man sollte sich nicht auf ihre giftigen Verbalattacken einlassen. Auf keinen Fall darf man diesen Typen eine Bühne geben und ihrem Hass die erhoffte Aufmerksamkeit schenken, denn genau das ist es, was sie wollen.

Was aber tut man, wenn diese Unruhestifter nicht das Interesse verlieren und sich »trollen«, sondern stattdessen hartnäckig weitermachen, bis sie die erwünschte Reaktion bekommen? Sollst du dich dann vielleicht doch mit ihnen anlegen? Die Betreiber der Social-Media-Plattformen müssen in diesem Punkt unbedingt in die Gänge kommen, denn es ist nicht zu übersehen, dass ihre Antimissbrauchs-Tools längst noch nicht wirksam genug sind, um ihre User:innen ausreichend zu schützen. Bis dahin bleibt uns nur, die Trolle auf stumm zu schalten, damit wir ihre Tweets gar nicht erst sehen. Lassen wir diese Typen ihren Hass weiter in den virtuellen Äther hinausschreien, wir werden sie nicht hören. Bei Twitter gibt es eine Funktion, mit deren Hilfe man sensible Inhalte verbergen kann, indem man bestimmte Schlüsselwörter blockiert. Auch durch Blockieren kompletter Profile lassen sich diese Leute zum Schweigen bringen. Dann können sie deinen Account nicht mehr sehen. Unter Umständen kommst du irgendwann vielleicht trotzdem in eine Situation, wo du dich in deiner Sicherheit bedroht fühlst, weil du von allen Seiten angegriffen wirst. In diesem Fall muss man wohl von gezieltem Cybermobbing sprechen. Dann bleibt dir nichts anderes übrig, als die Sache in die Hände von denen zu legen, die dich in solchen Fällen beschützen können.

Seyi Akiwowo gründete die Organisation Glitch, nachdem sie selbst Opfer von besonders widerlichen Beschimpfungen im Netz geworden war. Dieser Wohltätigkeitsverein verfolgt das Ziel, Online-Mobbing durch gezielte Aufklärungskampagnen zu bekämpfen.

> Es gibt niemanden, der diese jungen Menschen an der Hand nimmt und einweist, sie sind gezwungen, ganz allein durch die Weiten des Netzes zu navigieren. Weil wir quasi mit dem Internet groß geworden sind, geht alle Welt automatisch davon aus, dass wir uns darin zurechtfinden. Aber nur weil einige von uns schon als Kinder mit Windows 98 umgehen konnten, bedeutet das nicht, dass wir mühelos durchs Internet surfen und instinktiv wissen, was zu tun ist, wenn wir uns mit fiesen Kommentaren konfrontiert sehen.

Im Kampf gegen diesen Missstand bietet Glitch Workshops zur Sicherheit im Netz an, speziell für Frauen, die in der Öffentlichkeit stehen, und wirkt auf die Regierung sowie auf Tech-Konzerne ein, damit diese endlich aktiv gegen die Hetze im Netz vorgehen.

Mir wird schwindelig, wenn ich mir ansehe, wie der Hass weltweit grassiert und die Gräben immer tiefer werden. Cyberbullying und Hate Speech sind auf dem Vormarsch, wobei Frauen 27-mal häufiger Opfer von Online-Stalking werden als

Männer. Auf meine Frage, welchen Rat sie für jemanden hat, der oder die mit diesem Problem zu tun bekommt, verriet Seyi mir ihre Toptipps:

1. Cybersicherheit

Mir ist bewusst, dass du es schon tausendfach gehört hast, und vermutlich verdrehst du nur genervt die Augen – kein Problem, mir ging es nicht anders. Aber glaub mir, das Folgende ist wirklich extrem wichtig. Ich weiß, wovon ich rede. Nachdem sich nämlich ein Video von einem meiner Vorträge viral im Netz verbreitete und ich auch noch heftigsten, mobbinggleichen rassistischen Beschimpfungen ausgesetzt war, wurde ich gehackt. Also bitte, nimm dir die Zeit und überprüfe die Sicherheit deines Netzwerks, genau wie du es mit deinem Fahrrad, deinem Auto oder deinem Zuhause tun würdest. Ich jedenfalls lege dir folgende Tipps wärmstens ans Herz:

▶ Die Passwörter für deine Social-Media-Profile und für deinen E-Mail-Account sollten möglichst lang und kompliziert sein und vor allem regelmäßig erneuert werden. Setze dir einen Serientermin, der dich daran erinnert, und nutze sichere Websites wie LastPass oder Yoti, um deine Passwörter zu verwalten.

▶ Richte möglichst auf allen deinen Konten Zwei-Schritt-Verifizierungen ein. Diese funktionieren mit einem Code, der von einer App generiert oder per SMS verschickt wird. Sobald du oder jemand anderes versucht, sich von einem unbekannten Browser oder Gerät aus einzuloggen, wird nach diesem verlangt.

► Mache dich mit den Privacy-Settings (Datenschutzeinstellungen) sämtlicher Seiten und Benutzeroberflächen, mit denen du zu tun hast, vertraut. Diese Einstellungen sollten so vorgenommen werden, dass man nicht unfreiwillig persönliche Daten mit Fremden oder möglichen Straftätern teilt.

2. Hate Speech dokumentieren

Ich rate dir dringend, sofort einen Screenshot zu erstellen, sobald du dich mit Beschimpfungen oder Beleidigungen irgendeiner Art konfrontiert siehst. Speichere sie in einem Ordner ab und notiere den Vorfall in einer einfachen Tabelle mit Datum, Uhrzeit, Ort des Geschehens (Webadresse) und, ganz wichtig, welche Wirkung der Angriff auf dich hatte.

Nachdem ich selbst einige dahingehende Erfahrungen machen musste, wurde mir bewusst, dass es in Sachen Opferschutz bei Cybermobbing und Ähnlichem tatsächlich großen Nachholbedarf gibt. Glitch bietet derzeit auf vier Kontinenten Trainings in Sachen Digital Citizenship (Digitalkompetenz), Digital Self-Care (digitaler Selbstschutz) und Selbstverteidigung im Netz an. Wir haben eine Reihe von entsprechenden Hilfsprogrammen entwickelt, darunter das Fix-The-Glitch-Toolkit, und stellen Infomaterial zur Dokumentation und Anzeige von Cybermobbingvorfällen zur Verfügung.

3. Digitaler Selbstschutz
(Digital Self-Care)

Ich halte es für unumgänglich, dass du dich umfassend mit dem Thema Selbstschutz im Netz beschäftigst, wenn du dich auf das Terrain von Aktivismus und Kampagnenarbeit begibst. Dabei geht es nicht um Netzsicherheit, sondern vor allem darum, Grenzen für sich festzulegen, zu kommunizieren und zu respektieren. Warum sollte das, was im echten Leben wichtig ist, nicht auch für den Bereich des Digitalen gelten? Entscheide für dich, auf welchen Plattformen du dich privat und öffentlich geben willst, welche Regeln du für deine Netzaktivitäten festlegen willst, wie viel Zeit du im Netz verbringen willst, und überlege auch, auf welche Art von Hate Speech du reagieren willst und wenn ja, in welcher Form. Wir von Glitch ermuntern unsere Communitymitglieder, digitale Grenzen zu kommunizieren und Follower:innen, Arbeitgeber:innen, Gruppen oder Publizist:innen dazu aufzufordern, sie zu respektieren.

Besetze deine Kampagne positiv

Vom ersten Tag an stand für mich fest, dass meine Free-Periods-Kampagne positiv besetzt sein sollte. Ich war fest entschlossen, mich auf die guten Dinge zu konzentrieren, die passierten, nicht auf das, was schlecht war. Mir war in diesem Zusammenhang vor allem wichtig, dass die Menschen sich unserer Bewegung aus einem guten Gefühl heraus anschlossen.

Ebenfalls von Anfang an gab es aber auch diese Aktivist:innen, die mit meinem Vorhaben offenbar ganz und gar nicht einverstanden waren. Ich begegnete ihnen bei verschiedenen Events, und jedes Mal merkte ich, dass sie sich gegen alle meine Bemühungen stemmten. Diese jungen Frauen waren viel älter als ich, viel erfahrener und auch selbstbewusster. Mit meinen gerade mal siebzehn Jahren ließ ich mich sofort von ihrer Ablehnung einschüchtern. Bei meinem ersten öffentlichen Vortrag im Rahmen meiner Kampagne gab es im Anschluss eine Fragerunde. Meine Petition war erst vor Kurzem angelaufen, und meine Initiative steckte generell noch in den Kinderschuhen. Eine dieser jungen Aktivistinnen stellte mir eine Frage, die mich als Person komplett auf mein Alter, meine Unerfahrenheit und die wenige Unterstützung, die ich zu diesem Zeitpunkt hatte, reduzierte. Ich spürte deutlich, wie es mir die Röte in die Wangen trieb. Plötzlich schämte ich mich zutiefst, dass ich tatsächlich hier stand und glaubte, etwas verändern zu können; vor schätzungsweise 100 Zuhörer:innen hatte sie mir knallhart an den Kopf geworfen, dass ich das unmöglich schaffen könne. Später stellte sich heraus, dass diese Gruppe bereits eine Reihe von Artikeln über meine Kampagne verfasst hatte, in denen sie mein Anliegen infrage stellte. Ich weiß noch gut, dass ich voller Rachegedanken war, aber gleichzeitig sträubte sich alles in mir dagegen. Schließlich wollte ich mich auf das Positive konzentrieren. Es ihnen heimzuzahlen hätte die Grundhaltung meiner Initiative komplett auf den Kopf gestellt. Ich persönlich halte es für den weiseren Weg, verbale Angriffe nicht mit einem Gegenschlag zu vergelten. Stattdessen plädiere ich dafür, sämtliche Formulierungen positiv zu halten. Nur so gewinnt man möglichst viele Anhänger:innen und baut sich eine Community von treuen Supporter:innen auf.

Gina Martins Erfolgsrezept lautet ebenfalls, dass die komplette Kommunikation rund um eine Kampagne möglichst positiv, einfach und informativ ausfallen sollte:

Bei Problemen von großer Tragweite spielen oftmals sehr viele Gefühle mit hinein. Es ist verständlich, dass wir die Welt da draußen am liebsten mit der Nase darauf stoßen und rufen würden: »KÜMMERT EUCH ENDLICH DRUM!« Ich aber bin überzeugt, dass man die Menschen gerade durch hoffnungsvolle und positive Botschaften auf seine Seite bringt. Im Zusammenhang mit meiner Kampagne hätte ich mich beispielsweise in meiner Opferrolle präsentieren können: »Seht her, was man mir angetan hat. Upskirting ist ein abscheuliches Verbrechen, es sollte von Rechts wegen verboten und bestraft werden.« Stattdessen formulierte ich meine Message folgendermaßen: »Immer wieder kommt es zu Upskirting-Vorfällen. Auch mir ist es passiert. Dieses Ereignis definiert mich nicht als Mensch, aber ich lasse nicht zu, dass es anderen ergeht wie mir. Deshalb werde ich dafür kämpfen, dass es unter Strafe gestellt wird.« Klingt der letzte Satz nicht sehr viel motivierender? Außerdem wollte ich die Öffentlichkeit davon überzeugen, dass eine Gesetzesänderung im Bereich des Möglichen lag. Zu diesem Zweck versorgte ich meine Follower:innen mit regelmäßigen Updates und teilte die Presseberichterstattung dazu, sofern ich es für sinnvoll hielt (wenn also tatsächlich Fortschritte zu verzeichnen waren oder es wichtige Entwicklungen gab). Es wäre unrealistisch zu erwarten, dass die Allgemeinheit in unserer schnelllebigen Zeit, in der sich die Nachrichten überschlagen, länger an einem Thema dranbleibt. Ganz gleich, wie wichtig es sein mag, früher oder später verlieren die Leute das Interesse. Und doch ist es mir gelungen, meine Unterstützer:innen bei der Stange zu halten, indem ich phasenweise keinerlei Presseaktivität zeigte, um mir Zeit für das Wesentliche zu nehmen, die Schwerarbeit sozusagen, und mich dann mit erfreulichen Neuigkeiten zurückmeldete.

Behalte bitte stets im Hinterkopf, dass du dich nur dann erfolgreich für andere einsetzen kannst, wenn du gut auf dich selbst achtest. Es hat keinerlei Sinn, eine Kampagne führen zu wollen, wenn du keine Rücksicht auf dich und deine Bedürfnisse, deine Gesundheit und dein persönliches Wohlbefinden nimmst. Der Aktivismus fängt bei dir selbst an – vergiss das nicht.

Schlussbemerkung

Der schwerste Part beim Start in den Aktivismus ist die Entscheidung, damit anzufangen. Als ich an jenem Aprilmorgen im Jahr 2017 am Frühstückstisch saß, hätte ich mir nie im Leben erträumt, wie weit ich es mit Free Periods bringen würde. Aus einer kleinen Online-Petition entwickelte sich erst ein Social-Media-Hashtag, dann ein Protestzug, gefolgt von einer Gerichtsverhandlung, und schließlich eine internationale Bewegung, die echte politische Veränderungen bewirkt hat. Du kannst nie vorhersagen, was du mit deiner Initiative alles erreichst, also fang einfach an – nur so findest du es heraus.

Heute hat jede:r Schüler:in in ganz England im Bedarfsfall freien Zugriff auf Hygieneprodukte. Diese Tatsache ist nicht zuletzt all denen zu verdanken, die meine Petition unterzeichnet haben, allen, die sich geweigert haben, das Thema Periodenarmut länger totzuschweigen, allen, die bei der Free-Periods-Demo trotzig ihre Stimme erhoben haben, die in ihrer Wut an ihre Abgeordneten geschrieben haben, die sich nicht mit einem Nein abfinden wollten. Jede Schule im Land hat nun Zugriff auf die nötigen Staatsmittel, um ihren Schüler:innen kostenlose Hygieneprodukte zur Verfügung zu stellen, damit keinem Kind mehr das Recht auf gleiche Bildungschancen verwehrt wird. Free Periods ist der Beweis, dass Aktivismus sich lohnt und Wirkung zeigt.

Allerdings werden wir nach diesen Erfolgen nicht einfach ruhen. Solange denen, die sich keine Periodenprodukte leisten können, die ihnen zustehende Bildung verwehrt wird, wird das Problem der Geschlechterungleichheit fortbestehen. Inspiriert von Free Periods haben Aktivist:innen aus aller Welt ihre eigenen Kampagnen gestartet, um der Periodenarmut auch in ihren Heimatländern den Kampf anzusagen – darunter solche, von denen wir nie erwartet hätten, dass es dort überhaupt ein Thema sein könnte. Ich bin entschlossen, die Bühne, die man mir glücklicherweise gewährt, zu nutzen, um mich auch in Zukunft gegen alle möglichen Formen der Ungerechtigkeit auszusprechen, um die Menschen aufzuklären und um mit Organisationen, Wohltätigkeitsvereinen und Anwaltsteams rund um den Globus zusammenzuarbeiten. Gemeinsam wollen wir sehen, wie wir einen Weg finden, das, was wir in meinem Heimatland geschafft haben, auch auf andere Länder zu übertragen.

Ich werde weiterhin dafür kämpfen, dass Periodenarmut aus dieser Welt verschwindet, und werde Druck auf die Regierungen machen, bis sie begreifen, dass die kostenlose Bereitstellung von Hygieneprodukten an Schulen eine Investition in die Bildung, Gleichheit und Zukunft von jungen Menschen überall auf der Erde ist.

Während ich diese Zeilen tippe, habe ich bereits ein Studium begonnen, aber Free Periods ist immer noch ein wichtiger und zentraler Aspekt in meinem Leben. Zwischen Vorlesungen, dem

Schreiben von Hausarbeiten und Treffen mit Freund:innen erledige ich unzählige andere Aufgaben, schreibe E-Mails, bereite Interviews und Vorträge vor und nehme strategische Planungen für unser zugegebenermaßen sehr ambitioniertes globales Ziel vor. Unser Anliegen, Periodenarmut ein für alle Mal zu beenden, auf die gesamte Welt auszuweiten, ist keine einfache Aufgabe, da wir es gleichzeitig mit dem Tabu Menstruation und der damit verbundenen Scham aufnehmen werden müssen. Die Arbeit, die vor uns liegt, wird nur sehr schleppend vorankommen, sie wird ermüdend sein, weil wir immer wieder das Gleiche sagen und tun, und trotzdem wird das, was wir mit unserem Aktivismus bewirken können, für mich immer mehr zählen als die vielen Hindernisse, die es zu überwinden gilt.

Die Kampagnenarbeit hat mein Leben ohne jeden Zweifel bereichert, und zwar in einem Maß, dass es mir schwerfällt, es in Worte zu fassen. Mein Leben ist erfüllter dank der Hoffnung, der Erfahrung und der hinzugewonnenen Freundschaften zu Menschen, die mir ihre ganz persönlichen Geschichten anvertraut haben; die mir ihre Stimmen geliehen haben, mich aufgemuntert haben, mir zugehört haben, mir Raum gegeben haben, mich in dem Glauben bestärkt haben, dass ich tatsächlich etwas bewegen kann.

Ich bin überzeugt, dass auch du es schaffen wirst. Aber zuerst musst du den entscheidenden Schritt tun. Und der besteht darin, dass du anfängst. Lass sie nicht länger zu, die Ungerechtigkeiten und Ungleichheiten um uns herum. Sei dieser eine Mensch, der aufbegehrt und nach Veränderungen verlangt.

So eine Kampagne ist nichts, das man anpackt, weil man glaubt, es könnte ein netter Zeitvertreib sein oder weil man sonst nichts auf dem Zettel hat. Man tut es auch nicht, weil man vielleicht für den Jahreswechsel eine neue Herausforderung braucht. Nein, es kommt von tief in dir drin. Ausgehend von einem leisen Hoffnungsfunken, der dir zuflüstert, dass doch alles sehr viel besser sein könnte, und von der Überzeugung, dass wir alle unseren Teil beitragen können, um den Stein ins Rollen zu bringen. Wir werden gerade Zeug:innen, wie die Welt immer mehr zugrunde gerichtet wird, verursacht durch die ungeheuerliche Selbstgefälligkeit und Ignoranz der Staatsoberhäupter. Ungläubig hören wir zu, wie sie von Fortschritt sprechen, von kleinen, aber beharrlichen Schritten, die uns in eine glorreiche Zukunft führen werden, während wir nichts anderes vernehmen als das konstante Ticken der Uhr. Wir müssen miterleben, wie wieder einmal faschistische Parteien die Wahlen für sich gewinnen und terroristische Gruppen Menschen töten und verstümmeln. Wir wissen, dass nicht ein einziges Land auf diesem Planeten es geschafft hat, Geschlechtergleichheit zur Normalität zu machen, und dass die anhaltende Realität des systemischen Rassismus nach wie vor schwarze Menschen und andere Minderheiten in sämtlichen Lebensbereichen benachteiligt.

Jede Kampagne beginnt mit der Hoffnung. Hoffnung ist der Glaube daran, dass wir die Welt zu einem besseren Ort machen können. Wir sehen junge Menschen, die zu Held:innen werden, die getrieben von nackter, ungezügelter Wut durch die Straßen ziehen und das Machtgleichgewicht ins Wanken bringen, alles geben, um für ein Umdenken zu sorgen und die Regeln des Spiels zu ändern. Es fängt damit an, dass man die kleinen Feuer bekämpft, die alle anderen bislang nicht wahrhaben wollen.

Man weiß, man könnte sich daran verbrennen, aber man tut es trotzdem.

Wenn du ebenfalls zu diesen beherzten Menschen gehörst, die sich eine gerechtere, friedlichere Welt vorstellen können, die nicht länger zur schweigenden Masse gehören wollen und selbst dann noch nicht aufgeben, wenn die Zukunft alles andere als rosig aussieht und man den Eindruck hat, es wäre ohnehin alles vergebens, dann bist du bereit. Also los. Du musst nur anfangen!

Zeitlicher Ablauf meiner Free-Periods-Kampagne

April 2017

Ein Artikel über Mädchen, die wegen Periodenarmut Unterricht versäumen, veranlasst mich, in meinem Kinderzimmer in Nordlondon meine Free-Periods-Petition zu starten. Innerhalb weniger Wochen wird diese mehr als 2.000 Mal unterzeichnet.

Mai 2017

Im Zuge der vorgezogenen Parlamentswahlen 2017 trete ich mit meinem Anliegen an sämtliche politische Parteien des Vereinigten Königreichs heran. Zwei von ihnen, die Green Party sowie die Women's Equality Party, verpflichten sich, die Beendigung der Periodenarmut in ihre Wahlprogramme aufzunehmen. Damit wird das Thema Menstruation zum ersten Mal überhaupt zum politischen Gegenstand. Wenig später ergänzt auch die Liberal Democrat Party das Ende der Periodenarmut in ihrem Parteiprogramm.

September 2017

Die Labour Party macht die Zusage, 10 Millionen Pfund in den Kampf gegen Periodenarmut zu investieren, falls sie die Wahl gewinnt.

November 2017

Ich nehme an einem TEDx-Talk teil und halte eine Rede mit dem Titel: *Period Poverty: Breaking the Silence* (Periodenarmut: Das Ende des Schweigens).

Dezember 2017

Free Periods tut sich mit The Pink Protest zusammen, um vor der Downing Street 10 einen friedlichen Protestmarsch abzuhalten. Mehr als 2.000 Menschen nehmen teil, unter den Sprecher:innen des Abends sind so namhafte Persönlichkeiten wie Adwoa Aboah, Aisling Bea, Suki Waterhouse, Jess Phillips und Tanya Burr.

März 2018

Die Regierung gibt unter dem anhaltenden Druck nach und verpflichtet sich, 1,5 Millionen Pfund in die Bekämpfung der Periodenarmut in unserem Land zu investieren.

September 2018

Ich bekomme beim Goalkeepers-Treffen in New York von Bill und Melinda Gates und den Vereinten Nationen den »Campaign Award« verliehen. Damit schafft es Free Periods ins globale Rampenlicht.

Immer öfter habe ich Gelegenheit, auf internationalem Parkett über Periodenarmut zu sprechen, und weise auf den dringenden Handlungsbedarf in dieser Sache hin. Mein Appell richtet sich an Regierungen rund um den Erdball.

November 2018

Free Periods wird zu einer gemeinnützigen Körperschaft mit eigenem Vorstand, in Vorbereitung auf unser Gerichtsverfahren gegen die britische Regierung.

Januar 2019

Free Periods und Red Box Project schließen sich zusammen, um die britische Regierung in einem Gerichtsverfahren in die Verantwortung zu zwingen. Wir arbeiten mit der Anwaltskanzlei Hausfeld sowie mit den Rechtsanwältinnen Schona Jolly QC und Claire McCann von Cloisters zusammen.

Das Ziel der Klage von Free Periods besteht darin, die Regierung im Zuge des Equality Act von 2010 an ihre Verpflichtung zu erinnern, allen Kindern im Land ein gleiches Recht auf Bildung zu garantieren. Deshalb müssen an allen Schulen und Universitäten kostenlose Hygieneprodukte zur Verfügung gestellt werden.

März 2019 – Wir feiern unseren ersten großen ERFOLG!

Die Regierung macht die verbindliche Zusage, allen weiterführenden Schulen sowie Colleges in ganz England ausreichend Mittel zur Verfügung zu stellen, damit diese für alle Schüler:innen und Student:innen kostenlose Periodenprodukte bereitstellen können.

April 2019 – Unser zweiter großer ERFOLG!

Die Regierung genehmigt die entsprechenden Mittel auch für alle Grundschulen Englands.

Juni 2019

Free Periods macht sich an die Arbeit für eine globale Kampagne, die Periodenarmut an Schulen weltweit beenden soll.

September 2019

Free Periods bringt #FreePeriodsStories an den Start, eine Kampagne, die eine wachsende Community ermutigen soll, witzige, peinliche, unangenehme oder anderweitig interessante Periodengeschichten zu teilen. Dies soll unser Beitrag zum Ende der Periodenscham sein. Ziel ist es, die Menstruation aus der Tabuzone zu holen und das Gespräch darüber zur Normalität werden zu lassen.

Januar 2020

Das Vorhaben der Regierung, an sämtlichen staatlichen Bildungseinrichtungen in England kostenlose Hygieneprodukte zur Verfügung zu stellen, tritt in Kraft. Dies betrifft sämtliche Grundschulen, weiterführende Schulen und Colleges.

Weiterführende Literatur

In deutscher Sprache

Adichie, Chimamanda Ngozi, *Mehr Feminismus! Ein Manifest und vier Stories* (Frankfurt: Fischer, 2016).

Criado Perez, Caroline, *Unsichtbare Frauen. Wie eine von Daten beherrschte Welt die Hälfte der Bevölkerung ignoriert* (München: btb Verlag, 2020).

Curtis, Scarlett, *The future is female! Was Frauen über Feminismus denken* (München: Goldmann, 2018).

Eddo-Lodge, Reni, W*arum ich nicht länger mit Weißen über Hautfarbe spreche* (Stuttgart: Tropen Verlag, 2019).

Solnit, Rebecca, *Hoffnung in der Dunkelheit: Unendliche Geschichten – Wilde Möglichkeiten* (München: Pendo, 2005).

In englischer Sprache

Adan Ismail, Edna und Holden, Wendy, *A Woman of Firsts* (London: HQ, 2019).

Angelou, Maya, *And Still I Rise* (London: Virago Press, 2009).

Frances-White, Deborah, *The Guilty Feminist* (London: Virago Press, 2018).

Hirsch, Afua, *Brit(ish)* (London: Vintage, 2018).

Martin, Gina, *Be The Change* (London: Sphere, 2019).

Walker, Sophie, *Five Rules of Rebellion: Let's Change the World Ourselves* (London: Icon Books, 2020).

Danksagung

Zuallererst möchte ich den 28 Aktivist:innen danken, die so nett waren, ihre Geschichten und klugen Ratschläge mit mir zu teilen und sie in mein Buch aufnehmen zu lassen. Ihr seid der beste Beweis, dass der Aktivismus für jede:n Einzelne:n eine andere Bedeutung hat und trotzdem immer einen wichtigen Beitrag leistet. Danke euch, für eure Offenheit, euren aufrichtigen Umgang mit euren Schwächen, euren unermüdlichen Einsatz für eine bessere Welt.

Danke auch Scarlett und Grace; mit eurer Hilfe ist es mir gelungen, mit Free Periods eine irrwitzige Idee in echten Protest umzuwandeln.

Ein weiteres Dankeschön geht an Gemma, Janvi und Clegg für euren Ehrgeiz und euer unverdrossenes Engagement für Free Periods.

Bedanken möchte ich mich zudem bei meinen außerordentlich genialen Redakteurinnen (alt wie neu): Victoria Moynes, Rachel Kenny und Nira Begum. Außerdem danke ich Lisa Milton und dem wahnsinnig tollen Team bei HQ, die so viel an Leidenschaft und Optimismus in dieses Buch investiert haben.

Danke, Georgia Garrett, weil du mir auf meinem Weg immer wieder Steine aus dem Weg geräumt hast. Und für dein Verständnis und deine freundliche Offenheit. Danke auch Honor Speckley für deine Unterstützung auf ganzer Linie.

Ich bedanke mich bei Grace, meiner Schwester und Fels in der Brandung; sie wird wohl nie auch nur erahnen können, wie viel sie mir bedeutet. Und ich gebe es gern zu, sie kennt mich besser, als ich mich selbst.

Vielen Dank an Meike, die mich in den unterschiedlichsten Stadien des Stresses ertragen musste. Sie war mir stets eine Stütze, ob sie nun im Zimmer gegenüber oder jenseits des Atlantiks war. Und ein riesiges Dankeschön auch allen meinen Freund:innen, die immer die richtigen Worte finden und mich nie im Stich lassen, selbst dann nicht, wenn ich auf ihre Nachrichten nicht antworte – namentlich sind das Anna, Grace, Hannah, Maya, Sophie, Ben, Zak, Sam, Alex, Milly, Charlie, Esther und Tiger. Außerdem Carys, Hannah, Izzy, Marie und Tabi, die von Anfang an mit von der Partie waren.

Danke meiner riesengroßen Familie, die mehr an mich geglaubt hat, als ich es je getan habe. Ayee, Dada, Ammachi, meine Onkel und Tanten, meine Chachas und Chachis und meine Cousins und Cousinen – ich liebe euch alle.

Danke, Dad, denn mit deinem unvergleichlichen Humor und deiner Aufrichtigkeit bist du mir ein Vorbild in allem, was ich tue.

Danke, Millan, mein Bruder; ich wünschte, ich wäre viel mehr wie du.

Zu guter Letzt möchte ich mich ganz besonders bei meiner Mum bedanken, der einfühlsamsten, entschlossensten und ambitioniertesten Aktivistin, die ich kenne.

Interviewbeiträge im Buch

Adwoa Aboah

Alice Aedy

Aranya Johar

Bruna Elias

Camryn Garrett

Caroline Criado Perez OBE

Catherine Miller

Deborah Frances-White

Gabby Edlin

Grace Campbell

Gina Martin

Hannah Witton

Inés Yábar

Josie Naughton

Kia Abdullah

Laura Coryton

Maya und Gemma Tutton

Nicola Mendelsohn CBE

Rima Amin

Scarlett Curtis

Seyi Akiwowo

Shiden Tekle

Dr. Shola Mos-Shogbamimu

Sophie Cowling

Suhaiymah Manzoor-Khan

Tiara Sahar Ataii

Tasha Bishop

Register

Unsere Leseempfehlung

ca. 224 Seiten
Auch als E-Book
erhältlich

Riccardo Simonetti und seine Mutter Anna erzählen sehr persönlich von Riccardos Coming-out und davon, was es für die Eltern-Kind-Beziehung bedeutet, wenn das Kind von den Erwartungen der Eltern abweicht. Denn so freigeistig und bunt Riccardos Leben heute auch sein mag, so schwierig war es für ihn, sein konservatives Umfeld zu durchbrechen. Auch seine Mutter, die von einem streng katholischen Elternhaus geprägt wurde, musste einige Hürden überwinden, um voll und ganz zu ihrem Sohn stehen zu können. Entstanden ist ein sehr intimes Buch, das Einblick in die Perspektive des jeweils anderen gibt und zeigt, was Eltern und Kinder voneinander lernen können.

www.goldmann-verlag.de
www.facebook.com/goldmannverlag

Unsere Leseempfehlung

416 Seiten
Auch als E-Book
erhältlich

Die Welt, in der Frauen heute leben, ist trotz #MeToo und immer größer werdenden öffentlichen Protesten gegen die Geschlechterungleichheit noch immer massiv vom Gender Pay Gap, der Sehnsucht nach dem perfekten Bikinibody und Mansplaining definiert. „The future is female! Was Frauen über Feminismus denken" ist das Buch für Mädchen und Frauen, die sich mit diesem ungenießbaren Cocktail nicht länger zufriedengeben wollen, eine einzigartige und vielstimmige Textsammlung.